»Um eine großartige Arbeit machen zu
können, muss man sie lieben.
Wenn du das noch nicht gefunden hast,
such weiter und bleib nicht stehen.«

Steve Jobs

turi2 edition

Inspiration für Meinungsmacherinnen
aus Medien, Wirtschaft und Politik

Verlag
turi2 GmbH
Alwinenstraße 23a, 65189 Wiesbaden
0611/3609 5480, edition@turi2.de
turi2.de/edition

Herausgeberinnen
Heike und Peter Turi

Chefredaktion
Markus Trantow, Anne-Nikolin Hagemann

Redaktion
Tim Gieselmann, Nancy Riegel

Autorinnen
Eva Casper, Amélie Fromm, Roland Karle, Tatjana Kerschbaumer,
Svenja Kordmann, Henning Kornfeld,
Carolin Sprick, Daniel Sallhoff, Pauline Stahl, Aline von Drateln

Lektorat
Carolin Sprick

Gestaltung
Lea-Maria Kut, Ella Beyer, Uwe C. Beyer

Fotochef
Johannes Arlt

Fotos und Videos
Johannes Arlt, Selina Pfrüner, Wolfgang Stahr, Holger Talinski

Podcasts
Björn Czieslik, Tess Kadiri, Markus Trantow,
Heike Turi, Peter Turi, Aline von Drateln

Video- und Audioschnitt
Thomas Röcker, Markus Gläser

Verlagsleitung
Sarah Risch

Verlag
Svenja Kordmann, Annika Kreutz, Leonie Krauß

Mediadaten
turi2.de/media

Abonnements
turi2.de/abo

Druck
Schleunung, Marktheidenfeld, schleunung.com

Lithografie
freihafen.de

Die News aus Medien, Wirtschaft und Politik
kostenlos ins Postfach: turi2.de/newsletter

Live-Events für die Community: turi2.de/clubraum
Über 800 Promis: turi2.de/koepfe
Der Stellenmarkt der Kommunikation: turi2.de/jobs

Ausgabe 17, 2022, 20,- Euro
ISBN 978-3-949673-02-3 · ISSN 2366-2131

Liebes Kommunikationstalent,

dieses Buch will gedruckte Talkshow und Guide zugleich sein. Und Einladung, die Karriere in der Kommunikation voranzutreiben oder zu ergreifen. Die Zukunft in Journalismus, PR, Marketing und Management ist licht und hell für die, die gern kommunizieren, Spaß an Menschen, Medien und Marken haben, Freude an geistiger und persönlicher Auseinandersetzung und Veränderung. Die Branche braucht kluge Köpfe, junge und alte, digitale und analoge, mit und ohne internationale Geschichte. Konkrete Stellenangebote gibt's auf der neuen Seite turi2.de/jobs, oder gleich direkt im turi2.de/team

Wir sehen und hören uns!
Das turi2-Team

Jobs
Einfach. Mehr. Erreichen.
Studio 1
60 Jahre. Einmal im Leben.
YOUR STORY STARTS HERE

Inhalt

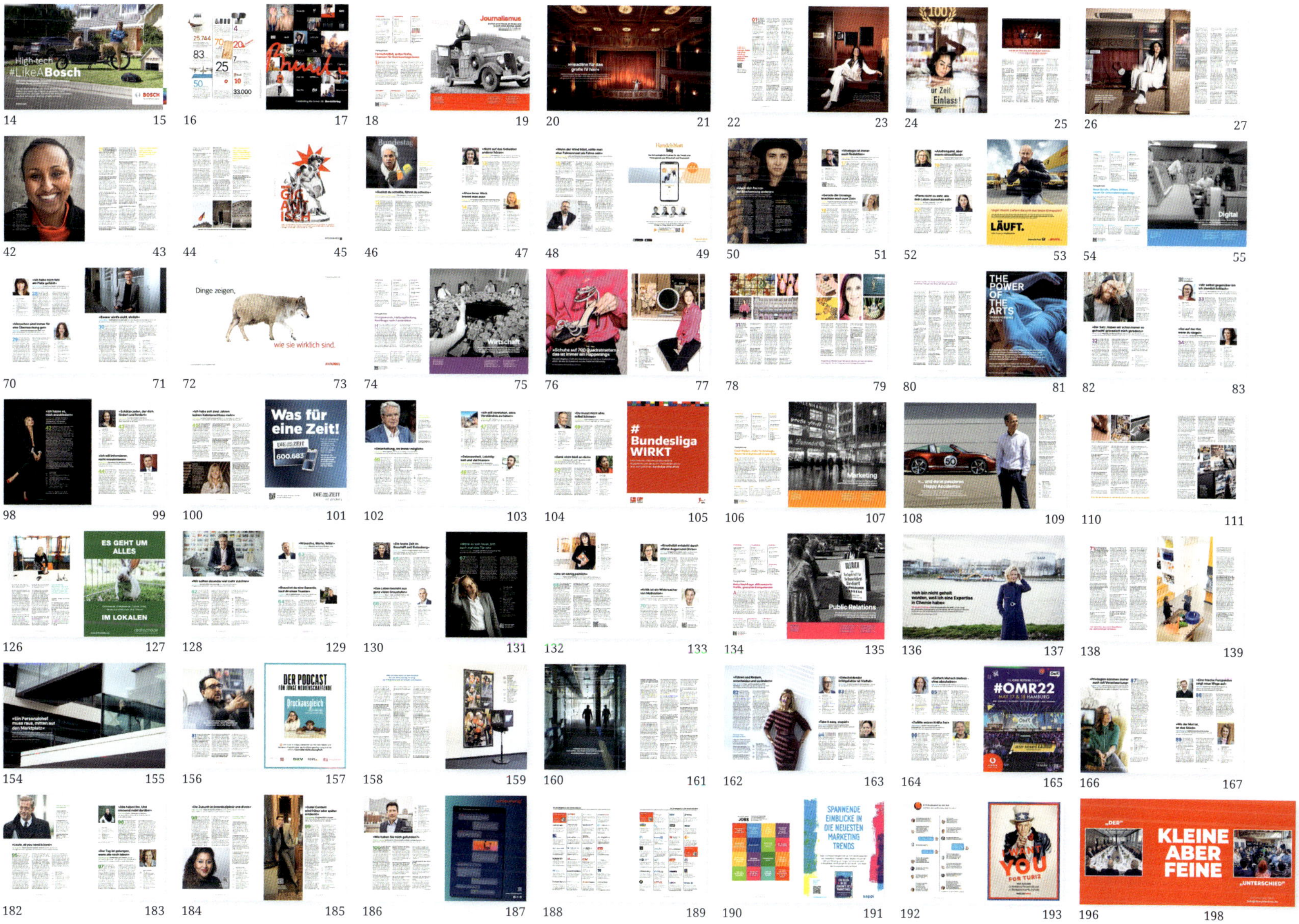

Andrea Wasmuth Seite 122

Michael Mauer Seite 106

Miriam Meckel Seite 172

Markus Heidemannns Seite 92

Alexandra Bagehorn Seite 76

Philipp Westermeyer Seite 56

Cawa Younosi Seite 154

Fotos: Holger Talinski, Selina Pfrüner, Johannes Arlt, Wolfgang Stahr, Porsche

Nina Schwab-Hautzinger Seite 136

Samira El Ouassil Seite 20

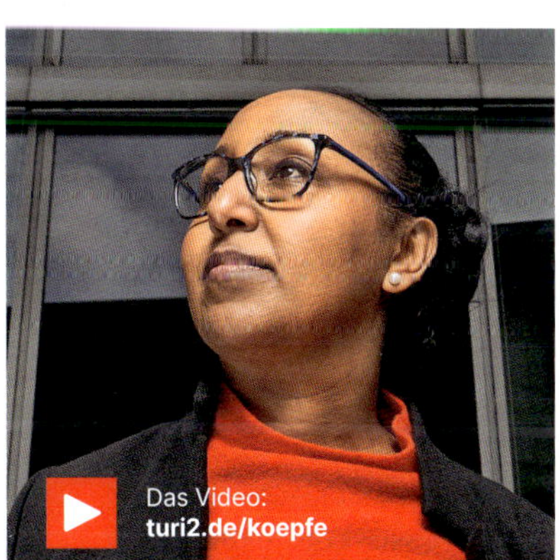

Awet Tesfaiesus Seite 40

Die turi2-Community

Nachwuchs willkommen!

Diese klugen Köpfe links sind zusammen mit den 90 anderen Vorbildern Teil der turi2-Community. turi2 hat die 10.000 wichtigsten Meinungsmacherinnen* aus Medien, Wirtschaft und Politik (*alle Geschlechter sind mitgemeint) zu einer Premium-Community vereint und bietet ihnen Inspiration und Information, eine Bühne und einen Kommunikationsraum.

Die turi2-Community wächst: Ab sofort geht jede turi2 edition zusätzlich mit 5.000 Exemplaren an die wichtigsten Unis und Fachschulen für die Kommunikationsprofis von morgen aus Journalismus, PR, Marketing und Management. Den Nachwuchs informiert turi2 über spannende Arbeitgeber und offene Stellen, mit Infos, Links und Podcasts.

Karriere in der Kommunikation beginnt künftig bei turi2.de/jobs, dem neuen Job-Marktplatz der Branche. Unter **turi2.de/firmen** wächst eine Datenbank der Arbeitgeber. Partner von turi2 haben die Möglichkeit, ihre offenen Jobangebote in die Datenbank einzustellen und der turi2-Community zu präsentieren. **turi2.de/jobs**

turi2 Clubraum: Der Kommunikationsclub turi2 baut den klügsten Köpfen die beste Bühne mit dem spannendsten Programm. Zum Beispiel beim Live-Podcast jeden Freitag im **turi2.de/clubraum**

turi2 Köpfe: Wir stellen die wichtigsten Kommunikationsprofis des Landes vor – mit Video, Vita, E-Mail und relevanten News. Jeden Tag nehmen wir einen klugen Kopf neu auf. Wir zeigen, wer ganz oben steht im Ranking der meistgeklickten Frauen und Männer aus Journalismus, PR, Marketing, Wirtschaft und Politik unter **turi2.de/koepfe**

turi2 Morgen-Newsletter: In drei Minuten informiert und inspiriert – turi2, Erfinderin der Morgen-Newsletter in Deutschland, schickt 7x pro Woche morgens um 7 das Wichtigste aus Medien, Wirtschaft und Politik kostenlos ins E-Mail-Postfach. Einfach anmelden unter **turi2.de/newsletter**

E-Paper gratis: Sie können diese Ausgabe kostenlos als E-Paper lesen und teilen. Alle Inhalte sind im Volltext durchsuchbar; Videos, Podcasts und Anzeigen sind direkt verlinkt unter **turi2.de/edition17**

LAWN AND ORDER
BOSCH
Technik fürs Leben

ZAHLEN BITTE!

JOBS

25.744

Tassen Kaffee pro Minute werden an deutschen Arbeitsplätzen getrunken. Mehr als die Hälfte der Deutschen startet den Arbeitstag mit einem Kaffee

83

von 100 Jobsuchenden wünschen sich eindeutige Berufsbezeichnungen in Stellenanzeigen. Kreative Titel wie „Powerpoint-Ninja“ oder „Alltagsheld“ schrecken eher ab

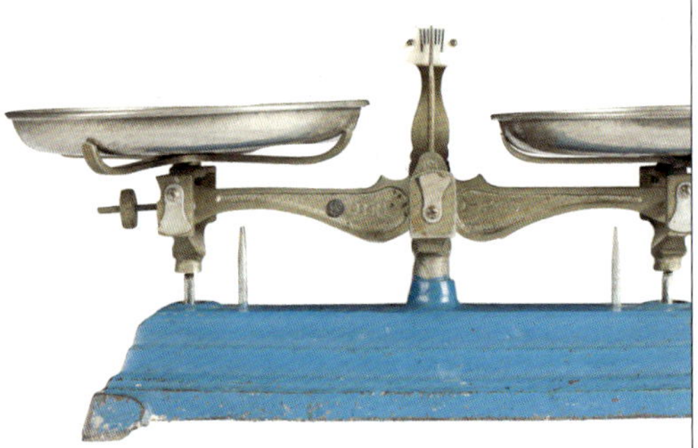

50

Prozent der 16- bis 29-Jährigen nennen die Work-Life-Balance als wichtiges Entscheidungskriterium bei der Suche nach einem neuen Job. Gute Karrierechancen machen eine Arbeitgeberin nur für jede Dritte attraktiv. Mehr als die Hälfte der Befragten gibt an, dass das Privatleben ihnen wichtiger ist als die Karriere

6.500

Überstunden sammeln die Deutschen in einem Berufsleben an. Die meiste Mehrarbeit ist unbezahlt. Mit dem Gehalt steigt auch die Mehrarbeit: Wer ab 100.000 Euro brutto im Jahr verdient, arbeitet pro Woche rund sechs Stunden mehr als vorgesehen; unter einem Einkommen von 20.000 Euro sind es 1,7 Stunden

70

von 100 Beschäftigten in Deutschland betreiben „Desktop Dining“, essen also am Schreibtisch oder arbeiten während der Mittagspause

25

Prozent der Berufspendlerinnen legen einen Arbeitsweg unter fünf Kilometern mit dem Fahrrad zurück. 40 Prozent nehmen das Auto

berufliche E-Mails flattern den Deutschen im Schnitt pro Tag ins Postfach. Jüngere bekommen weniger, Ältere mehr. Der Grund: In der Altersgruppe 16 bis 29 wird auch beruflich vermehrt über Instant Messenger wie WhatsApp kommuniziert

4

von zehn Partnerschaften profitieren vom gemeinsamen Home-Office. 70 Prozent der Kommunikationsprofis in Deutschland bewerten das Home-Office insgesamt positiv, nur 8 Prozent negativ

20

Prozent der Bewerberinnen setzen bei der Jobsuche auf Copy and Paste und nutzen gerne mal das gleiche Anschreiben für mehrere Bewerbungen

7

Prozent der Angestellten in Deutschland arbeiten in befristeten Jobs. Bei den meisten davon gilt der Arbeitsvertrag für weniger als ein Jahr. Besonders hoch ist der Anteil der befristet Beschäftigen in der Altersgruppe 25 bis 34: Dort liegt er bei rund 16 Prozent

Jahre verbringen die Deutschen im Schnitt bei einem Arbeitgeber. Zum Vergleich: In Südkorea ziehen die Arbeitnehmerinnen nach rund sechs Jahren weiter

33.000

neue Stellen im Bereich Information und Kommunikation wurden 2021 in Deutschland besetzt

Quellen: OECD via Statista, Statstisches Bundesamt Arbeitszeitmonitor 2021, Gehalt.de, DER SPIEGEL, Smunch via RND, Trendreport von news aktuell, Faktenkontor, ElitePartner, haufe.de Softgarden, Personalmarketing2null, Respondi/Joblift. Fotos: istockphoto.com, PR

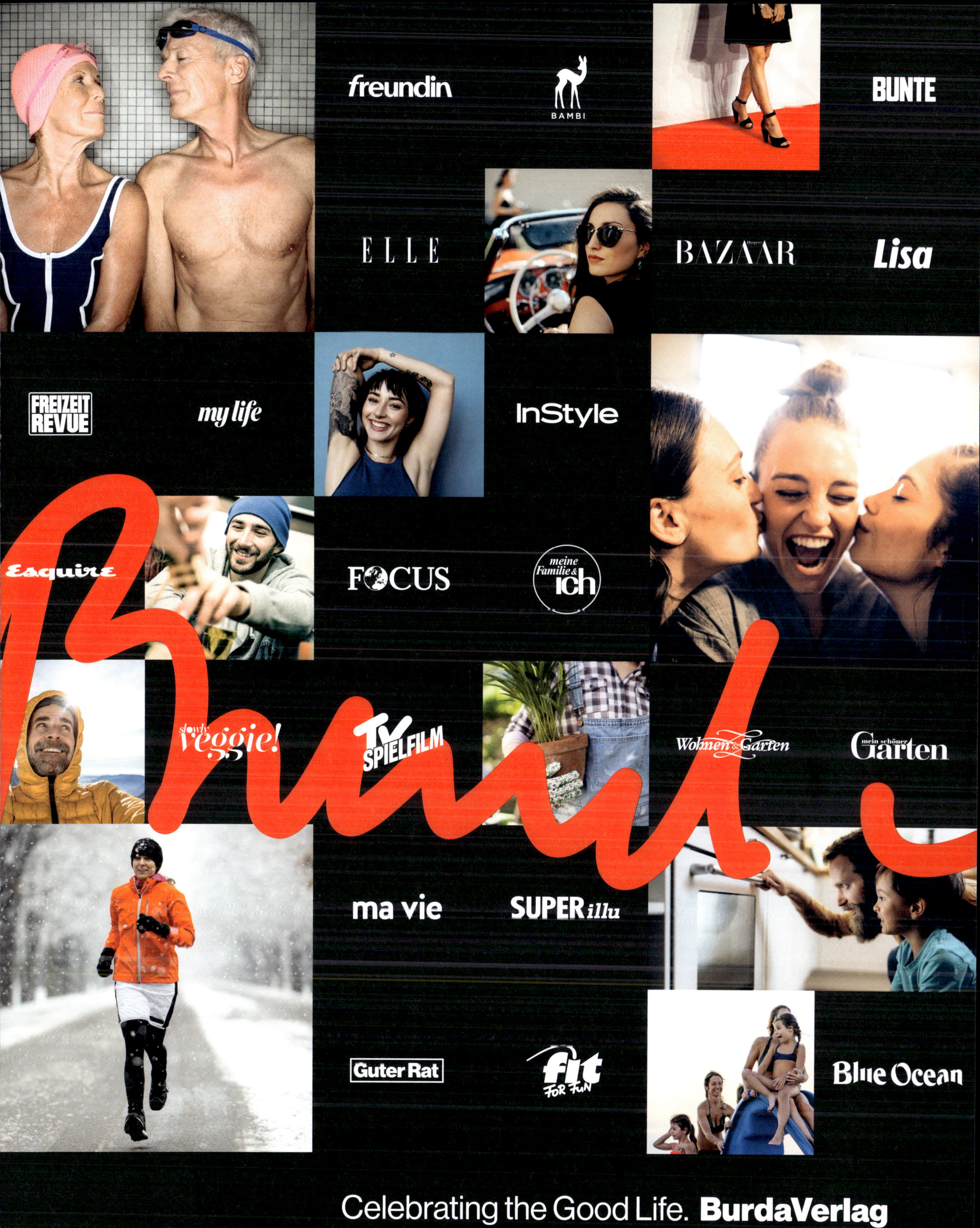
freundin
BAMBI
BUNTE
ELLE
BAZAAR
Lisa
FREIZEIT REVUE
my life
InStyle
Esquire
FOCUS
meine Familie & ich
slowly veggie!
TV SPIELFILM
Wohnen & Garten
mein schöner Garten
ma vie
SUPERillu
Guter Rat
fit FOR FUN
Blue Ocean
Celebrating the Good Life. BurdaVerlag

Ausbildung

Deutsche Journalistenschule
Die Ausbildung in München ist angesehen und unabhängig, Absolventinnen beherrschen Print, Online, TV und Radio
djs-online.de

Henri-Nannen-Schule
Vermittelt in Hamburg Handwerk und Haltung für Journalistinnen in Print und Online
henri-nannen-schule.de

Hamburg Media School (HMS)
Master in „Digitaler Journalismus", Weiterbildung im „Journalism Innovators Program"
hamburgmediaschool.com

Fachmedien

Journalist
Das Monatsmagazin von und für Journalistinnen wird herausgegeben vom Deutschen Journalistenverband
journalist.de

newsroom
Das Portal bietet Branchennews, Bildungsangebote und einen Stellenmarkt
newsroom.de

turi2
News, Inspiration und Debatten für Journalistinnen und andere kluge Köpfe der Kommunikation
turi2.de

Podcasts

„Hinter den Zeilen"
Tobias Hausdorf und Niklas Münch

„Pressefreiheit Grenzenlos"
Reporter ohne Grenzen

„Druckausgleich"
„Journalist"

Einkommen

pro Monat
Zeitungsvolontärin:
2.059 €
Chefreporterin Magazin:
5.900 €
ZDF-Chefredakteur:
21.600 €

Perspektiven

Formatvielfalt, spitze Profile, Chancen für Queraussteigerinnen

Um ein Gefühl dafür zu bekommen, wie viele Personen sich hierzulande um Journalismus kümmern, erst mal ein Vergleich: Auf zehn Journalistinnen kommen 85 Schullehrerinnen. Etwa die Hälfte der rund 80.000 hauptberuflichen Journalistinnen arbeitet frei, die meisten festangestellten finden sich in Zeitungsverlagen: etwa 13.000. Digitalisierung ist auch für diese Berufsgruppe das große Thema. Es ist selbstverständlich geworden, für unterschiedliche Formate in Print, Online, Social Media zu recherchieren und zu berichten.

Jede kann sich Journalistin nennen, die Berufsbezeichnung ist nicht geschützt und die Ausbildung nicht reglementiert. Über die Jahrzehnte ist der Akademikerinnenanteil in den Redaktionen gewachsen und liegt deutlich über 50 Prozent. „Was mit Medien" war lange beliebtes Berufsziel, ein Volontariat zu ergattern fast wie ein Lottogewinn. Der Trend dreht: Verlage, Sender und Journalistenschulen berichten über weniger Bewerbungen.

Derweil entwickeln sich besonders gefragte Jobprofile, zum Beispiel im Datenjournalismus und für Wissenschaftsthemen. Das Geschäftsmodell klassischer Medien verändert sich stetig, Profis bleiben aber trotz Stellenstreichungen gefragt. Viele Journalistinnen werden Gründerinnen eigener, erfolgreicher Medienmarken wie Media Pioneer, Übermedien oder Opinary. Journalistisches Handwerkszeug, ein Gespür für Themen und Talent zu deren Aufbereitung werden außerdem längst auch in PR, Wirtschaft und Politik geschätzt – und gut bezahlt.

Feierabend

Gibt's nicht für die ideale Journalistin. Die ist nämlich immer im Dienst, weil: neugierig, interessiert, aufnahmebereit.

Küchenzuruf

Die hohe Kunst: Ein Thema in zwei Sätze fassen, wie Hans sie zu Grete in die Küche ruft. „Die in Berlin spinnen! Die erhöhen die Steuern!"

Faktencheck

In Zeiten von Fake News müssen Journalistinnen mehr denn je zeigen, was sie können: Behauptungen auf ihren Wahrheitsgehalt prüfen.

Foto: Picture-Alliance

Die US-Fotografin Dorothea Lange dokumentiert in den 1930ern die Folgen der Great Depression

Journalismus

Die Welt ist im Wandel, die Medien sind es auch. Umso wichtiger werden die, die den Umbruch dokumentieren, moderieren und einordnen

»Am Anfang steht die Leidenschaft fürs Geschichtenerzählen«

Samira El Ouassil, preisgekrönte Publizistin, Podcasterin und Medienkritikerin, über ihre Liebe zum Kino, die Öffentlichkeit als Bühne und Journalismus als Beruf

Von Peter Turi (Text) und Johannes Arlt (Fotos)

Der prachtvolle Vorführsaal des Kinos am Sendlinger Tor in München stammt aus dem Jahr 1956. Dem traditionsreichen Lichtspieltheater, dessen Vorläufer 1913 eröffnete, droht wegen eines Pachtstreits das Aus

01 Samira, was hast du im Kino gelernt fürs Leben?
Vor allem Empathie! Kino ist für mich eine freiwillig besuchte Schule der Empfindsamkeit, ein Hort der Herzensbildung. Kino hat meinen Blick auf die Welt geöffnet und erweitert. Und es schult meine Imagination, das Denken in Utopien.

Was waren früher deine Lieblingsfilme?
Ich muss gestehen: Ich habe sehr viele Disney-Filme geschaut. Meine cineastische Sozialisierung hat begonnen mit „Die Schöne und das Biest", der mich sehr geprägt hat. Das waren kindgerecht aufbereitete Inhalte, aber auch schon großes Kino. Ich habe früh Anime, also japanische Animationsfilme geschaut, zum Beispiel „Die letzten Glühwürmchen" von Isao Takahata über zwei Kinder im Zweiten Weltkrieg. Der dritte Bereich meiner cineastischen Sozialisierung bestand aus neorealistischen italienischen Kinofilmen, die mein Vater mit mir geschaut hat. Prägend waren für mich „Fahrraddiebe" und „Schuhputzer". Ich habe meinen Vater immer wieder überredet, mit mir diese Filme zu schauen. Das war Mitte der 90er, damals gab es noch die Lupe 2 in Schwabing, wo man alte Filme schauen konnte. Und das Gabriel-Theater in der Maxvorstadt und eben hier das Kino am Sendlinger Tor.

Die beiden anderen Kinos sind geschlossen, das Filmtheater am Sendlinger Tor hier ist bedroht. Was geht verloren, wenn wir Filme nur noch zu Hause gucken?
Ein Kino wie dieses in seiner üppigen, rotsamtigen Schönheit intensiviert das Kinoerlebnis und den Eskapismus, den es in sich trägt. Jean-Luc Godard hat gesagt: Kino ist die Wahrheit 24 Mal in der Sekunde. Das Kino sorgt für eine Eindrücklichkeit, weil es nur den stockschwarzen Saal und die weiße Leinwand als Fenster zur Wirklichkeit gibt, die uns bestrahlt mit dem Wissen der Welt. Bei allem Respekt vor einem liebevoll aufgebauten Home Cinema: Die Immersion, das Versinken in der Illusion, ist im Kino eine andere.

In welchem Film hättest du gern mitgespielt? In welcher Rolle?
In „Superman".
Als Superman.

In deinem Buch „Erzählende Affen" erklärst du zusammen mit Friedemann Karig, wie das Geschichtenerzählen unser Leben bestimmt. Und wie die Narrative des starken Helden, der sich auf einer Gefahren-Reise bewähren muss, und der schönen Prinzessin, die wachgeküsst oder befreit wird, heute noch unser Denken mit bestimmen. Hatte ein Film Einfluss auf dein Leben gehabt?
Mich beeindrucken oftmals sogenannte „Mindgame Movies", Filme die etwas mit deinem Gehirn machen, die es einmal umzwirbeln. So ein Film war für mich beispielsweise „Matrix". Er hat mir philosophische Grundgedanken nähergebracht und geholfen, Dinge tiefer durchdringen zu wollen. Ich habe „Matrix" mit 14 gesehen und plötzlich kommt da ein filmisches Gedankenspiel um die Ecke, das sagt: Es gibt noch etwas unter der Oberfläche. Also sollte man die Textur der Realität tiefer durchdringen - mit kritischem Denken, mit Hinterfragen, mit den Mitteln der Kunst. „Matrix" hat diesen Weg für mich geöffnet, hat mein Interesse an Philosophie und Soziologie erweckt.

Was ist der beste Journalisten-Film?
Erstmal natürlich „Citizen Kane", der Klassiker! Ich mochte auch „Nightcrawler" sehr. Da geht es um einen Sensationsreporter, der in US-Großstädten mit der Kamera umherfährt, den Polizeifunk abhört und spektakuläre Bilder von Autounfällen und Morden dreht und verkauft. Sehr gut fand ich auch „Spotlight", wo es um die wahre Geschichte von Reportern des „Boston Globe" geht, die Missbrauchsfälle in der katholischen Kirche ans Licht bringen. Und dann natürlich „The Post" mit Meryl Streep als Verlegerin der „Washington Post" in Zeiten der Watergate-Affäre. Der Film zeigt, welch enormem Druck eine Zeitung ausgesetzt ist, die entschlossen ist, die Wahrheit ans Licht zu bringen.

Wird es in Zukunft noch Journalistenfilme geben?
Auf jeden Fall. Ich bin zu 100 Prozent überzeugt, dass Journalismus ein popkulturelles Thema bleiben wird und Stoff für Kinofilme liefert. Oder für Netflixserien wie „Inventing Anna". Es ist bezeichnend, dass nicht die Hochstaplerin Anna Sorokin im Mittelpunkt steht, sondern die fiktive Jour- ▶

Samira El Ouassil

Geb.	1984 in München
2003	Abitur und Baccalauréat an der Deutsch-Französischen Schule
2008	Master in Kommunikationswissenschaft, LMU, München
2009	Schauspielausbildung an der München Film Akademie
2010	Schauspielerin u.a. „Sturm der Liebe", „Bergdoktor", „Jerks", „Fett & Fett"
2019	Podcast „Sag niemals Nietzsche" mit Christian Stenger, Kolumnistin „Die Wochenschau" für übermedien.de, Bert-Donepp-Preis für Medienpublizistik
2020	Kolumnistin Spiegel Online
2021	Kulturjournalistin des Jahres „Medium Magazin"
2021	Bestseller mit Friedemann Karig: „Erzählende Affen"

3 Tipps für Anfängerinnen:
Üben ist wiederholtes Scheitern unter kontrollierbaren Umständen, deswegen dort beherzt scheitern, um schöner zu scheitern. Komplexe nicht so ernstnehmen. Ego nicht so ernstnehmen.

Tipp für Profis:
Erfahrene Schauspielkollegen sagten mir oft: „Proben ist was für Feiglinge." Das ist, mit Verlaub, Quatsch

»Sex und Glamour? Das halte ich für eine Romantisierung, in der Praxis ist Journalismus ein profaner Tauschhandel«

100
Zur Zeit
kein Einlass!

»Wenn ich kritisiere, was Teil des Genres Boulevardjournalismus ist, müsste ich auch kritisieren, dass Horrorfilme erschreckend sind«

nalistin Vivian Kent, die in einer klassischen Heldenerzählung versucht, die Story zu finden, während sie hochschwanger ist. Toll ist auch „The Morning Show" mit Jennifer Aniston. Die Serie verhandelt eine Metoo-Aufklärung innerhalb der redaktionellen Strukturen und Hierarchien einer amerikanischen Morningshow.

Hat Journalismus noch Sex und Glamour?
Sex und Glamour? Das halte ich für eine Romantisierung einer Disziplin, die ich eher als ästhetisiertes Handwerk sehe. In der Praxis ist Journalismus ein profaner Tauschhandel zwischen einer Person mit einer Geschichte und einer Person, die versucht, diese Geschichte abzubilden.

Hat Journalismus noch Zukunft?
Selbstverständlich. Mehr denn je. In einer komplexer werdenden Postmoderne mit immer unvorhersehbareren und unberechenbareren Modellierungen der Wirklichkeit ist nichts so wichtig wie Menschen, die uns dafür Deutungsangebote liefern.

Wenn junge Menschen dich fragen: Rätst du zu einer Karriere im Journalismus?
Jeder Mensch, der den Ehrgeiz hat, die Wirklichkeit zu durchdringen und die Leidenschaft, sie Menschen zu erklären, taugt zum Journalismus.

Du schreibst hervorragend, betrittst als Schauspielerin und Sängerin beherzt jede Bühne, bist eine phantastische Podcasterin. Reicht es nicht mehr, einfach nur gut zu schreiben?
Umgekehrt wird ein Schuh daraus: Ich darf mich nicht scheuen, auch andere Talente und Leidenschaften einzubringen in das journalistische Arbeiten. Ich kann aus der Musik etwas über Timing lernen, das hilft mir beim Rhythmisieren von Texten. Ich kann beim Podcast etwas übers Zuhören erfahren, was mir hilft, interessante Gespräche zu führen. Also bitte keine Angst vor dem „und". Das „und" ist immer ein Gewinn.

Am Anfang stand deine Leidenschaft fürs Schreiben, oder?
Am Anfang stand meine Leidenschaft fürs Geschichtenerzählen. Ich kann mit meiner Stimme und meinem Körper eine Geschichte erzählen als Schauspielerin auf der Bühne und mich einem Publikum schenken. Ich kann eine Geschichte über die Wirklichkeit erzählen, indem ich sie einfach aufschreibe oder indem ich sie als Satire gestalte oder als Kolumne.

Und all diese Begabungen muss eine junge Journalistin mitbringen?
Ich glaube, der Trick ist, dass man es macht. Wenn etwas dich beim Schöpfen sehr glücklich macht, dann wirst du darin automatisch gut und besser. Und in diesem Gutsein entdeckst du plötzlich weitere Peripherien, weil du noch besser werden möchtest.

Finde, was in dir steckt.
Ja, als eine Mischung aus innerem Schürfen und dem, was ich den Moment des Sparkles nenne. Du spürst dein Thema oder deinen Weg anhand des inneren Spannungsgefühls. Das Dopamin ist deine Direktive, das Kribbeln dein Kompass, der dich zu dem Ort führt, wo die Magie passiert. Da musst du hin. ▶

n - Online Ticketverkauf
KASSE
FILMTHEATER
GmbH
ANFA
Geschlossen
2021
KIN
DER NUSS
TOSCA
ROMEO UN
RIGOLETTO
LA TRAVIA
SCHWANE
ROYAL
OPERA
HOUSE

»Das Dopamin ist deine Direktive, das Kribbeln dein Kompass, der dich zu dem Ort führt, wo die Magie passiert«

Was machst du, wenn du kreativ in einer Sackgasse steckst?
Ruhen lassen ist immer eine gute Idee. Und dann: eine neue Form finden. Ich mache aus einem Kommentar einen Dialog oder ein Gedicht, einen Tagebucheintrag oder einen Brief an jemanden. Ich probiere irgendwas aus. Oft entsteht dabei eine neue Freude am Schreiben selbst, weil es plötzlich etwas Verspieltes bekommt und nicht dieser bleischwere Verdruss. Neulich hat es mir geholfen, eine Putin-Rede zu analysieren, indem ich versucht habe, diesen Text in zehn Tweets zu formen oder diesen Text als Exposé eines Theaterstücks aufzuschreiben. Du assoziierst zwei Sachen, die eigentlich getrennt sind, und schaust, wie sie zusammen funktionieren. Dabei entstehen neue, absurde Sachen, zum Teil auch Müll. Vieles musst du dann wegschmeißen, aber manches bekommt eine interessante Wendung.

Wieviel Selbstdarstellung ist erlaubt im Journalismus?
Ich glaube, das verändert sich gerade. Früher war das Ich des Journalisten nicht Teil der Erzählung. Es sollte nicht einmal der Redakteur im Bild zu sehen sein, der die Fragen stellt. Jetzt leben wir durch die Digitalisierung in einer Aufmerksamkeitsökonomie, die das vermeintlich Authentische bevorzugt und belohnt. Der Journalist wird Akteur und versucht als Protagonist, dem Publikum seine eigene Heldenerzählung zu präsentieren.

Woher kommt diese Rollenverschiebung?
In einer Welt des Informationsüberflusses sehnt sich der Rezipient nach einer Vertrauensperson, nach einem publizistischen Mentor, der ihn an die Hand nimmt und die Welt erklärt, die so komplex geworden ist und zu der es so viele Deutungsangebote gibt.

Bedauerst du das?
Nein. Es ist ein freiwilliger Akt des Publikums. Ich sehe die Journalisten in der Pflicht, sich als Vertrauensfiguren anzubieten und Information statt Desinformation zu liefern. Im Unterschied zu Influencern, die ja ein ökonomisches Interesse an einer parasozialen Beziehung haben, sollten Journalisten nach bestem Wissen und Gewissen und ohne ein anderes Interesse als das der Aufklärung handeln. Schon gar nicht im Interesse des Narzissmus.

Auch für Journalistinnen gibt es ökonomische Zwänge.
Das ist ein grundsätzliches Problem des Journalismus und älter als die Digitalisierung. Der Journalismus lebt in einem Spannungsfeld, das durch einen Dreiklang gekennzeichnet ist: Ökonomie, Ästhetik und Ethik. Nur der Journalismus muss alle drei Dimensionen ausbalancieren. Die Kunst muss nicht ethisch sein, die Wissenschaft nicht ästhetisch. Wenn Journalismus nicht rentabel ist, weil er die Leute nicht erreicht, wird er auf Dauer nicht verfügbar sein. Wenn Journalismus nur auf die ökonomische Seite schaut, endet er im reinen Clickbait.

Wo beginnt die Über-Inszenierung? In der Art, wie Paul Ronzheimer und sein Vorgänger Julian Reichelt sich an Kriegsschauplätzen in den Mittelpunkt stellen?
Der Boulevardjournalismus hat eine andere Ästhetik und folgt anderen Regeln. Das journalistische Theater, die Dramatisierung, die Überspitzung, das Pathos sind Teil des Boulevardjournalismus. Wenn ich kritisiere, was Teil des Genres ist, müsste ich auch kritisieren, dass Horrorfilme erschreckend sind. Deshalb müssen wir auf den Einzelfall schauen. Wenn die TV-Reporterin sich eine kugelsichere Weste anzieht, obwohl sie in Sicherheit ist, oder im Ahrtal das Gesicht mit Schlamm beschmiert, ist das eine Über-Inszenierung und journalistisch unredlich.

Welche Rolle spielt für dich noch Printjournalismus? Liest du gedruckte Medien?
Ich lese viele Zeitungen und Magazine, aber als E-Paper. Richtig auf Papier lese ich nur Belletristik. Da schafft das Umblättern und Anfassen nochmal eine andere emotionale Ebene – es bringt einfach mehr Fun.

Was wird die Rolle des Journalismus sein in einer Zukunft, in der er nicht länger Gatekeeper ist? In der er verloren hat, was Tucholsky die Rolle des Billetknipsers an den Schranken der Öffentlichkeit nennt?
Wir müssen uns vergegenwärtigen, dass es 2035 keine jüngere Person mehr geben wird, für die eine Welt ohne Social Media denkbar ist. Also müssen Journalistinnen Opinion Leader sein, Vertrauensfiguren. Sie sind keine Gatekeeper, die versuchen sollten, einen großen Fluss durch ein Nadelöhr zu quetschen. Sie sollten Personen sein, denen das Publikum vertraut. Sie sollten dem Publikum im Dunkeln mit ihrer Taschenlampe den Weg auf den freien Platz weisen. Den Weg muss das Publikum selber gehen.

Also vom Billetknipser zum Platzanweiser.
Ein schönes Bild. Vielleicht genauer: ein Platzsichtbarmacher.

Du bist für viele das Gesicht des Journalismus der Zukunft – jung, weiblich, migrantisch, klug, selbstbewusst, artikulationsfähig, woke. Siehst du dich selbst so?
Nein, nein, ich bin ein Nebeneffekt einer ausdifferenzierteren Medienlandschaft. Weil die pluralistischer und heterogener ist, kann ich als Medienschaffende vieles sein: männlich, weiblich, nonbinär, leise, hartkantig, nachdenklich, laut, progressiv, populistisch. ▶

Außerdem kann mir bis heute keiner so genau erklären, was „woke“ bedeutet: „progressiv“? „Links“? „Aufgeklärt“? Gilt man echt schon als progressiv, weil man nicht möchte, dass Menschen beispielsweise aufgrund ihrer sexuellen Orientierung oder eines niedrigen Einkommens schlechter behandelt werden als andere? Ich dachte, das sei einfach der ganz schnöde Humanismus einer liberalen Demokratie.

Erklär mir älterem Mann doch mal deine Generation: Welche Medien haben euch geprägt? Was treibt euch an?
Da ich mich mit Händen und Füssen dagegen wehre, für meine Generation zu sprechen, kann ich nur von mir sprechen, und es war natürlich und ganz klar das Internet – noch mit AOL und Compuserve-Adressen – und dann natürlich das Smartphone, als der verlängerte Arm unseres Selbst, bei dem Versuch dieses Selbst zu konstituieren. Marshall McLuhan würde das als „Extensions of man“ bezeichnen, also „Ausweitungen des menschlichen Körpers“. Für ihn waren Medien wie Radio und Fernsehen solche Ausweitungen, mit dem Fernseher, sagte er, habe sich unser Sehvermögen erweitert, mit dem Radio unserer Art zu hören. Und das Handy hat nun die Art, wie wir uns selbst sehen, erweitert. Und hier schaltet sich dann auch noch der Homo Narrans, der Erzählende Affe ein, unser Wunsch, unserem Selbst einen Sinn zu geben und das nach außen hin kohärent zu halten. Durch soziale Netzwerke, durch permanente Selbstbetrachtung, aber auch durch die Kommentierungen durch andere, werden wir bei dem Versuch, wir selbst zu werden, zu einem anderen Ich.

Was unterscheidet eine jüngere Journalistin wie dich von meiner Generation der Sechzigjährigen?
Die Zeitperspektive. Das habe ich in einem Gespräch mit Giovanni di Lorenzo bei uns im Podcast „Piratensender Powerplay“ gelernt. Für di Lorenzo hat die deutsche Gesellschaft mit seiner längeren Zeitperspektive im Bereich Fairness und Gleichberechtigung gute Fortschritte gemacht, weil seine Vergleichsskala früher anfangen kann. Als Sohn eines Italieners war sein Aufwachsen im Deutschland der Sechzigerjahre vermutlich auf seine Art unerbittlicher als meines in den Neunzigerjahren, als Deutschland begann, sich dem sogenannten „Multikulti“ anzunähern. Ich habe sozusagen eine kürzere Zeitstichprobe. Ich habe an dieser Position meinen Standpunkt nach dem sehr angeregten Gespräch neu kalibrieren können. Das war ein Aha-Moment unseres Austausches, für den ich bis heute sehr dankbar bin.

Wie oft haben Friedemann und du diesen infantil-ironischen Titel „Piratensender Powerplay“ schon verflucht?
Wir preisen und feiern ihn jede Woche und ich erfreue mich außerdem an der perlenden Kakophonie der explosiven P-Laute.

Welchen Rat hast du als mitteljunge Millennial für die Jüngeren und die Älteren?
Nicht auf uns Millennials hören. Wir sind entpolitisiert aufgewachsen und haben ausgerechnet das als Errungenschaft der Postmoderne gefeiert, uns kann man nicht trauen. Unsere gesellschaftlichen Verhandlungen waren irgendwo zwischen Harry Potter und Harald Schmidt. Ha, jetzt widerspreche ich mir ja selbst, als ich oben gesagt habe, man sollte nicht für seine Generation sprechen wollen!

Lass uns über Geld reden: Du bist Kolumnistin, Podcasterin, Schauspielerin, Sängerin. Also eine Slash-Existenz, hast viele Querstriche in der Berufsbezeichnung. Ist das typisch für Freie im Jahr 2022, dass sie auf vielen Bühnen spielen müssen, um ihren Lebensunterhalt zu bestreiten?
Ich glaube, das ergibt sich eher aus den Möglichkeiten, die einem zur Verfügung stehen, es ist niedrigschwellig leicht, in verschiedenen Disziplinen inhaltliche Angebote zu machen, ob künstlerisch oder journalistisch, wir könnten jetzt sofort einen Podcast starten. Was genutzt werden kann, wird genutzt – dass sich dadurch die Einkommensquellen addieren und eine ökonomische Beständigkeit erlauben, ist ein positiver Nebeneffekt.

Welche mediale Bühne ist für dein Einkommen die wichtigste?
Mein Buch „Erzählende Affen“ hat sich glücklicherweise toll verkauft und ist überraschenderweise seit über vier Monaten durchgehend ein Bestseller, das bestreitet gerade meinen Unterhalt. Von Herzen danke ich an dieser Stelle allen, die es erworben haben!

Was bringen dir Twitter und Instagram?
Es ist eine bereichernde Möglichkeit, das Ohr auf dem Gleis der Diskurse zu haben, mit einer wohlwollend kuratierten Timeline, die auch Gegenpositionen enthält. Eine Möglichkeit, verschiedene Perspektiven wahrzunehmen und zu verstehen und das Nachrichtengeschehen sowie die Entwicklung von Takes in Echtzeit zu verfolgen.

Verdient ihr Geld mit eurem Podcast „Piratensender Powerplay“?
Nein, derzeit nicht.

Wenn morgen die Welt unterginge, welchen Film würdest du heute anschauen?
Mit meinen Eltern „Fahrraddiebe“ nochmal, mit meinem Freund „Don't Look Up“, einfach um Leonardo DiCaprio nochmal sagen zu hören: „Wir hatten alles, was man sich wünschen kann, oder?“ ■

»Weil die Medienlandschaft pluralistischer ist, kann ich vieles sein: männlich, weiblich, nonbinär, leise, hartkantig, nachdenklich, laut, progressiv«

Samira El Ouassil zu
Gast im Live-Podcast
turi2.de/clubraum

»Unsere Möglichkeiten waren nie größer«

Sebastian Matthes, „Handelsblatt"-Chefredakteur, wollte eigentlich Musiker werden. Heute spielt er bei Deutschlands wichtigster Wirtschaftszeitung die erste Geige

02 Um den Status quo zu beschreiben, ist Sebastian Matthes der Superlativ gerade groß genug: „Das ‚Handelsblatt' befindet sich inmitten der größten Transformation seiner Geschichte." Das spornt einen wie ihn erst richtig an. „Für mich gibt es keine spannendere Zeit, um Journalist zu sein", sagt Matthes. Jetzt gerade werde definiert, wie die Medien der Zukunft aussehen. „Und die Möglichkeiten, unseren Journalismus besser zu machen, waren nie größer." Warum? Weil digitale Tools wie ein Röntgenapparat freilegen, was beim Publikum ankommt und ob Geschichten spannend genug erzählt sind. Und weil sich Storys so vielgestaltig erzählen lassen, über Datenvisualisierungen, Animationen, Videos, Podcasts und in Texten. „Das fasziniert mich", sagt Matthes.

In jungen Jahren will Sebastian Matthes Musiker werden, übt fleißig, spielt Geige im Orchester. Bis er merkt: Er schreibt lieber über Konzerte, als welche zu geben. Die erste Geige kann er auch als Journalist spielen, erst bei der „Huffington Post" und jetzt beim „Handelsblatt". Dort führt er ein Team aus 200 Menschen.

Dabei hilft ihm seine Dreifachbegabung: Sebastian Matthes ist Vollblut-Journalist, der sich sein Staunen und Schwärmen bewahrt hat. Er kann mit Menschen, tauscht sich gerne aus, auch digital: Auf Linked-in folgen ihm rund 16.000 Menschen. Zugleich betrachtet Matthes seine Branche und neue Technologien mit analytischem Blick. „Es hat mich schon immer interessiert, wie sich dadurch Geschäftsmodelle, Unternehmen und letztlich unser aller Leben verändern werden."

Antworten darauf sucht (und findet) Sebastian Matthes seit 2019 auch in „Handelsblatt Disrupt". Für seinen Podcast, der inzwischen mehr als 150 Folgen hat, spricht er jeden Freitag mit Investorinnen und Innovatorinnen, Gründerinnen und Politikerinnen. Dabei schürft Matthes nach Erkenntnis. Wissbegierig, aber unparteiisch, stets einem klaren Grundsatz folgend: Journalistinnen sollen in ihrem Job nicht die Welt verbessern wollen, sondern „sie so beschreiben, wie sie ist".

	Sebastian Matthes
Geb.	1976 in Berlin
2000	Studium Politik und VWL an der Uni Hamburg
2005	Ausbildung an der Georg von Holtzbrinck-Schule für Wirtschaftsjournalisten
2008	Ressortleiter Technik & Wissen der „Wirtschaftswoche"
2013	Chefredakteur der „Huffington Post", Burda
2018	Vize-Chefredakteur beim „Handelsblatt"
2019	Podcast „Handelsblatt Disrupt"
2021	„Handelsblatt"-Chefredakteur

Tipp: „Man braucht zwar immer einen Plan. Am Ende kommt es dann aber doch ganz anders"

Sebastian Matthes
2021 im Live-Podcast
turi2.de/clubraum

Hannah Suppa

Geb. 1983 in Gifhorn
2003 Studium Germanistik, Politikwissenschaften, Zivilrecht
2008 Reporterin „Hannoversche Allgemeine Zeitung"
2014 Vize-Chefredakteurin „HAZ"
2016 Master in Digital Journalism
2017 Chefredakteurin „Märkische Allgemeine Zeitung"
2019 Digital-Chefredakteurin im Regionalen bei Madsack
2020 Chefredakteurin „Leipziger Volkszeitung"

»Ich gehe durch Städte und sehe Geschichten«

Hannah Suppa, Chefredakteurin der „Leipziger Volkszeitung", ist Lokaljournalistin aus Leidenschaft – im Schützenzelt wie im digitalen Raum

03 Bier und Erkenntnisgewinn schließen sich für Hannah Suppa nicht aus. Die Chefredakteurin der „Leipziger Volkszeitung" schwört auf Stammtische, an denen sie mit der Leserschaft zusammenkommt: „Ich lerne bei diesen Runden immer sehr viel – und nehme es mit zurück in meine tägliche Arbeit."

Gespräche sind von Anfang an wichtiger Teil ihres Jobs als Lokaljournalistin: Auf Kartoffelfesten und in Schützenzelten sei das „oft anstrengend, aber immer wertvoll". Berufliche Besuche von Dorf-Partys hat Suppa mittlerweile hinter sich gelassen. Die Chefredaktion bedeutet „auch viel administratives Management – das gehört nun nicht zu meinen Lieblingsaufgaben".

Hannah Suppa ist passionierte Verfechterin des Lokaljournalismus und dessen Chancen in der digitalen Medienwelt. In der Themenarbeit mit Kolleginnen geht sie voll auf, glaubt an das Potential, „Dinge vor Ort konkret zu verbessern, Debatten anzustoßen, Probleme sichtbar zu machen, Schönes hervorzuheben". Will sie mal abschalten, ruft das kühle Nass. Nicht im Bierglas am Stammtisch, sondern in den Seen Sachsens und Brandenburgs.

»Wird schon«

Carsten Knop, Herausgeber der „FAZ", will ein Moderator für Digitalisierung sein. Umwege und Rückschläge bringen ihn dabei dem Neuen nur näher

04 Carsten Knop sieht mit nur einem Auge. Er ist „funktionell einäugig", sein räumliches Sehen also eingeschränkt. Nach einem langen Arbeitstag strengt das an. Der Liebe zum Job tut es aber keinen Abbruch.

Schon als Kind druckt Knop „Familienzeitungen" im Büro seiner Mutter. Zum Ende der Schulzeit betreut er die Abizeitung, die „beinahe in einem Skandal endete". Nach dem Studium ist die Freude über ein Volontariat bei der „FAZ" groß. Noch größer die Enttäuschung, als die ihn danach nicht übernimmt. Die nächste Flaute kommt, als er seine Stelle als Wirtschaftskorrespondent in den USA aufgeben muss. Heute weiß er: „Alles ist für etwas gut." So ist der gebürtige Dortmunder zumindest seiner Lieblingsmannschaft näher – dem BVB.

Beruflich findet Knop seinen Platz im Online-Journalismus. Als Digitalchef der „FAZ" hat er sich als Moderator zwischen Online und Print gesehen. Nun, als Herausgeber, moderiert er zwischen Redaktion und Verlag. Das Beste an seinem Job, sagt Knop, sind neben den Kolleginnen und Kollegen die Menschen, die er durch die Arbeit an Geschichten kennenlernen darf. „Zuhören": Das ist sein Rat an alle, ob Anfängerin oder Profi.

Das Leben, glaubt Knop, läuft weder fair noch gradlinig. „Man hat aber immer wieder die Chance, etwas Neues daraus zu machen." Nur die Sehkraft auf dem rechten Auge – die würde er gern verbessern.

Carsten Knop

Geb. 1969 in Dortmund
1993 Volontariat bei der „FAZ"
1996 US-Korrespondent „FAZ"
2007 Leiter Unternehmensberichterstattung
2014 Leiter Wirtschaftsberichterstattung
2018 Chefredakteur Digital
2020 Herausgeber der „FAZ"

Carsten Knop spricht über Jobs im turi2.de/podcast

Fotos: Handelsblatt/ Max Brunnert, PR (2)

»Seht Euer Produkt nicht als starres Etwas«

Philip Banse, Erfolgs-Podcaster, hilft Hörerinnen, die Welt zu verstehen. Dafür braucht er auch eine Business-Philosophie

Philip Banse

Geb.	1972 in Berlin
1995	Studium in Hamburg und Berlin
1995	Berliner Journalistenschule
1997	Beginn freie Mitarbeit beim Deutschlandradio
2005	Podcast „Küchenradio"
2014	Projekt „Der Sender"
2016	Podcast „Lage der Nation"

Philip Banse spricht über Jobs im turi2.de/podcast

05 Philip Banses Job erfordert „Beziehungsarbeit". In einem „Team auf Augenhöhe" ist das unumgänglich. Mit Ulf Buermeyer hostet er seit 2016 den Politik-Podcast „Lage der Nation" – und sagt: „Ich arbeite zu 100 Prozent in Deckung mit meinen Werten und Vorstellungen."

Knapp 25 Jahre ist Banse schon beim Deutschlandradio aktiv, wo er es schätzt, „absolut unabhängig" zu sein. Seit 2005 macht er eigene Podcasts, an denen er „inhaltliche und formale Freiheiten" liebt, deren Finanzierung aber lange schwierig bleibt. Die „Lage der Nation" verbindet Freiheit und Finanzierung: Sämtliche Entscheidungen treffen nur die Hosts, auch weil Spenden, Abos, Werbung und Live-Shows das Projekt „sauber finanzieren".

Banses Strategie ist klar: „Lieber klein anfangen und organisch wachsen." Das hat er beim „unglaublich lehrreichen" Scheitern eines Crowdfunding-Projekts erkannt. Die „Lage der Nation" soll sich daher weiterentwickeln. Er will mehr eigene Recherchen liefern, der Podcast profitiere „enorm von der Arbeit anderer". Doch auch das eigene Wirken weiß Banse zu schätzen: Wenn er und Buermeyer Menschen ermutigen, sich zu engagieren, „ist das natürlich der Hauptgewinn".

»Einzelne Journalisten sind meist irrelevant«

Yasmine M'Barek, Redakteurin bei Zeit Online, hat mit Anfang 20 ihr erstes Buch herausgebracht. Abheben ist nicht ihr Stil

06 Yasmine M'Barek, Jahrgang 1999, will nicht ständig auf ihr Alter angesprochen werden. „Entweder man wird dafür bewundert oder es wird einem die Kompetenz abgesprochen", sagt sie. Doch Fakt ist: Die Kölnerin macht sich sehr früh und selbstbestimmt einen Namen.

Seit sie 19 ist, schreibt M'Barek für diverse Medien. Noch während sie an der Kölner Journalistenschule studiert, geht sie zu Zeit Online. Ihre Maxime? „Nur machen, was man kann." Heißt für sie: Die Bundespolitik auseinandernehmen. Nebenbei packt sie die schönsten Fotos von Markus Söder auf Instagram und ergründet die junge Wählerschaft, besonders abseits der linksgrünen Bubble. „Woke" Themen will sie nicht unbedingt bedienen und auch kein „Plakat" einer Generation sein.

Ohnehin bewertet sie ihre Arbeit nicht zu hoch. Erst das Kollektiv im Journalismus erschaffe den „transparenten, notwendigen Zugang für die Öffentlichkeit", sagt sie. Profis seien gerne mal „zu arrogant". Sie selbst will bloß ein wenig dazu beitragen, „dass die Debattenkultur nicht an Fronten verhärtet". Passend dazu heißt ihr erstes Buch „Radikale Kompromisse". Würde sie nicht selbst Bücher schreiben, würde sie wohl welche verkaufen – oder wäre ein „überbewerteter französischer Präsident".

Fotos: PR, Marcel Schwickerath

Yasmine M'Barek

Geb.	1999 in Köln
2019	Podcast „Auf einen Politte"
2021	Redakteurin im Ressort X von Zeit Online
2022	Buch „Radikale Kompromisse"

Tipp: „Niemals Dinge machen, weil andere sagen, dass man dann mehr vorweisen kann"

Was ich bei Vodafone kann:
mit allem rechnen
1001
0100
1010
Dank ihrer mathematischen Fähigkeiten nutzt Katrin Künstliche Intelligenz und löst so Probleme, bevor sie entstehen. Zeig uns, was Du kannst: Bewirb Dich als Data Scientist (m/w/d) oder auf zahlreiche andere spannende Jobs auf jobs.vodafone.de
Katrin, Data Scientist
Together we can

»Ich würde auch weitermachen, wenn ich im Lotto gewinnen würde«

Mai Thi Nguyen-Kim, YouTuberin, Bestsellerautorin und TV-Moderatorin, hat einen Job im Chemiekonzern ausgeschlagen, um Wissenschaft vor die Kamera zu bringen

07 Was wollten Sie als Kind werden: Wissenschaftlerin, Fernsehstar oder etwas ganz anderes?
Ich wollte tatsächlich lange Schriftstellerin werden. Zwar nicht von Sachbüchern, sondern von Romanen, aber über Umwege bin ich dem Wunsch ja echt nahe gekommen.

Wann haben Sie sich entschieden, dass Sie lieber vor der Kamera als im Labor stehen möchten?
Ich erinnere mich zumindest noch genau, wie fassungslos ich auf mein Handy starrte, als Trumps Beraterin Kelly Ann Conway total selbstbewusst von „alternative facts" sprach. Spätestens da wurde mir klar, dass Fakten und Wissenschaft auch in der Öffentlichkeit vertreten und verteidigt werden müssen. Aber dass ich irgendwann das Labor ganz verlassen würde, hätte ich lange nicht gedacht.

Wie hat Ihr Umfeld auf die Entscheidung reagiert?
Manche schockiert, manche überrascht – und manche waren auch überraschend wenig überrascht. Viele Freunde haben mich angefeuert und bestärkt, meine Eltern haben sich eher Sorgen gemacht.

Hatten Sie Momente des Zweifels, ob dieser Schritt der richtige war?
Es gab ein sehr attraktives Jobangebot als Laborleiterin in einem großen Chemieunternehmen, das ich nach langem Kopfzerbrechen absagte, um meinen Weg in der Wissenschaftskommunikation weiterzugehen. Das fühlte sich schon sehr mutig an. Ich weiß noch, wie ich zu meinem Mann sagte: „Würde ich Alkohol trinken, dann bräucht' ich jetzt einen Schnaps."

»Medien sind anfällig für Pseudoexperten, die Quatsch erzählen, aber vor der Kamera gut funktionieren«

Was gefällt Ihnen an Ihrer Arbeit am meisten, auf was könnten Sie verzichten?
Mir gefällt alles an meiner Arbeit. Ich würde sie auch weitermachen, wenn ich im Lotto gewinnen würde und nie wieder arbeiten müsste. Nur würde ich mehr freinehmen.

Wie reagieren Sie auf Anfeindungen im Netz?
Gar nicht, weil sie mich zum Glück gar nicht mehr erreichen. Ich konzentriere mich lieber auf das gute Feedback, die ermutigenden Nachrichten von Menschen, die mir schreiben, dass ich sie zu einem Chemiestudium inspiriert hätte oder dass mein Video ihnen geholfen hat, ein Familienmitglied vom Impfen zu überzeugen. Das motiviert mich und mein Team ungemein.

Verändert Ihre Arbeit die Welt?
Ich trage meinen kleinen Teil dazu bei, dass Menschen Wissenschaft besser verstehen und einordnen können. Nur wer gut informiert ist, kann auch gute Entscheidungen treffen.

Wie hat der Wissenschaftsjournalismus Sie verändert?
Meine Arbeit besteht zum größten Teil aus Lernen. Aus recherchieren, lesen, mit Fachleuten sprechen. Mein Horizont ist heute so viel breiter als damals, als ich noch im Labor war und in meiner kleinen Chemiewelt lebte. Für mich ist das sehr „humbling", wie man im Englischen sagen würde. Man merkt, wie komplex die Welt ist und wie wenig man selbst weiß.

Haben Sie Vorbilder?
Vorbilder vielleicht nicht, aber ich versuche, meine Arbeit als Wissenschaftsjournalistin immer so zu machen, dass auch mein Doktorvater stolz wäre. Ich möchte Wissenschaft so vermitteln, dass sich auch Fachleute gut vertreten fühlen.

Was ist das Besondere am Wissenschaftsjournalismus?
Zum einen das Dolmetschen: komplexe, wissenschaftliche Zusammenhänge verständlich übersetzen, ohne sie zu verzerren. Zum anderen wird das Einordnen wichtiger. Medien sind anfällig für Pseudo-Experten, die Quatsch erzählen, aber vor der Kamera gut funktionieren.

Wann ist ein Video oder eine Fernsehproduktion für Sie gelungen?
Das klingt jetzt vielleicht zu banal – aber ich bin immer begeistert, wenn ein Beitrag inhaltlichen Mehrwert hat. Ich erlebe oft, wie – gerade im Bewegtbild – der Inhalt anderen Dingen wie Dramaturgie oder schönen Bildern untergeordnet wird.

Was kann sich TV von YouTube abschauen? Und umgekehrt?
Ich finde, sowohl inhaltlich als auch konzeptionell passieren im Netz und im Streaming-Bereich gerade viel mehr spannende Dinge als im Fernsehen. Das Fernsehen sollte sich mehr Innovation zutrauen.

Welche Tipps geben Sie einem YouTube-Anfänger?
Erstens: Qualität statt Quantität. Zweitens: Teures Equipment sparen und stattdessen die Energie in ein gutes Skript oder Konzept stecken. Drittens: Keine Trends kopieren. Finde deine eigene Nische.

Carolin Sprick

Foto: ZDF/Maike Simon

Mai Thi Nguyen-Kim

Geb. 1987 in Heppenheim
2006 Chemiestudium in Mainz
2012 Promotion in Aachen und Harvard
2016 Start von „maiLab“ auf YouTube
2018 Moderatorin bei „Quarks“
2021 Moderatorin der TerraX-Reihe „Wunderwelt Chemie“, Start von „MaiThinkX – Die Show“ bei ZDFneo, Veröffentlichung des Bestsellers „Die kleinste gemeinsame Wirklichkeit“

Tipp: „Im Zweifelsfall lieber keine Meldung rausbringen, sondern erst noch warten und besonders gründlich verifizieren, bevor man halbgare Ergebnisse zu früh und verkürzt medial groß macht“

3 Karriere-Tipps von Bascha Mika

1. Setze auf Handwerk, Haltung und intrinsische Motivation – denn auf die von außen ist kein Verlass.

2. Konzentrier dich nicht nur auf deinen Job und wie man ihn gut macht, sondern lerne schnell auch, wie die Branche tickt.

3. Mut ist nicht alles, aber ohne Mut ist alles nichts. Mein Lebensthema.

»Als Chefin ist man immer auch Dienerin der Redaktion«

Bascha Mika, Ex-Chefredakteurin, wurde „hardcore katholisch" erzogen. Das missionarische Gen trägt sie bis heute in sich

08 Bascha Mika hat ein eindeutiges Berufsverständnis: Journalistinnen sind „Held:innen der Aufklärung", als Sauerstoff dient ihnen ihr „ideeller Überschuss". Sie weiß, dass das „altmodisch und pathetisch" klingt, doch das kümmert sie nicht. Derlei Tugenden hat die ehemalige Chefredakteurin der „taz" und der „Frankfurter Rundschau" in jeder ihrer Redaktionen gefördert, sowie bei Berufseinsteigerinnen, die sie seit Jahrzehnten ausbildet.

Mika selbst macht den Journalismus erst mit 33 Jahren zum „Brotberuf" – „angesichts des damaligen ‚taz'-Einheitslohns war ja schon Butter nicht mit drin". Ihr Lebenslauf ist zu diesem Zeitpunkt schon prall gefüllt. Als sie fünf Jahre alt ist, zieht ihre Familie aus Polen nach Aachen. Nach der Schule absolviert Mika eine Banklehre, um die Eltern zu befrieden. Das anschließende Abitur kann sie machen, weil die „großartige" Obernonne ihres Gymnasiums ihr eine Chance gibt. Parallel zum Studium und dem Uni-Job arbeitet sie erstmals als freie Journalistin. Sie startet bei der „taz" mit Berufs- und Lebenserfahrung und bleibt anders als gleichaltrige Kolleginnen davon verschont, ausbremsende und „langweilige Routinen zu entwickeln", ausgelöst durch „Abgezocktheit und Zynismus".

Als langjährige Chefredakteurin stoßen Mika die stets begrenzten Ressourcen im Journalismus sauer auf. Führungskräften rät sie zur Demut gegenüber der Leistung der Mitarbeitenden. Zudem wurmt es sie, „wie peinlich männerdominiert unsere Branche ist". Frauenrechte sind ihr eben „ein Wut- und Kampfthema". Trotzdem will sie sich als Autorin, noch immer aktiv für die „Frankfurter Rundschau", nicht auf einen Gegenstand einschießen und lässt wieder den Idealismus durchscheinen: „Generalistin zu sein ist großartig, alles andere würde mich langweilen."

Bascha Mika

Geb.	1954 in Komprachcice, Polen
1969	Banklehre
1976	Studium Philosophie, Germanistik und Ethnologie in Bonn und Marburg
1988	Redakteurin, CvD, Reporterin bei der „taz"
1999	Chefredakteurin der „taz"
2010	Leiterin des Studiengangs Kulturjournalismus in Berlin
2014	Chefredakteurin der „Frankfurter Rundschau"
2020	Freie Autorin bei der „Frankfurter Rundschau"

»Hilf anderen, ohne etwas zu erwarten«

Anna Dushime, Redaktionsleiterin, will Menschen zum Lachen und Nachdenken bringen. Ihre Herkunft ist dabei häufig Thema

Anna Dushime

Geb.	1990 in Ruanda
1999	Umzug nach Deutschland
2008	Marketing-Studium in den Niederlanden und Budapest
2012	Verschiedene Positionen beim Netzwerk ResearchGate in Berlin
2015	Redakteurin bei BuzzFeed
2016	Kreative Leitung bei Agentur Stoyo
2019	Wechsel zu Produktionsfirma Steinberger Silberstein
2020	Redaktionsleiterin dort

09 Anna Dushime hält leidenschaftlich gern „Nickerchen". Weil sich das nur schwer zu Geld machen lässt, lebt sie im Job ihre zweite Leidenschaft aus: Menschen unterhalten. Als Redaktionsleiterin der Berliner Produktionsfirma Steinberger Silberstein verantwortet Dushime die Funk-Formate „Aurel Original" und „Browser Ballett". In Podcasts und Kolumnen thematisiert sie zudem alles zwischen Politik und Dating. Ihre „taz"-Texte laufen unter der Überschrift: „Bei aller Liebe".

Vorauszusehen war ihr Werdegang nicht. Dushime wird in Ruanda geboren, geht in Großbritannien zur Schule, macht ihr Abitur im Ruhrgebiet und studiert in den Niederlanden Marketing. Damals lernt sie „ernsthaft für Statistik-Klausuren" – braucht sie später nie wieder –, bemerkt aber, wie wichtig das Netzwerken ist. In Berlin heuert sie beim Forschungsnetzwerk ResearchGate an und gelangt über BuzzFeed zur Agentur Stoyo. 2019 geht Dushime dann zu Steinberger Silberstein.

Wegen ihrer Herkunft werden Themen wie Diversität und Rassismus oft an sie herangetragen, „ohne, dass ich diese selbst gewählt habe". Als „alter weißer Mann" will sie trotzdem nie leben. Lieber als „Labrador einer wohlhabenden Familie".

»Tu das, wofür du stehst«

Marieke Reimann, Zweite Chefredakteurin des SWR, brennt für Underdogs. Ihr Werdegang ist „straight, aber echt mühsam"

10 Marieke Reimann muss hart für ihre Karriere arbeiten. Die Tochter einer alleinerziehenden Mutter trägt während ihrer Schulzeit Prospekte aus, parallel zum Studium an der Deutschen Journalistenschule in München warten dann Frühschichten in der Bäckerei und Spätschichten am Newsdesk. Da wundert es nicht, dass Reimann heute stolz davon erzählt, selbst inzwischen anderen jungen Menschen „mit diverser Lebensbiografie" eine Chance im Journalismus gegeben zu haben.

Eben solche jungen Menschen sind lange ihre Zielgruppe. Beim Jugendangebot Ze.tt steigt sie mit gerade mal 30 Jahren zur Chefredakteurin auf. Als das Portal Ende 2020 zu einem Ressort bei Zeit Online abgestuft wird, kündigt sie – ein Manöver, das knapp ein Jahr später in einen Führungsjob als Zweite Chefredakteurin des SWR mündet.

Reimann versteht sich selbst als Pragmatikerin. Auch deshalb hat sie das Schachspielen für sich entdeckt. Der analytische Aspekt des Spiels spiegelt sich in ihrem Berufsalltag wider. Denn auch dort können „unterschiedlichste Ansätze zu ähnlichen Lösungen führen". Strategisches Vorgehen ist schon vor dem Job-Eintritt nötig, glaubt Marieke Reimann. Angehenden Journalistinnen empfiehlt sie, sich frühzeitig eine Nische zu suchen und sich auszuprobieren, statt Energie in „belanglosen Prüfungen" zu verschwenden. Denn: „Was haben Noten am Ende mit journalistischer Praxis zu tun?"

Marieke Reimann

Geb.	1987 in Rostock
2007	Studium Angewandte Medienwissenschaft in Ilmenau
2012	Journalismus-Studium an der Deutschen Journalistenschule und der LMU München
2014	Freie Journalistin
2015	Redakteurin, später Vize-Chefredakteurin bei Ze.tt in Berlin
2018	Chefredakteurin bei Ze.tt
2021	Zweite Chefredakteurin des SWR

Fotos: Gaby Gerster, Pako Quijada, -t.b

Ausbildung

Hertie School
Die private Hochschule bildet aus für Führungsaufgaben im öffentlichen Sektor, in Wirtschaft und Verbänden
hertie-school.org/de

Quadriga
Die Berliner Hochschule ist nah an den Zentren der Macht und vermittelt das Rüstzeug, um ganz oben mitzuspielen
quadriga-hochschule.com

London School of Economics and Political Science
Annalena Baerbocks Master in Public International Law rüstete sie hier fürs Außenministerium
lse.ac.uk

Fachmedien

politik & kommunikation
Berichtet gedruckt und online über Strategie, Trends und Akteurinnen im Politikbetrieb
politik-kommunikation.de

Der Tagesspiegel
Die Berliner Tageszeitung gibt im Ressort „Agenda" immer dienstags Einblicke ins Innenleben der Macht
tagesspiegel.de/themen/agenda

Politico.eu
Der Ableger des US-Mediums ist Pflichtlektüre für alle in und um Brüssel, die Mannöver und Machenschaften auf EU-Ebene durchblicken wollen
politico.eu

Podcasts

„Hauptstadt – das Briefing"
The Pioneer

„politik & kommunikation – der Podcast"
politik & kommunikation

„Jung & Naiv"
Tilo Jung

Einkommen

jeweils pro Monat

Politische Beraterin:
3.774 €
Bundestagsabgeordnete:
10.012,89 €
Regierungssprecher:
15.074,80 €

Perspektiven

Wachsender Betrieb, mehr Jüngere, wechselnde Seiten

Die Rollen im Politikbetrieb werden nicht auf Lebenszeit vergeben, was man besonders gut nach Wahlen beobachten kann: Abgewählte Abgeordnete, Ministerinnen oder Kanzler nutzen ihre Kontakte und werden zu Lobbyistinnen. Journalistinnen wechseln die Seiten und werben für die neue Regierung. Steffen Hebestreit, Christiane Hoffmann und Wolfgang Büchner, die Sprachrohre der Ampelkoalition, hatten früher Spitzenjobs bei Medien wie „Spiegel", dpa und „Frankfurter Rundschau".

2.716 Deutsche leben als Abgeordnete des Bundestags, der Landtage oder des Europaparlaments von der Politik. Junge Menschen haben dort bessere Ein- und Aufstiegschancen als in der Vergangenheit: Die jüngste Bundestagsabgeordnete ist 23 Jahre alt, Ricarda Lang wurde mit 28 Jahren Chefin der Grünen. Der Anteil der unter 40-Jährigen unter allen Bundestagsabgeordneten ist binnen einer Legislaturperiode auf gut 26 Prozent gestiegen.

Spitzenpolitikerinnen brauchen wie eh und je Machtinstinkt. Neu ist, dass sie mit der Dauerbeobachtung durch Medien und soziale Medien zurecht kommen müssen. Ein Lachen zum falschen Zeitpunkt kann die Karriere beenden. Twitter, Instagram & Co sind für Kommunikationstalente aber auch eine Chance, insbesondere, wenn sie noch kein Amt haben oder in der Opposition sind. Gesundheitsminister Karl Lauterbach wurde nicht nur durch Talkshows, sondern auch durch Tweets zum Corona-Warner der Nation.

Respekt

Das Wort ebnet Olaf Scholz den Weg zur Kanzlerschaft und findet als „Kultur des Respekts" Eingang in den Koalitionsvertrag. An der respektlosen Bezeichnung „Scholzomat" hat sich aber nichts geändert.

Unter Drei

Politikerinnen, die bei Journalistinnen über Parteifreundinnen so richtig vom Leder ziehen, tun das gerne „unter Drei". Was so deklariert wird, darf nicht zitiert werden, soll aber seine Wirkung im Hinterkopf entfalten.

Doktortitel

Kein Muss für eine politische Karriere. Ein Studienabbruch ist kein Problem, was Ricarda Lang, Kevin Kühnert und Paul Ziemiak zeigen. Hastig zusammengestellte Abschlussarbeiten freuen nur Plagiatsjägerinnen.

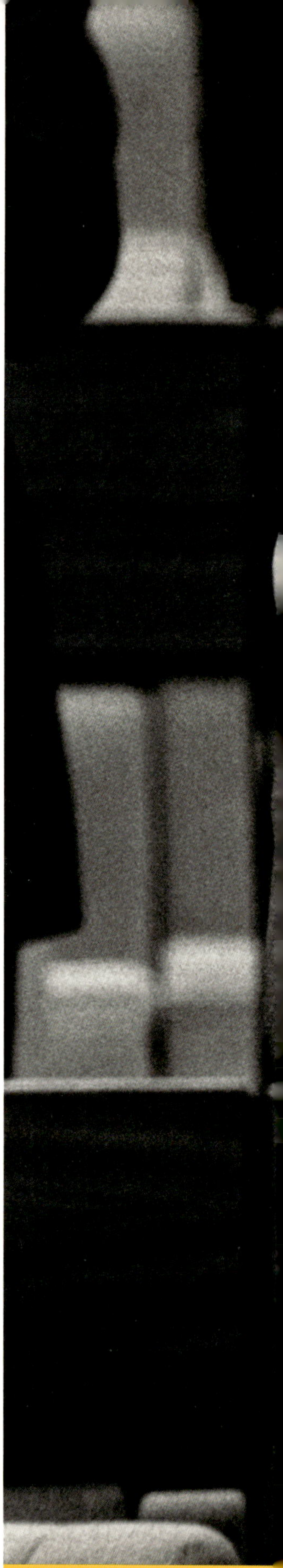

Foto: Picture-Alliance

Die Genossen Michail Gorbatschow und Erich Honecker tauschen 1986 den Bruderkuss

Politik

In Parlamenten, Ausschüssen und Hinterzimmern gestalten die Gewählten die Zukunft. Beobachtet von der Öffentlichkeit, bezirzt von der Lobby

»Es gibt keinen Weg, bei dem man nicht angreifbar ist«

Awet Tesfaiesus, Grünen-Abgeordnete, geht als erste schwarze Frau im Bundestag in die Geschichtsbücher ein. In ihrem Kapitel liegen Mut und Wut nah beieinander

Von Nancy Riegel (Text) und Johannes Arlt (Fotos)

Awet Tesfaiesus spricht über Jobs im turi2.de/podcast

Awet Tesfaiesus

Geb.	1974 in Asmara, Eritrea
1984	Flucht nach Deutschland während des Eritreischen Unabhängigkeitskrieges
1995	Jura-Studium in Heidelberg
2006	Zweites Juristisches Staatsexamen, Zulassung als Rechtsanwältin
2008	Partnerin einer Kanzlei
2009	Eintritt bei den Grünen
2012	Parteivorstand der Kasseler Grünen
2016	Stadtverordnete, Sprecherin für Integration und Gleichstellung
2021	Einzug in den Bundestag

11 **Sie haben nach dem Anschlag in Hanau beschlossen, in den Bundestag zu wollen. Was war Ihr Antrieb?**
Sehr viel Wut, aber auch Veränderungswille. Nach dem Anschlag war ich niedergeschlagen, hatte zunächst ernsthaft darüber nachgedacht, auszuwandern – mein Mann und ich haben uns sogar darüber informiert, in welchen Ländern unsere Anwaltszulassungen anerkannt werden. Wir haben uns dann aber entschieden, zu bleiben, denn in welchem Land gibt es keine rassistischen Strukturen? Allerdings nur unter der Voraussetzung, eine bessere Zukunft für unser Kind zu schaffen. Deswegen wollte ich hauptberuflich in die Politik.

Wut und Angst sind sehr ehrliche Antriebe. Macht Sie das zu einer besseren Politikerin?
Nein, auf keinen Fall. Viele Abgeordnete sind von der Jugend auf politisch engagiert. Auch wenn sie nicht so aus dem Bauch heraus agieren wie ich, haben sie trotzdem ihre Ideale und Ziele. Das eine ist nicht schlechter als das andere.

Und was ist mit Abgeordneten, die aus reinem Machttrieb in den Bundestag gehen?
Macht ist nicht per se schlecht. Vor allem Frauen sollten Macht nicht verteufeln. Wir sollten uns sogar trauen, nach ihr zu greifen. Um meine Ideale umzusetzen, brauche ich Macht. Macht um der Macht willen ist hingegen ein Problem.

Wie hat Ihre Familie auf die Kandidatur reagiert?
Ich wollte als erste schwarze Frau in den Bundestag. Meine Familie hatte deshalb Sicherheitsbedenken, wir haben darüber gesprochen, was die Kandidatur für mich und meine Familie bedeutet. Beruflich war es gut zu regeln, ich war in der gleichen Kanzlei wie mein Mann. Als feststand, dass ich kandidiere, konnte er mir also Fälle abnehmen und mir damit den Rücken freihalten.

Können Sie für Geflüchtete als Politikerin jetzt mehr erreichen, als damals als Anwältin?
Das Thema Migration lässt mich nicht los, aber ich habe mich bei meiner Kandidatur für einen anderen Schwerpunkt entschieden, für Anti-Diskriminierung und Chancengleichheit. Ich bin der Überzeugung, dass man sich als Politikerin mit seiner gesamten Kraft auf ein Thema fokussieren sollte.

Herrscht denn beim Zugang in die Politik Chancengleichheit?
Die Herausforderungen sind massiv, die Taktung ist enorm. Das schreckt vor allem Frauen mit Kindern ab. Oder Menschen ohne Uniabschluss. Wer in die Politik will, muss sich schon im Kleinen, auf kommunaler Ebene, viel Zeit dafür freischaufeln. Ich habe zum Beispiel meine Arbeitszeit in der Kanzlei reduziert, als ich 2012 in den Parteivorstand der Kasseler Grünen gegangen bin. Das geht aber nicht, wenn man einen Job hat, bei dem am Ende des Monats das Geld gerade so reicht.

Wie kann sich das ändern?
Schon allein virtuelle Sitzungen können helfen. Das war für mich eine Offenbarung – ich konnte mit meinem Kind Abendbrot essen und später noch an der Fraktionssitzung teilnehmen. Quotierte Redelisten können dabei helfen, die Länge der Sitzungen zu reduzieren. Außerdem müssen wir eine Sprache nutzen, die auch Nicht-Akademikerinnen verstehen. Da muss ich mich als Juristin umstellen – einfach mal ein paar Nebensätze weniger benutzen.

Ist Social Media dafür ein gutes Mittel?
Die Anliegen der Menschen erfährt man nicht in den sozialen Medien. Wenn ich in meinem Wahlkreis Werra-Meißner Hersfeld-Rotenburg unterwegs bin, dann interessiert dort viele Menschen überhaupt nicht, was auf Instagram los ist. Viele haben die App noch nicht einmal. Und viele kennen mich auch gar nicht oder fragen verwundert: Ach, wir hatten noch gar keine schwarze Frau im Bundestag?

Wie wohl fühlen Sie sich mit diesem Alleinstellungsmerkmal, mit dem Sie in die Geschichtsbücher eingehen werden?
Es ist nicht angenehm. Es ist eine krass große Verantwortung. Irgendwann wird es ein Resümee meiner Karriere geben, und die Erwartungen sind hoch, dass ich mehr erreiche, als nur die erste Schwarze im Parlament zu sein. Ich muss liefern.

»Frauen sollten Macht nicht verteufeln. Wir sollten uns sogar trauen, nach ihr zu greifen«

Was möchten Sie liefern?
Ich würde im Rechtsausschuss gern dazu beitragen, das Allgemeine Gleichbehandlungsgesetz zu reformieren. Es kann einfach nicht sein, dass Schwarze beispielsweise immer noch bei der Wohnungssuche benachteiligt werden. Ich will mich im Kulturausschuss für Dekolonisation einsetzen und dazu beitragen, dass Erinnerungskultur in Deutschland auch Migration und Einwanderung mit einschließt.

Möchten Sie ein Vorbild sein?
Eigentlich möchte ich das nicht, weil ich das als eine große Bürde auffasse. Aber junge Menschen brauchen Vorbilder, damit sie sehen, was sie schaffen können.

Hatten Sie Vorbilder in Ihrer Jugend?
Das werde ich häufiger gefragt und dazu muss man glaube ich zweierlei sagen. Erstens: Als schwarzes Mädchen im West-Deutschland der 1980er Jahre war die Auswahl an Vorbildern bzw. Role Models nicht sehr groß. Und außerdem tue ich mich zweitens überhaupt schwer mit dem Begriff „Vorbild“. Es gibt allerdings Menschen, die mich sehr beeindruckt haben.

Zum Beispiel?
Zum Beispiel mein Großvater. Er war Richter am Supreme Court und ist regelmäßig politisch angeeckt. Er hat sich oft geweigert, gegen Menschen das Strafverfahren zu ▶

eröffnen, wenn sie von der Polizei gefoltert worden waren. Das hat mich tief geprägt.

Wie viel Emotion können Sie sich im Parlament erlauben?
Als Politikerin sollte man strategisch vorgehen können, auch bei Eskalationen. Dann können Emotionen – besonders Wut – zielführend sein. Unkontrollierte Emotionen helfen oft nicht weiter. Nach dem Anschlag von Hanau kullerten bei mir beispielsweise regelmäßig die Tränen.

Möchten die Wählerinnen solche Gefühlsregungen nicht sehen?
Man muss in der Politik einen kühlen Kopf bewahren. Wir Juristen sagen immer: Wer sich selbst vertritt, hat einen Idioten als Mandanten. Wenn ich emotional zu sehr involviert bin, kann ich mich nicht selbst vertreten. So ähnlich ist es in der Politik. Wer zu sehr involviert ist, argumentiert aus Prinzip.

Wie würde Ihr Leben aussehen, wären Sie in Eritrea geblieben?
Ich denke oft darüber nach. Wahrscheinlich hätte ich nicht studiert, wäre nicht politisch aktiv, wäre vielleicht Hausfrau. Aber es sind auch andere Entscheidungen, die mein Leben beeinflusst haben, nicht nur die Flucht.

Was meinen Sie?
Ich hatte nach dem Abi eine Zusage für einen Studienplatz in Ostdeutschland. In den 90ern hat man allerdings schlimme Geschichten über Ostdeutschland gehört, immer wieder brannten dort Asylunterkünfte. Deshalb habe ich erst einmal gejobbt – alles Mögliche, Kellnern, Putzen… Bis ich dann meinen Wunschstudienplatz in Heidelberg bekommen habe. Wäre ich nach dem Studium dann nicht nach Kassel gegangen, wäre ich wohl heute keine Politikerin. Ich bin 2009 den Grünen beigetreten, weil mich die Lage der Geflüchteten im Mittelmeer berührt hat. So richtig aktiv geworden bin ich dann vor allem, um Menschen kennenzulernen, da ich neu in der Stadt war. Nun sitze ich im Bundestag.

Eine der ersten Abstimmungen war für Sie, ob Deutschland sich am Krieg in der Ukraine beteiligt. Wie fühlt sich das mit Ihrer eigenen Migrationsgeschichte an?
Ich muss natürlich viel an meine eigene Kindheit denken. Ich habe viele Familienmitglieder an zwei Kriege verloren. Bis heute leiden die Überlebenden unter ihren Verletzungen, haben zum Beispiel Schusswunden. Es war für mich deshalb klar, dass wir die Menschen in der

> **»Wer Politik macht, darf keine Angst vor Entscheidungen haben – auch, wenn man auf der falschen Seite rauskommen kann«**

Ukraine unterstützen müssen. Bei anderen Abstimmungen davor, als es zum Beispiel um die Impfpflicht ging, war ich mir deutlich unsicherer. Aber bei der Ukraine stand meine Entscheidung fest.

Ist man sich als Abgeordnete bewusst, welchen Effekt eine Entscheidung haben kann?
Wenn man Politik macht, darf man keine Angst vor Entscheidungen haben – wohlwissend, dass Dinge strittig sind und man auf der falschen Seite rauskommen kann. Es gibt keinen Weg, bei dem man nicht angreifbar ist.

Welchen Weg wünschen Sie sich für Ihr Kind?
Einen, auf dem es innere Zufriedenheit und Glück findet und seine Potentiale entfalten kann. ■

Berlin Mitte: Awet Tesfaiesus pendelt zwischen ihrem Wahlkreis in Nordhessen und der Hauptstadt

3 Karriere-Tipps von Marie-Agnes Strack-Zimmermann

1. **Dranbleiben**, auch wenn etwas nicht direkt beim ersten Mal klappt.

2. **Suche dir Verbündete,** die ähnlich denken, mit denen du dich gut verstehst und mit denen du zusammenarbeiten kannst.

3. **Sei entscheidungsfreudig,** manchmal ergeben sich in der Politik ganz plötzlich Gelegenheiten – die sollte man nutzen.

»Guckst du scheiße, fährst du scheiße«

Marie-Agnes Strack-Zimmermann, FDP-Politikerin, ist gerne PS-stark unterwegs. Auch ihre politische Karriere zieht sie nach einem späten Start rasant durch

12 Marie-Agnes Strack-Zimmermann düst gerne mit dem City-Roller über die Flure des Bundestags. So kommt die FDP-Politikerin nicht nur schneller ans Ziel, sondern kann ihre Leidenschaft – das Motorradfahren – zumindest beinahe in ihren Alltag integrieren. Genau wie auf der Straße achtet sie im Job darauf, vorausschauend zu agieren. Ganz nach dem Motto: „Guckst du scheiße, fährst du scheiße."

Strack-Zimmermann, Jahrgang 1958, ist im Vergleich zu anderen Parteimitgliedern erst spät politisch aktiv geworden. Ausschlaggeber war ein „fehlender Zebrastreifen vor dem Kindergarten". Nach Studium und Promotion ist sie als Verlagsrepräsentantin für den Nürnberger Jugendbuchverlag Tessloff tätig. Nebenbei wird sie 1999 Mitglied der Bezirksvertretung im Stadtbezirk 7 von Düsseldorf. Strack-Zimmermann arbeitet sich bis zur Ersten Bürgermeisterin hoch und geht von dort ihren Weg bis in den Bundestag. Sie ermutigt heute auch andere Seiteneinsteigerinnen: Die Politik brauche den 26-jährigen Studenten genauso wie die 59-Jährige, die zum ersten Mal ins Parlament einzieht. Denn: Frischer Wind ist auf dem Parkett immer gut, die Gefahr, betriebsblind zu werden, in der Politik sehr hoch.

Gleichzeitig warnt Strack-Zimmermann: „Sobald man den Kopf raussteckt, ist man leider auch mit viel Ablehnung und offenem Hass konfrontiert." Mails und Anrufe, die sie bekomme, offenbaren oftmals nicht nur „Verachtung", sondern seien auch strafrechtlich relevant. Ein paar „Vollpfosten und Egomanen" weniger würden ihren Job definitiv etwas besser machen, ist sie überzeugt. Und die Welt sowieso.

	Marie-Agnes Strack-Zimmermann
Geb.	1958 in Düsseldorf
1978	Studium der Publizistik, Politikwissenschaften und Germanistik in München
1986	Promotion
1988	Verlagsrepräsentantin des Jugendbuchverlags Tessloff
2008	Erste Bürgermeisterin von Düsseldorf
2013	Stellvertretende FDP-Bundesvorsitzende
2017	Einzug in den Bundestag
2021	Fraktionsvorständin der FDP-Bundestagsfraktion

Fotos: imago images, picture alliance, F. Castro

»Nicht auf das Gebabbel anderer hören«

Dorothee Bär, CSU-Politikerin, sitzt seit 20 Jahren im Bundestag. Sie verlässt sich on- und offline auf ihr Gespür für Menschen

Dorothee Bär

Geb.	1978 in Bamberg
1992	Eintritt in die Junge Union
1999	Studium Politikwissenschaften in München und Berlin
2002	Einzug in den Bundestag
2009	Fraktionssprecherin Familie, Senioren, Frauen und Jugend
2013	Parlamentarische Staatssekretärin
2018	Staatsministerin für Digitales
2021	Vize-Vorsitzende der CDU/CSU-Fraktion, zuständig für Familie und Kultur

13 Für ein Foto für einen Social-Media-Post drückt Dorothee Bär ihr Handy schon mal ihren Kindern in die Hand – oder Touristinnen in Berlin. Die ehemalige Staatsministerin für Digitales weiß, wie man Menschen erreicht. „Wer Menschen nicht liebt und sich nicht für sie interessiert, darf nicht Politikerin werden."

Bär arbeitet, seit sie 14 ist: in einer Gärtnerei, im Krankenhaus, als Putzhilfe, bei Zeitung und Radio, im Kino, bei Douglas. Mit 16 tritt sie in die CSU ein. Ihre politische Karriere beginnt im Kommunalen, „Bäche reinigen, Spielplätze im Dorf schaffen". Seit 2002 sitzt sie im Bundestag. 2005 verliert sie ihren Sitz kurz, rückt Wochen nach der verlorenen Wahl doch noch nach. Eine Chance, ihr Umfeld besser kennenzulernen: „Nach dem Wahltag meldeten sich einige zunächst einmal nicht mehr." Seit Ende 2021 ist Bär nach acht Jahren Regierung nun Opposition. „Nicht-Regieren bedeutet auch ein Mehr an Freiheit", sagt sie.

Bärs Faible für Flugtaxis, Social Media und High Heels hat ihr so manches öffentliche Naserümpfen eingebracht, auch aus der eigenen Partei. Inzwischen sieht sie das gelassen. Der jungen Doro würde sie raten: „Nur auf die hören, die man auch selbst um Rat gefragt hätte."

»Ohne Inner Work brennt man aus«

Kristina Lunz, Co-Gründerin Centre for Feminist Foreign Policy, verbindet „Nein heißt Nein" mit „Don't take no for an answer"

14 Kristina Lunz glaubt, dass man zunächst an der eigenen mentalen Gesundheit arbeiten muss, um „zu echtem, nachhaltigem, gesellschaftlichem Wandel" beitragen zu können. Sie lässt sich seit drei Jahren professionell unterstützen, um eine „angenehme Weggefährtin für viele" zu sein – auch bei ihrer Arbeit beim Centre for Feminist Foreign Policy, einer Forschungs- und Beratungsorganisation mit Fokus auf feministische Außenpolitik.

Nach der Schule studiert Lunz Psychologie und wird die erste Uni-Absolventin ihrer Familie. Ihr weiteres Studium und ihre spätere Arbeit führen sie nach England, Kolumbien, New York, Myanmar und schließlich nach Berlin. Als Aktivistin trägt sie 2016 mit der Kampagne „Nein heißt Nein" zur Änderung des Sexualstrafrechts bei.

2018 bringt sie dann das deutsche Centre for Feminist Foreign Policy mit auf den Weg. Lunz liebt es, Mitgeschäftsführerin in einem „warmen und unterstützenden" Team zu sein, auch wenn „unsere Gesellschaft derart misogyn und sexistisch ist, dass weibliche Gründer:innen kaum Finanzierung erhalten". Vor allem in den ersten Karrierejahren braucht frau deshalb Durchhaltevermögen. „Don't take no for an answer" lautet ihr Motto – außer bei intimen Beziehungen.

Kristina Lunz

Geb.	1989 in Reckendorf
2010	Psychologie-Studium in Mainz
2013	Studium Internationale Politik in London und Oxford
2015	Wissenschaftliche Beraterin
2017	Gender and Coordination Officer bei der UNO in New York und Myanmar
2018	Gründung Centre for Feminist Foreign Policy in Berlin
2019	Beraterin für das Auswärtige Amt
2022	Buch „Die Zukunft der Außenpolitik ist feministisch"

»Wenn der Wind bläst, sollte man eher Fahnenmast als Fahne sein«

Matthias Berninger, Leiter der Politischen Kommunikation bei Bayer, war mal Grünen-Politiker, jetzt ist er Lobbyist. Für ihn sind beide Berufe wichtig für die Demokratie

15 **Darf man Sie ungestraft Lobbyist nennen?**
Zumindest machen es viele Leute ungestraft. Ich finde an dem Wort nichts Schlimmes. Es wird aber versucht, Lobbyismus mit negativen Assoziationen zu belegen. Dabei ist Lobbyismus für eine funktionierende Demokratie unerlässlich.

Wie das?
Für die Gesellschaft ist es extrem wichtig, dass die Politik vernünftige Entscheidungen trifft. Wenn die Wirtschaft nicht das Richtige tut, dann wird die Politik falsche Entscheidungen treffen. Deshalb muss man im Dialog bleiben. Nicht nur Unternehmen sprechen mit der Politik. Auch Kirchenvertreter, Gewerkschaften und Umweltverbände sind letztlich Lobbyisten.

Was ist mit dem Klischee der diskreten Treffs in Hinterzimmern?
Was sich seit den 90er Jahren deutlich geändert hat, sind die Transparenzregeln – das ist auch gut so. Meine Argumente im persönlichen Gespräch kann man auf meinem Twitter-Account nachlesen. Mir ist Transparenz wichtig, ich verstehe die Aufregung in Berlin nicht wegen der Einführung des Lobbyregisters. Ich lebe in Washington D.C., da ist Lobby-Transparenz seit Jahrzehnten üblich, genau wie in Brüssel.

Wie würden Sie das beschreiben, was Sie machen?
Das Gemeinsame aus meiner Zeit in der Politik, bei Mars und Bayer ist, dass ich an Transformationen arbeite, an grundlegenden Veränderungen mit dem Ziel der Lösung von Problemen, die sich stellen – und an der Kommunikation dieser Lösungen. Ich vergleiche das gerne mit einem Baum und seinem Schatten. Der Baum steht für Relevanz – also den Beitrag, den ein Unternehmen für die Gesellschaft leistet. Der Schatten ist die Wahrnehmung dessen in der Gesellschaft – die Präsenz. Ich will dafür sorgen, dass wir relevant sind – und präsent.

Ist Politische Kommunikation ein Beruf mit Zukunft?
Absolut. Ohne professionelle Kommunikation können wir die Probleme, die wir haben, nicht lösen und die notwendige Transformation nicht schaffen. Meine Definition von PR ist, Präsenz und Relevanz miteinander zu verknüpfen. Wenn ein Unternehmen toll kommuniziert, aber nicht macht, was es verspricht, dann landet es schnell in schwierigem Fahrwasser. Ein Unternehmen, das viele gute Sachen macht und darüber nicht kommuniziert, bekommt auch Probleme. Die Politik braucht ebenfalls eine gute Balance zwischen Präsenz und Relevanz.

Wer sollte diesen Beruf ergreifen?
Wer offen dafür ist, seine Perspektive zu erweitern. Jürgen Trittin hat mir mal gesagt „Umwege erhöhen die Ortskenntnisse“. Man sollte die Bereitschaft haben, Umwege zu gehen. Das Wichtigste ist, dass man weiß, warum man tut, was man tut. Wenn der Wind bläst, sollte man eher Fahnenmast als Fahne sein.

Sie spielen Schach. Was kann man dabei für die Karriere lernen?
Ich spiele am liebsten Blitzschach, drei Minuten Zeit zum Nachdenken pro Partie. Wie im normalen Schach und im Leben gilt: Du musst einen Plan haben und die Flexibilität, ihn jederzeit zu ändern. *Peter Turi*

Matthias Berninger

Geb.	1971 in Kassel
1990	Mitglied Bündnis 90/ Die Grünen, Studium Chemie und Politologie
1994	Jüngster Abgeordneter im Deutschen Bundestag
2001	Parlamentarischer Staatssekretär Bundesministerium für Verbraucherschutz, Ernährung und Landwirtschaft
2005	Wirtschaftspolitischer Sprecher der Fraktion
2007	Mandatsverzicht, Lobbyist für Mars Inc.
2019	Leiter Politische Kommunikation, Wissenschaft, Nachhaltigkeit bei der Bayer AG, Washington D.C.

Tipp: „Ich nenne es den Karriere-Triathlon: Sich selbst besser kennenlernen. Sich selbst beherrschen lernen. Sich mit Disziplin weiterentwickeln“

Foto: PR

Diana Kinnert

Geb. 1991 in Wuppertal
2010 Studium Politikwissenschaft, Philosophie und Sozialwissenschaften
2015 Büroleiterin von Bundestags-Vizepräsident Peter Hintze
2016 Beraterin, u.a. für Entwicklungsminister Gerd Müller
2019 Mitglied im CDU-Bundesfachausschuss Gesellschaftlicher Zusammenhalt
2021 Buch „Die Neue Einsamkeit"

Diana Kinnert 2021 im Live-Podcast turi2.de/clubraum

»Mach dich frei von der Anerkennung anderer«

Diana Kinnert, CDU-Politikerin, bestimmt ihren Weg gern selbst – und erkennt, dass man trotz Trubel einsam sein kann

16 Sie ist keine klassische Partei-Politikerin. Diana Kinnert arbeitet als Unternehmerin, Publizistin und Beraterin, auch, weil sie unabhängig sein will. Kinnert ist öffentlich präsent, nicht nur als „Frau mit dem Schlapphut". Ihr Vorgehen ist kalkuliert: Sie hat sich früh überlegt, wie sie die CDU „längstmöglich konstruktiv nerven kann", sagt sie mal in einem Interview.

Kinnert geht zunächst zu Amnesty International und Greenpeace, bevor sie mit 17 der CDU beitritt. 2015 landet sie als Büroleiterin beim Bundestags-Vizepräsidenten Peter Hintze. Dessen Tod fällt nah mit dem Ableben ihrer eigenen Mutter und ihrer Großeltern zusammen.

Die geballten Schicksalsschläge lösen eine Einsamkeit aus, die sie zunächst verdrängt. Als Kinnert das Problem erkennt, widmet sie sich dem Thema Einsamkeit auch gesellschaftlich. Sie macht es zu einem politischen Schwerpunkt, berät das Anti-Einsamkeitsministerium in Großbritannien, podcastet dazu und schreibt ein Bestseller-Buch.

Kinnert nennt ihre Arbeit „disruptiv". Sie muss „schnell auf günstige gesellschaftliche Zeitfenster reagieren". Das stellt beizeiten eine Herausforderung für das Privatleben dar. Für ein wenig Regelmäßigkeit sorgen ihre wöchentlichen Podcast-Engagements beim „8. Tag" von Media Pioneer und bei Phoenix.

Das verbindende Element aller Projekte sei die „tausendprozentige Überzeugung, die Gesellschaft zueinander zu führen". Wer auf so vielen Hochzeiten tanzt, muss sich freimachen von dem Streben nach Anerkennung von außen, hat sie erkannt – „ansonsten ist und bleibt man Gefangener".

3 Karriere-Tipps von Diana Kinnert:

1. Weniger ist mehr: Zu Beginn meiner politischen Arbeit in Berlin habe ich nahezu täglich auf Netzwerkveranstaltungen herumgehangen, unentwegt Interviews gegeben, mich fast beliebig zu Kaffee und Mittagessen verabredet. Das stiehlt Zeit zum Lesen, Nachdenken, Aufschreiben.

2. Die Zahl der Instagram- oder Twitter-Follower schmückt deine öffentliche Marke, sagt aber nichts über dein Renommee und deine Relevanz in gesellschaftlichen Diskursen aus.

3. Berufliche Arbeit wird entlohnt – ansonsten ist sie Hobby oder Ehrenamt.

»Strategie ist immer auch Reduktion«

Wigan Salazar, CEO von MSL in Deutschland, erlebt Flucht und Arbeitslosigkeit. Heute löst er kommunikative Krisen

17 Als junger Mann glaubt Wigan Salazar, dass Erfolg allein auf Leistung basiert. Heute weiß er: Der Karriereweg wird auch von „scheinbar irrationalen Aspekten" bestimmt.

Als Einjähriger spielt Salazar in der Zelle, in der sein Vater als politisch Inhaftierter auf den Philippinen festgehalten wird. Die Familie kommt nach Deutschland, als Salazar elf ist. Fürs Masterstudium geht er nach London, was viele nicht verstehen – winkt ihm doch gerade eine politische Karriere in der CDU. Nach dem Studium arbeitet er ein Jahr für einen Abgeordneten in Bonn.

Im Jahr 2001 ist er kurz arbeitslos, weil das Münchner Startup, bei dem er nach der Promotion angeheuert hatte, den Bach runtergeht – wie so viele in der Zeit. Die Jobsuche ist mühsam. Mit ebenfalls gerade arbeitslosen Freunden trifft er sich mittags „zu einem Bier" im Englischen Garten oder zum Basketball. Während eines Matches ruft Axel Wallrabenstein von Publicis an, zu der MSL gehört. Es geht um eine Wahlkampagne in Berlin.

Aus den geplanten vier Monaten werden mehr als 20 Jahre Zusammenarbeit, in denen sich Salazar „nie gelangweilt" hat. Wohl auch, weil er beim Spezialisten für Krisenkommunikation seine „Obsession" für gute Texte ausleben kann – und ganz nah an der Politik agiert.

Wigan Salazar

Geb.	1971 in Manila, Philippinen
1991	Studium in Bonn und London
1995	Wissenschaftlicher Mitarbeiter MdB Steffen Kampeter, CDU
2000	Promotion in London, Content Manager Symplon AG
2001	Wechsel zu Publicis
2010	CEO MSL Deutschland

Wigan Salazar spricht über Jobs im turi2.de/podcast

»Gerade die Umwege brachten mich zum Ziel«

Iris Brand, Head of Corporate Responsibility bei Philip Morris, will mit einem Tabakkonzern die Demokratie stärken. Ihr Job sei schließlich „prädestiniert dafür, das Gute zu fördern"

18 Iris Brand mag Lebensläufe in „Schlangenlinien". Sie selbst studiert dem Vater zuliebe Lehramt, kombiniert mit einem Magisterstudium. Ein eingeschobenes journalistisches Praktikum begeistert sie, am Ende geht sie in die Wirtschaft.

Brand lernt früh, dass gesellschaftliches Engagement Konzernen hilft, vor allem bei kommunikativ heiklen Themen wie Milchviehhaltung oder Zucker in Lebensmitteln. Beim Käsekonzern Bel leitet sie die Partnerschaft mit dem WWF, beim Süßigkeitenhersteller Mars verantwortet sie etwa das Engagement mit den Special Olympics. Heute kümmert sie sich um das politische und gesellschaftliche Wirken des Tabak-Riesen Philip Morris. Der will mit Initiativen wie dem Award Power for Democracy Projekte pushen, die die Demokratie stärken.

Brand betont, dass sich ihre „persönlichen Überzeugungen mit denen des Unternehmens" vereinen. Zeit sei ein kostbares Gut, das im falschen Job schlecht eingesetzt wäre. Ihr macht es Freude, das notwendige Netzwerk mit Medien, Politik und Wirtschaft aufzubauen. Doch auch die Verbindung zur Belegschaft sei essentiell. Denn überall gilt, dass „Informationen die Währung eines Kommunikators sind".

Iris Brand

Geb.	1984 in Bad Mergentheim
2003	Lehramts- und Magisterstudium in Würzburg
2007	Praktikum bei Axel Springer
2011	Assistentin der Geschäftsführung, Kommunikationsleiterin bei Bel in Paris
2016	Kommunikationsleiterin bei Mars in München
2018	Leiterin Unternehmenskommunikation Philip Morris
2021	Head of Corporate Responsibility & Contributions bei Philip Morris

Fotos: Dominik Müller, PR (2)

»Anstrengend, aber enorm sinnstiftend«

Svenja Schulze, Bundesentwicklungsministerin aus der SPD, beackert diverse Politikfelder. Das erste davon ist der Sport

Svenja Schulze

Geb.	1968 in Düsseldorf
1988	Studium der Germanistik und Politikwissenschaften in Bochum
1993	Freiberufliche Werbe- und PR-Arbeit, Juso-Landesvorsitzende
1997	SPD-Landtagsabgeordnete in NRW
2010	NRW-Wissenschaftsministerin
2017	Generalsekretärin NRW-SPD
2018	Bundesumweltministerin
2021	Bundesentwicklungsministerin

19 Weil Svenja Schulze als sportbegeisterte Jugendliche nicht mit der geforderten Sportkleidung ihrer Schule einverstanden ist, geht sie in die Schülervertretung. Dort lernt sie die Jusos kennen, deren NRW-Vorsitzende sie später wird. Heute ist Schulze Bundesministerin – ein Weg, zu dem sie mehr Frauen motivieren will.

Führungsjobs seien anstrengend, „aber auch enorm sinnstiftend". Frauen könnten nicht nur auf Kompetenz bauen, sie müssten netzwerken und sich Aufgaben erkämpfen. Das hat Schulze selbst erlebt. Nach dem Studium arbeitet sie in der PR, mit 31 zieht sie als Nachrückerin in den Landtag ein. Sie bleibt eine Legislaturperiode, wird Unternehmensberaterin und kehrt 2004 ins Parlament zurück.

2010 beginnt Schulzes Zeit in Amt und Würden. Sie wird Wissenschaftsministerin in NRW – bis die SPD bei der Landtagswahl 2017 historisch scheitert. Als Generalsekretärin muss Schulze den Landesverband aufrichten. Ein Jahr später ruft die Bundespolitik. Zunächst ist sie Umweltministerin, nun Entwicklungsministerin. Dem Nachwuchs rät sie heute, sich Zeit zu nehmen, um „in neue Positionen und Themen hineinzukommen". Mit ihrem Karriereweg muss sie es wissen.

»Plane nicht zu sehr, wie dein Leben aussehen soll«

Sabine Frank, YouTube-Lobbyistin, sorgt dafür, dass das Internet kein Wilder Westen ist

20 Digitalisierung hin oder her, die Uhrzeit lässt sich nicht so einfach außer Kraft setzen. Und so wachen einige von Sabine Franks Kolleginnen erst dann auf, wenn die anderen schon wieder Feierabend machen. Trotzdem macht sie die Arbeit in ihrem internationalem Team in der Abteilung für Politik und öffentliche Angelegenheiten bei YouTube „sehr happy".

Die Zeit lässt sich nicht regulieren. Dafür muss Sabine Frank auf vieles andere im Netz ein wachsames Auge haben. Nach ihrem Zweiten Juristischen Staatsexamen 2001 setzt sie sich viele Jahre lang für Jugendmedienschutz ein, zunächst beim Verein FSM in Berlin, ab 2012 bei Google, wo sie unter anderem YouTube Kids auf den Weg bringt. 2020 übernimmt sie die neu geschaffene Stelle Head of Government Affairs and Public Policy bei YouTube.

Frank trifft in ihrer Karriere immer dann gute Entscheidungen, „wenn sie nicht nur auf rationalen Kriterien beruhen, sondern auch das Bauchgefühl stimmt", sagt sie rückblickend. Ihr Studienfach Jura wollte sie ursprünglich einmal gegen Psychologie eintauschen. Und auch der Job einer Sportreporterin würde sie reizen. Doch sie bleibt Juristin – und arbeitet nebenbei an ihrer „Rückhand im Tennis".

Sabine Frank

Geb.	1972 in Stuttgart
1992	Studium Rechtswissenschaften in Münster und Osnabrück
2001	Geschäftsführerin Freiwillige Selbstkontrolle Multimedia Diensteanbieter e.V. in Berlin
2002	Vorstand Netzwerk Inhope
2007	Mitgründerin der Kinder-Suchmaschine Frag Finn
2012	Leiterin Regulierung, Verbraucher- und Jugendschutz bei Google
2020	Head of Government Affairs and Public Policy bei YouTube

Fotos: BPA/Steffen Kugler, PR

Ausbildung

TU Berlin
Der Studiengang Informatik liegt in Hochschulrankings regelmäßig vorne und wird von Personalverantwortlichen in Unternehmen geschätzt
tu.berlin

Freetech Academy
Axel Springer bildet Nachwuchsjournalistinnen und Tech-Talente aus – vereint unter einem Dach
freetech.academy

Udacity
Der E-Learning-Anbieter aus dem Silicon Valley gibt Online-Kurse im Technologiesektor
udacity.com

Fachmedien

t3n
Wer sich als digitaler Pinionier sieht, holt sich hier Inspiration für die Zukunft – online, gedruckt oder als Podcast
t3n.de

deutsche-startups.de
Das Team um Alexander Hüsing berichtet seit 15 Jahren aus der hiesigen Gründerszene – länger als viele Startups durchhalten
deutsche-startups.de

Business Punk
Magazin über und für die jungen Wilden der Digital-Wirtschaft, die es nicht nur beruflich gerne krachen lassen
business-punk.com

Podcasts

„OMR Podcast"
Philipp Westermeyer

„Startup Insider Daily"
Jan Thomas

„Doppelgänger Tech Talk"
Philipp Glöckler und Philipp Klöckner

Einkommen

Datenanalystin:
49.200 € pro Jahr
IT-Führungskraft:
133.700 € pro Jahr
Cathy Hummels:
6.400 € pro Instagram-Post, geschätzt

Perspektiven

Neue Berufe, offene Stellen, Raum für Unternehmungslustige

Knapp 1,3 Millionen Menschen in Deutschland werden nach Prognose des Verbands Bitkom bis Ende 2022 in der Digitalwirtschaft arbeiten. Das sind rund 460.000 mehr als in der Autoindustrie. Die Branche hat selbst unter Corona nicht gelitten. Langfristig wird sie sogar vom Virus profitieren: Die Pandemie hat die Defizite Deutschlands bei der Digitalisierung brutal offengelegt. Die Ampelkoalition hat hoch und heilig versprochen, schnell für Abhilfe zu sorgen.

Die prosperierende Digitalbranche sucht schon jetzt dringend neue Mitarbeiterinnen, was deren Position auf dem Arbeitsmarkt stärkt: Bitkom beziffert die Zahl der offenen Stellen für IT-Fachkräfte in der Wirtschaft auf 96.000. Besonders gefragt sind Software-Entwicklerinnen, IT-Projektmanagerinnen und -Administratorinnen, Data Scientists sowie Datenschutzprofis. In den Zahlen sind diejenigen Programmiererinnen, Social-Media-Expertinnen und Analystinnen noch gar nicht berücksichtigt, die im öffentlichen Dienst beschäftigt oder selbstständig sind.

Gerade für Unternehmungslustige bietet die Digitalisierung Chancen: Journalistinnen machen ihr eigenes Ding in Form von Podcasts oder Newslettern und profilieren sich als Expertin oder Diskutantin auf Twitter. Influencerinnen vergolden sich Aussehen, Alltagsleben oder Lifestyle auf Instagram, YouTube und TikTok. Und noch immer lassen sich im Digitalen in jeder noch so nerdigen Nische Karrieren als Streamerin, Bloggerin oder Entwicklerin auf- und ausbauen.

Agiles Arbeiten

Der Begriff aus der Software-Entwicklung wird gerne für jede Form der reaktionsschnellen Arbeit verwendet. Schmerzt in Kombi mit „Change" oder „Mindset" in den Ohren.

Einhorn

Das Lieblingstier der Startup-Branche bezeichnet junge Unternehmen mit Marktbewertung von über einer Milliarde US-Dollar vor Börsengang. Hierzulande leider selten.

Digitale Souveränität

Mit dem Schlagwort wollen Politikerinnen den großen US-Internetkonzernen klarmachen, wo der Hammer hängt. Ist aber noch nicht in die Alltagssprache der Behörden übergegangen.

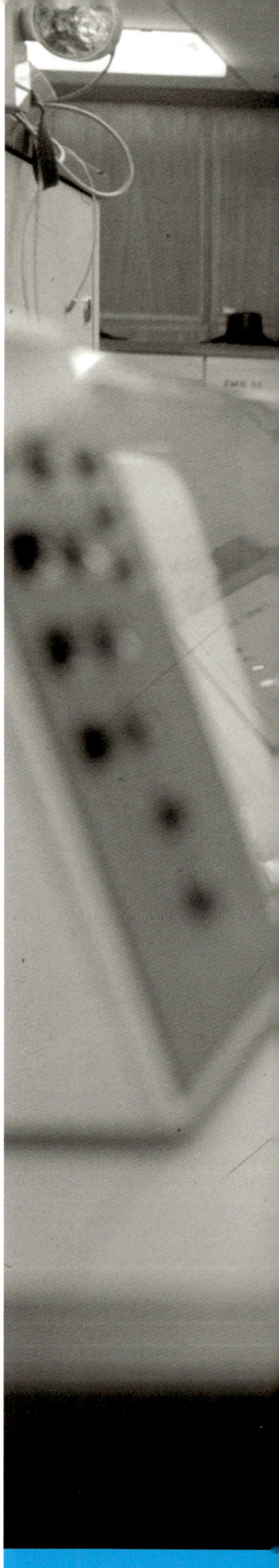

Foto: Picture-Alliance

Der erste Großrechner der DDR arbeitet in den 70ern im Berliner Rechenzentrum von Robotron

Digital

Ohne Online geht heute nichts mehr, Tech-Talente sind gefragt wie nie. Die Möglichkeiten sind fast so unbegrenzt wie der Speicherplatz im Netz

»Mit Neugier kann man immer was machen«

Philipp Westermeyer, Digital-Tausendsassa, erfindet fast zufällig das OMR Festival und professionalisiert das Podcasten in Deutschland. Mit turi2 spricht er über Chancen und Nebenwirkungen der Digitalisierung – und seine Höhenangst

Von Peter Turi (Text) und Johannes Arlt (Fotos)

21 Philipp, bist du eigentlich schwindelfrei?
Nee, ich hab tatsächlich etwas Höhenangst. Und leider auch ein bisschen Flugangst.

Dann müsste dir ja auch schwindlig werden, wenn du hier von der Aussichtsplattform des Hamburger Fernsehturms auf 130 Meter Höhe runterguckst.
Hier ist die Höhenangst nicht so intensiv, denn hier sind echt viel Beton und dicke Fenster. Ich nehme das mal als gutes Omen.

Wird es dir nicht auch manchmal schwindlig, wenn du auf deine Karriere guckst? Du hast als kleiner Vorstandsassistent angefangen beim damaligen Gruner + Jahr-Chef Bernd Kundrun. Heute hast du 230 Mitarbeiter und expandierst weiter. Keine Angst, mal abzustürzen?
Viele Unternehmer sind diesbezüglich ja paranoid, ich auch etwas. Wir haben in den letzten Jahren mit Corona und Co auch viele Rückschläge erlebt. Gleichzeitig rechnen wir immer vorsichtig durch, was wir tun und schauen im Team aus unterschiedlichen Perspektiven drauf, ich bin dann überwiegend entspannt.

Wir befinden uns hier im Turm in Räumen, die seit Jahren leerstehen und etwas heruntergekommen sind. Die willst du künftig als Location betreiben. Was siehst du, was andere nicht sehen?
Viel Hamburger Tradition und Nostalgie. Und die Chance, etwas sehr Wirksames, Neues zu bauen. Wir glauben, so ein einmaliger Turm in Hamburg in dieser Lage mit so einer Historie ist selbst fast eine Art Medium, das man immer neu aktivieren kann, insbesondere über Events und Social Media. Das wird sich rechnen – dank Gastro, Event-Flächen, Kollaborationen und einfach großem Interesse.

Wann steigt hier die Eröffnungsparty?
Hoffentlich 2024! Wirklich genau planen kann ▶

Philipp Westermeyer

Geb.	1979 in Essen
1999	Diplom-Studium BWL an der ISM Dortmund
2003	Masterstudium Media-Management, HMS Hamburg
2005	Vorstandsassistent bei Gruner + Jahr
2007	Investment-Manager bei G+J
2008	Gründung adyard, später Metrico
2009	Gründung OMR
2016	Tochter Podstars by OMR
2021	Das OMR-Team betreibt das zentrale Corona-Impfzentrum in Hamburg

man das leider nicht, der Umbau ist kompliziert.

In Zeiten immer neuer Covid-Mutationen: Hat das Event-Business noch eine Zukunft?
Auf jeden Fall. Trotz virtueller Konferenzen, Clubhouse und Metaverse: Am Ende hat die Pandemie gezeigt, dass das Zusammentreffen an einem realen Ort zu einem tollen Event durch nichts zu ersetzen ist. So hart, wie das Event-Business getroffen wurde, so robust hat es sich gezeigt.

Du hast in einen Abgrund geschaut, als 2020 Corona dein OMR Festival gestoppt hat. Du hattest Millionen investiert in ein Event, an das plötzlich nicht mehr zu denken war. Hattest du da Angst?
Angst nicht. Geld zu verlieren ist nie schön, aber wir hatten einen Puffer und ein super Team. Ich hatte immer Vertrauen, dass wir da schon durchkommen.

Was hat dich gerettet?
Wir hatten Glück im Unglück. So komisch es klingt: Das Übel hat uns zur richtigen Zeit erwischt. Wir hatten die Marke aufgebaut, Zigtausende Leute hatten das OMR Festival schon erlebt und eine konkrete Erinnerung daran. Und wir hatten andere Geschäftsbereiche recht weit entwickelt, insbesondere Podcasting und Education. Dazu sind wir als Firma immer noch jung und agil genug, um schnell reagieren zu können.

Wenn du hier von der Aussichtsplattform des Hamburger Fernsehturms auf 130 Meter Höhe über die Stadt guckst, was siehst du dann?
Meine zweite Heimat. Ich kenne die Stadt so gut mittlerweile und verbinde mit vielen Straßen oder Orten eine Geschichte. Es ist gefühlt keine Großstadt mehr, sondern ein großer Spielplatz, auf dem ich häufig mit dem Fahrrad rumfahre.

Und die Geschäftschancen für den Unternehmer Westermeyer liegen auf der Straße?
Nichts liegt auf der Straße, aber es ist etwas leichter geworden, neue Sachen hinzubekommen. Die ersten Jahre musste ich mich mit meinen Partnern erstmal ins Unternehmerleben reinkämpfen. Wir hatten nicht sofort große Hits, sondern etwas kleinteiligere, aber profitable Projekte. Mittlerweile kann man mit dem Team und der Marke OMR schon viel machen.

Wie merkst du, das ist eine gute Idee – und das nicht?
Mit so ganz großen Ideen, wo jahrelange Forschung oder Anlaufverluste gefragt sind, bin ich unerfahren. Ich bin eher der Typ, der eine kleine oder mittlere Chance sieht und auf dem Bierdeckel durchrechnet. Und der, wenn es dann gut läuft, Ideen hat, wie man sie erweitern könnte.

Kann man da hinten den Baumwall erkennen?

Am Baumwall 11 hast du 2001 angefangen, als Gruner + Jahr noch ein stolzes Zeitschriftenhaus war. Die grünen Fahnen werden bald eingerollt, von Gruner + Jahr bleibt nicht viel übrig. Hättest du einen solchen Abstieg vor 20 Jahren für möglich gehalten?
Nein, das war damals nicht vorstellbar. Gruner + Jahr war gefühlt der attraktivste und einer der angesehensten Arbeitgeber der Stadt. Ich war sehr stolz, dort mitmachen zu dürfen und ich dachte, dass ich dort viele Jahre bleiben würde.

Im Nachhinein: Was lief schief bei Gruner + Jahr?
Gruner + Jahr war in der New-Economy-Welle zur Jahrtausendwende super positioniert: Sie hatten Geld, starke Marken, eine frühe digitale Expertise bis hin zur eigenen Suchmaschine Fireball. Als die Dotcom-Blase geplatzt war, überwog vor allem bei den Gesellschaftern die Skepsis gegenüber dem Internet. Und es gab andere Themen, in die Geld investiert werden musste. Ich habe das zwar nicht unmittelbar miterlebt, kann es aber nachvollziehen.

Hat Mathias Döpfner es für Springer besser gemacht?
Döpfner hat es sehr gut gemacht. Er hat zum Beispiel bei Stellenmärkten europaweit erfolgreich akquiriert. Vermutlich dürften Stepstone und Co aktuell mehr wert sein, als es das alte Axel Sprin- ▶

»Die Geschäftschancen liegen für mich nicht auf der Straße. Aber es ist leichter geworden, neue Sachen hinzubekommen«

Hamburg liegt ihm zu Füßen: Philipp Westermeyer im Stockwerk 13 des Hamburger Fernsehturms, in dessen Drehrestaurant Gäste von 1968 bis 2001 den Blick aus 130 Metern Höhe genießen konnten

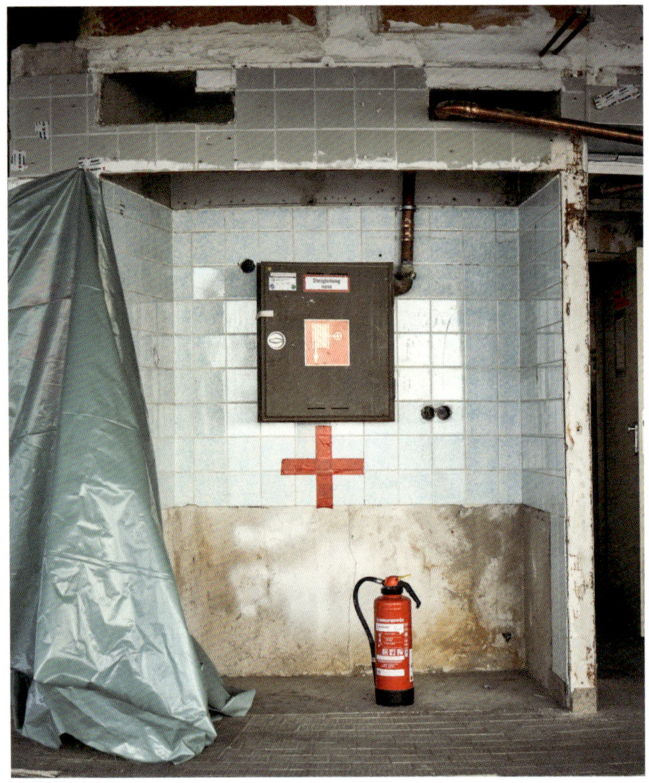

Die beiden unteren Etagen des Heinrich-Herz-Turms soll Event- und Digitalspezialist Philipp Westermeyer als Mit-Pächter aus dem Dornröschenschlaf erwecken. Zum Umbau wollen Bund und Stadt Hamburg je 18,5 Millionen Euro beisteuern

»Früher konnten Verleger allein mit den täglichen Anzeigen der Prostituierten im hinteren Teil der Zeitung Straßenzüge kaufen«

ger rund um Printmedien je war. Aber Döpfners Ausgangsposition war eine bessere: Er konnte sehr mutig investieren und hat dabei viele Treffer gelandet.

Was bleibt von den klassischen Zeitschriften und Zeitungen?
Vor allem deren digitale Ableger. Ich glaube, dass Marken wie „Spiegel" und „Bild" im Internet bald gutes Geld verdienen werden. Um diese starken Marken herum wird es profitable Geschäfte geben. Aber klar: Die Zeiten der Monopolrenditen sind unwiderruflich vorbei.

Liest du noch Print – und die Leute aus deinem sehr jungen Team?
Ich auf jeden Fall. Ich hab die „Süddeutsche Zeitung" und „Frankfurter Allgemeine Sonntagszeitung" abonniert, kaufe mir regelmäßig den „Spiegel" und das „Manager Magazin", gern auch „11 Freunde" und „brand eins". Zuletzt hab ich mir für einen langen Flug sogar eine „Geo Epoche" über Ritter im Mittelalter geholt. So viel Print lesen vermutlich die wenigsten Kollegen von OMR. Aber immerhin: Mein Sohn hat sich das Ritter-Heft lange angeschaut.

Wer sind die Verlierer der Digitalisierung?
Alle klassischen Medien ein bisschen, und vermutlich die Zeitungen und Zeitschriften am meisten. Allein bei den Kleinanzeigen sind massive Summen weggebrochen. Kurz bevor ich zu Gruner + Jahr kam, wurde die „Mopo" in Hamburg verkauft. Es lagen noch Unterlagen rum, die habe ich mir aus Neugier angeschaut. Und was soll ich sagen? Allein aus den ganz normalen, täglichen Anzeigen der Prostituierten im hinteren Teil der Zeitung hätte man als Verleger damals Straßenzüge kaufen können.

Was rätst du jungen Menschen, die in den Journalismus wollen?
Sofort bei Twitter oder Instagram anfangen. Nirgendwo kann man sich schneller ausprobieren, sich vernetzen und erlebt Feedback aus der jeweiligen Szene. Oder bei einer lokalen Medienmarke einsteigen. Das war immer ein guter Weg und müsste auch heute noch gehen. Bei mir ist die Sportredaktion der „WAZ" in Essen bis heute unvergessen.

Sollen junge Leute lieber Influencer werden?
Der Begriff Influencer ist ja mittlerweile sehr breit gefächert. Ökonomisch erfolgreicher Influencer zu werden, ist nicht einfach und grundsätzlich ein anderer Job als Journalist. Man muss wissen, was man möchte. Wenn es vor allem ums Geld geht, ist bei vergleichbar erfolgreichen Karrieren der wirtschaftliche Erfolg als Influencer sicher größer.

Welche Fähigkeiten werden in der digitalen Welt gebraucht?
Code schreiben vor allem, digitale Produkte konzeptionieren und entwickeln. Mit diesen beiden Fähigkeiten allein kannst du aktuell in Deutschland tausende gut bezahlter Jobs übernehmen.

Wie verändert die Digitalisierung das Marketing?
Es wird schneller, es verschiebt sich auf andere Plattformen, die Output-Frequenz wird viel höher. Die Notwendigkeit einer differenzierten Botschaft wird größer. Es wird in Teilen auch teurer, insbesondere im Vergleich zu den Media-Preisen in den Neunziger Jahren. Im Vergleich zu damals ist Marketing durch die Digitalisierung eigentlich ein anderer Beruf.

Welche Fähigkeiten werden künftig gebraucht?
Das Pendel schwingt zurück zu kreativen Ideen und Geschichten – und weg von der reinen Performance. Aber die Umsetzung ist eine ganz andere.

Wie digital erziehst du eigentlich deine Kinder? Aus dem Silicon Valley hört man, dass die Macher der Social Networks ihre Kinder von Smartphones und Social Media möglichst lange fernhalten wollen.
Ich glaube, das ist ein Mythos, der im Silicon Valley auf wenige Familien zutrifft. Ich zeige meinen Kindern vieles und lasse sie die digitale Welt kontrolliert kennenlernen. In der Social-Media-Welt zurecht zu kommen, wird für sie unerlässlich sein.

Du bist erfolgreich im Podcast-Business. Was ist dein Erfolgsrezept? Wie wichtig war der frühe Start?
Es hat brutal geholfen, dass wir angefangen haben, als der Markt hier noch sehr klein war. Dank des frühen Einstiegs sind OMR, unsere Tochter Podstars und ich persönlich in der Wahrnehmung vieler Leute eng mit dem Medium Podcast verbunden. So etwas kann man später kaum noch nachholen. Ansonsten würde ich sagen: Es hilft die echte Leidenschaft für mein Thema, also Menschen und deren wirtschaftliche Abenteuer und Karrieren. Was außerdem hilft: viel Output.

Deine Stimme kann das Erfolgsgeheimnis ja nicht sein. Du bist stimmlich eher so der freundliche Praktikant als Mr. Voice.
Haha, ok, fair. Die Stimme ist es vermutlich nicht allein – du musst schon ehrlich und glaubwürdig versprühen, dass das Thema dein Thema ist. ▶

Könnte man bei dir nicht mit Stimmtraining was machen?
Vielleicht geht dabei eher was kaputt. Ich hab's mal probiert, mit Korken im Mund sprechen und so. Ich glaube, ich komme da nicht mehr viel weiter.

Personality schlägt Perfection?
Zu 100 Prozent!

Wird Podcasten Big Business – oder nur eine weitere umkämpfte Mediengattung, in der nur schwer Geld zu verdienen ist?
Wo fängt Big Business an? Schon heute gibt es zahlreiche Podcaster, die mit ihren Formaten Millionen erwirtschaften. Ich bemühe mich, da auch dazuzugehören.

Glaubst du an Paid Podcasts?
Nur in sehr speziellen Nischen. Vielleicht Erotik, Astrologie, Aktien, wie immer eigentlich.

Ist Werbefinanzierung der Königsweg?
Auf absehbare Zeit: ja. Die Werbewirkung ist so stark, warum sollte man die gerade jetzt in der nach wie vor frühen Phase wegwerfen?

Welche Rollen werden Podcasts als PR- und Marketing-Instrument spielen?
Die wird immer größer. Wenn ich alleine sehe, wie aktiv und bewusst CEOs in großen Podcast-Formaten platziert werden. Das wird für viele Firmen ein ganz

Komplett ohne Status-Symbole arbeitet Philipp Westermeyer in der Zentrale im Schanzenviertel

Philipp Westermeyer 2021 im Live-Podcast **turi2.de/clubraum**

»Fynn Kliemann könnte im Jahr eins mit einem Podcast Millionen-Umsätze machen. Er will aber nicht“

starker Kommunikationskanal – sowohl der Auftritt in Podcasts als auch eigene Formate.

Von der klassischen Trennung aus Redaktion und Werbung hältst du nicht viel, oder? Bei dir ist irgendwie alles Marketing.
Doch, ganz klar, die Trennung finde ich nach wie vor richtig. Aber die Abgrenzungen verlaufen in einigen Bereichen, in denen ich unterwegs bin, anders. Bei Podcasts sind vom Host eingesprochene Werbehinweise international üblich. Das sortiert sich da aktuell anders, ohne der Trennung zu widersprechen. Das wird von den Nutzern entsprechend erkannt. Bei Events und der Bestückung von Bühnen zum Beispiel gibt es wieder andere Grenzen, denn häufig stellen Werbepartner im B2B-Bereich ja tatsächlich auch relevante Experten. Ich traue unserer Zielgruppe natürlich auch leichter zu, die Grenzen zu erkennen, es ist ja eine sehr mediengeschulte und erwachsene Zielgruppe. Aber natürlich probieren wir neue Dinge aus und liegen damit nicht immer richtig.

Wen würdest du für deinen Podcast noch gern interviewen?
Gerne Reinhold Wurth und Stefan Raab. Für die Reichweite wäre sicher Elon Musk ganz okay. Aber über den weiß man schon fast alles aus anderen Podcasts.

Wer sollte podcasten, tut's aber noch nicht?
Ich glaube im Bereich der prominenten Persönlichkeiten sind wir da in Deutschland mittlerweile recht weit.

Na, einen oder eine wird's doch geben, den oder die du gern überreden würdest.
Fynn Kliemann hab ich schon oft gefragt. Sein Podcast wäre sofort einer der größten in Deutschland. Die Passung zwischen dem Medium und seiner Community ist enorm. Er könnte im Jahr eins mit einem Podcast Millionen-Umsätze machen. Er will aber nicht.

Im Digitalbusiness ist der eigene Newsletter die neue Homepage – fast jeder hat einen. Eines der ältesten digitalen Medien erlebt einen neuen Höhenflug. Zu Recht?
Absolut zu Recht. Wo sonst gibt es die Chance, eine einmal erarbeitete Adresse, also einen grundsätzlich interessierten Menschen, kostenlos immer wieder zu erreichen? Newsletter ist ja sehr eng verbunden mit dem CRM, also mit einer gut gepflegten, lebendigen Kundendatei. CRM richtig gemacht ist die Königsdisziplin in Marketing und Journalismus.

Sind Spenden die Zukunft für den Journalismus? Werden Journalistinnen Teil der Creator Economy?
Sie werden mit Patreon und weiteren Bezahlservices sicher ein Baustein in vielen Bereichen. Es wäre aber hart, wenn es der wichtigste oder sogar einzige Baustein wäre.

Mir ist aufgefallen, dass du ein ziemlich guter Journalist sein kannst, wenn du willst. Du kannst hartnäckig fragen. Was ist die originellste, noch nie gestellte Frage an Philipp Westermeyer?
Danke fürs Lob! Diese Frage an mich wäre: Gegen welchen Job würdest du deinen Job bei OMR eintauschen?

Und was ist die Antwort?
Es gäbe einen oder zwei, aber die kann ich nicht verraten. Eigentlich bin ich für diese Jobs auch zu alt.

Dann lass mich raten: ein umjubelter Basketballer der NBA oder ein Rockstar in einer Band.
Natürlich, damit wäre mein Leben in meinen Zwanzigern unfassbar gewesen. Ich hoffe nur, dass ich es dann trotzdem in die heutige Situation geschafft hätte.

Wenn dir in diesen Höhen mal der Saft ausgeht und der Fahrstuhl blockiert: Hat Philipp Westermeyer einen Notfallschirm?
Mein Notfallschirm ist, dass mir immer Familie und Freunde bleiben. Und ich glaube auch, die Neugier. Mit Neugier kann man immer was machen. ■

Tijen Onaran

Geb.	1985 in Karlsruhe
2006	Studium Geschichte, Politische Wissenschaft und Öffentliches Recht in Heidelberg
2007	Mitarbeiterin im Büro von Silvana Koch-Mehrin, FDP
2009	Mitarbeiterin im Wahlkampfteam von Guido Westerwelle
2017	Gründung der Global Digital Women GmbH

Tipp: „Positioniere dich, bevor es andere für dich tun“

Tijen Onaran 2021 im Live-Podcast **turi2.de/clubraum**

»Diversität bringt Diskurs«

Tijen Onaran, Digital-Unternehmerin, wird nur am Wochenende still. An (Netz-)Werktagen plättet sie andere gerne mit ihrer Expertise

22 Am Ende der Woche sind keine Buchstaben mehr übrig. An Arbeitstagen hat Tijen Onaran, Gründerin des Netzwerkunternehmens Global Digital Women, alles gegeben: gesprochen, gecoacht, genetzwerkt – im Zeichen der Diversität. Ihr Ziel: Für dieses Thema alle begeistern, die noch das unbegeisterte Patriarchats-Tal durchirren. Denn: „Diversität bringt Diskurs.“ Und der, sagt Onaran, lässt die Gesellschaft wachsen und sich weiterentwickeln.

Onaran hört schon mal Sprüche wie „Aber wir suchen doch qualifizierte Frauen, nicht Quotenfrauen“. Dann muss sie klarstellen: Frau zu sein bedeutet nicht, unqualifiziert zu sein. Und auch Diversität ist mehr, als nur über Gender-Paygap und alte, weiße Männer zu sprechen. Es macht Onaran Spaß, wenn sie einen Raum als „bunte Exotin“ betritt. Und die Anwesenden mit geballter Expertise manchmal richtiggehend plättet.

Allerdings, sagt sie, müssten Wirtschaft und Gesellschaft langsam einmal weg von der Frage „Warum brauchen wir Diversität?“ hin zu: „Wie bekommen wir sie?“ Nur liebe Lippenbekenntnisse bringen schließlich nichts. Man müsse auch klarstellen, dass „Teilhabe an Macht keine Frage der Herkunft ist“.

Krisen sieht Onaran als Chance: „Hinfallen, Aufstehen und Weitermachen ist kein Kalenderspruch.“ Die Corona-Pandemie stellte besonders zu Beginn ihr gesamtes Geschäftsmodell auf den Kopf – weg von Präsenzterminen hin zu Digital-Workshops und -Meetings. Schnelles Umdenken ist gefragt. Ein offenes Mindset hilft da enorm.

Wenn am Ende der Woche die Buchstaben dann wirklich zu Ende sind, hat Onaran ihren Hund Leo, der maximal bellt und nicht spricht. Von ihm würde sie sich vor allem eine Fähigkeit gerne abschauen: „unfassbar gut relaxen“ zu können.

»Nicht immer drei Dinge gleichzeitig machen«

Ann-Katrin Schmitz, Influencer-Beraterin, gründet schon früh eine Erfolgsmarke. Heute ist sie selbst eine Personal Brand

Ann-Katrin Schmitz

Geb. 1990 in Bergisch Gladbach
2011 Studium Journalismus und Unternehmenskommunikation in Frankfurt
2014 Gründung Novalanalove mit Farina Opoku
2017 Dozentin für Medienmanagement und Unternehmenskommunikation/ Journalismus in Frankfurt, Selbstständige Social-Media- und Influencer-Beraterin
2019 Podcast „Baby got Business"

23 Ann-Katrin Schmitz macht eine Zeit lang „so ziemlich jeden Job", um ihr Studium zu finanzieren. Sie pflückt Erdbeeren, zählt Autos am Straßenrand oder arbeitet in der Disko. Heute denkt sie manchmal, dass sie besser in Google, Facebook und Bitcoin investiert hätte. Immerhin macht sie jetzt den Job, der ihr „Selbstverwirklichung und Freiheit" bietet: Expertin für Influencer- und Social-Media-Marketing.

2014 gründet Schmitz mit Kommilitonin Farina Opoku die Lifestyle-Marke Novalanalove. Mit der Zeit etabliert sich Schmitz als Beraterin für das Geschäft rund um Influencerinnen. Im Podcast „Baby got Business" spricht sie etwa mit Fitness-Star Pamela Reif oder „Tagesschau"-Social-Chef Patrick Weinhold über den Branchen-Kosmos. Sie hofft, mit ihrer Arbeit Menschen zu inspirieren, „um an sich und ihre Passion zu glauben".

Schmitz liebt die Freiheit ihres Jobs, auch wenn sie den Laptop nicht immer zu einer „vernünftigen Zeit" zuklappt. Sie würde gern weniger multitasken und „mehr Fokus auf eine Sache bringen". Helfen kann dem Tausendsassa dabei vielleicht der eigene Ratschlag: „Regelmäßig innehalten, entschleunigen und Erfolge feiern."

»Es gibt tausend mögliche Lösungswege«

Marie-Louise Timcke, Datenjournalismus-Chefin der „Süddeutschen Zeitung", liebt die Logik beim Programmieren. Die hilft, eine datengetriebene Welt verständlich zu machen

24 Stricken und Programmieren – das macht Marie-Louise Timcke am liebsten. Sie hat sogar mal ein Skript geschrieben, das Daten visualisiert und in Strickmuster übersetzt. In ihrer Freizeit, zum Spaß.

Nach dem Abi möchte Timcke Tumore erforschen, beginnt ein Studium am Bodensee. Was sie dort über wissenschaftliches Arbeiten lernt, nützt der Datenjournalistin noch heute. Ein Wissenschaftsjournalismus-Studium und ein paar Praktika später gründet sie die Initiative Journocode zur Fortbildung an der Schnittstelle von Journalismus und Datenwissenschaft. „Wir leben in einer datengetriebenen Welt", sagt Timcke. Wirtschaft und Regierung entscheiden anhand von Statistiken, Firmen handeln nicht mit dem Geld, sondern den Daten der Kundschaft. Damit Menschen das verstehen und hinterfragen können, „muss sich auch der Journalismus mit diesen Zahlen auskennen".

Seit 2022 führt Timcke das Datenteam der „SZ". Sie schätzt die Abwechslung „von Programmieren und statistischem Analysieren bis zum Interviewen und Erzählen". Sogar die „eher ungeliebte" Datenbereinigung macht Spaß. Wenn dann noch der Code ohne Fehlermeldung durchläuft, ist ihr Tag gelungen.

Marie-Louise Timcke

Geb. 1992 in München
2012 Studium Life Sciences in Konstanz
2014 Studium Wissenschaftsjournalismus in Dortmund
2017 Gründung Journocode, Datenvolontärin und später Leiterin des Interaktiv-Teams der „Berliner Morgenpost"
2022 Leiterin des Datenteams der „Süddeutschen Zeitung"

Tipp: „Nimm Herausforderungen an, aber erwarte nicht zu viel von dir"

Fotos: Andrea Heinsohn, PR, Johanna Berger

Yasmin Polat
Geb 1989 in Berlin
2015 freie Journalistin
2016 Studium Islamwissenschaften, „Tagesspiegel"-Praktikum
2018 Redakteurin bei watson.de
2020 Social-Media-Redakteurin im ARD-Hauptstadtstudio
2021 Spotify-Podcast „Fomo"

Yasmin Polat im Live-Podcast turi2.de/clubraum

»Grenzen ziehen bedeutet nicht, alles zu verlieren«

Yasmin Polat, podcastende Journalistin, freut sich, ihren Blick auf die Welt zu teilen. Obwohl sie dabei Egos „umschiffen und besänftigen" muss

25 Selbstausdruck ist für Yasmin Polat online wie offline eine Passion – und ihr täglich Brot. Seit 2021 präsentiert sie im Wechsel mit Dena Zarrin und Don Pablo Mulemba den Spotify-Podcast „Fomo – Was habe ich heute verpasst?", der die News des Tages auf wenige Minuten verdichtet. Es gefällt ihr, „einer Art Wahrheit nahezukommen", und dabei Freude oder – „wenn es sein muss" – Trauer auszulösen.

Polats Werdegang ist gefüllt mit „zahlreichen und langen" Schlenkern, erst mit etwa 27 Jahren kommt sie zum Journalismus. Davor stehen Jobs in Callcentern, Castingagenturen, TV-Produktionen, einer Druckerei und schließlich ein Studium der Islamwissenschaften. Allerdings lässt sie wissen: „Geschrieben habe ich schon immer."

Ihr Job erfordert „eine Mischung aus Empathie und Schonungslosigkeit", glaubt Polat. Als Social-Media-Junkie freut sie sich besonders, wenn ihre Podcasts oder Texte ein Echo in den sozialen Netzwerken finden. Sie glaubt an den großen Siegeszug von TikTok, das „vielleicht sogar die Zukunft des Streamings" werde. Mal sehen, wie verlässlich ihr Auge für Trends ist.

»Deine Visionen können Wirklichkeit werden«

Marie Nasemann, Schauspielerin und Aktivistin, wird durch Heidi Klums Modelshow zum Promi. Ihre Reichweite nutzt sie heute lieber für Herzensangelegenheiten

26 Die Bilder einer eingestürzten Textilfabrik in Bangladesch gehen 2013 durch alle Medien. Während viele nach einem kurzen Schockmoment wieder ihrer Shoppinglust frönen, ändert Marie Nasemann ihr ganzes Job-Verständnis. Die Drittplatzierte der vierten Staffel „Germany's Next Topmodel" wird zur Fair-Fashion-Aktivistin, die „ein bisschen Ehrlichkeit in die Welt raustragen" will.

Nasemann wird während ihrer Schulzeit 2005 auf der Straße als Model entdeckt. Nach Heidi Klums Show verbringt sie zwei Jahre im Ausland, darunter London und Sydney. Sie erkennt, dass sie das nicht ein „Leben lang machen möchte", und widmet sich der Schauspielerei, der sie bis heute nachgeht.

Im Jahr 2016 startet sie dann den Blog „Fairknallt" über faire Mode und Nachhaltigkeit. Werbedeals geht das Model heute nur noch mit umweltfreundlichen Brands ein. Die präsentiert sie ihren mehr als 200.000 Instagram-Followerinnen.

Wer auf vielen Kanälen sendet, für den kann jede E-Mail „eine große berufliche Veränderung nach sich ziehen". Doch auch sie muss fast jeden Tag Sachen abarbeiten, die einfach nur „nerven" – Steuern und Buchhaltung lassen sich eben nur schwer recyceln.

Fotos: PR, Robin Kater

Marie Nasemann
Geb 1989 in Gauting
2009 3. Platz bei „Germany's Next Topmodel"
2013 Schauspielschule
2016 Blog fairknallt.de, Theaterengagements in Hamburg, Naumburg und Karlsruhe sowie Film- und TV-Drehs
2021 Podcast mit ihrem Partner Sebastian Tigges „Drei ist ne' Party", Buch „Fairknallt – Mein grüner Kompromiss"

3 Karriere-Tipps von Marie von den Benken

1. Bereite Dich auf starken Gegenwind vor. Die Kommentarspalten in den sozialen Medien sind meistens nicht sehr konstruktiv und bisweilen voll mit Hate Speech. Das sollte man aushalten können.

2. Versuche nicht, andere Autoren zu kopieren. Als ich anfing, wurde ich manchmal als die „weibliche Micky Beisenherz" bezeichnet. Das klingt im ersten Moment sehr schmeichelhaft. Aber jeder ist so einzigartig, dass man ihn letztendlich nie in auch nur annähernder Qualität kopieren könnte.

3. Bleib geduldig. Verlage, Chefredakteure, TV-Redakteure, eigentlich alle, haben meist wenig Zeit und noch weniger Budget. Wenn Du also am Anfang versuchst, Deine Ideen proaktiv unterzubringen, lass Dich von einem „Nein, passt gerade leider gar nicht" nicht abbringen. Absagen gehören dazu.

	Marie von den Benken
Geb.	1989 in Hamburg
2008	PR-Studium an der Macromedia-Fachhochschule Hamburg
2011	Start des Twitter-Accounts @regendelfin
2016	Kolumne beim „stern"
2019	Kolumne bei der „Welt"
2020	Eintritt in die SPD
2022	GNTM-Kolumne bei der „FAZ"

Foto: Regendelfin

»Ich hätte keine 220.000 Follower, würde ich aussehen wie Kai Diekmann«

Marie von den Benken, Autorin und Influencerin, ist auf Social Media als @regendelfin eine Mischung aus Beauty und Brain – und kassiert dafür Schecks und Shitstorms

27 Marie, du wurdest mit 14 als Model entdeckt, heute arbeitest du außerdem als Autorin und Influencerin. Musstest du jemals ein klassisches Bewerbungsschreiben rausschicken?
Wenn Varianten von „Willst Du mit mir gehen – Ja – Nein" aus der Unterstufe nicht zählen, dann nein.

Was macht dir mehr Spaß: Bei Instagram Werbung für Beauty-Produkte machen oder bei Twitter gegen Politik und Querdenkerinnen austeilen?
Sich auf Instagram mit Beauty-Produkten zu beschäftigen, ist jedenfalls lukrativer. Für Twitter-Spitzfindigkeiten gibt es statt Schecks nur Shitstorms. Ich mag aber beides. Ich habe schon früh gemerkt, dass keine große persönliche Horizonterweiterung damit einhergeht, ein funktionierender Kleiderständer zu sein, der ansonsten seinen Mund hält und irgendwo leicht bekleidet Yoga macht.

Wie lange feilt ein Twitter-Promi wie du an einem einzelnen Tweet?
Die Wortspiele kommen eigentlich immer einfach so. Ich höre was im Autoradio oder lese irgendwas, und in meinem Kopf baut sich das automatisch zu einem idiotischen Neukonstrukt um. Wenn man so will, feile ich da also drei Sekunden dran. Bei ernsten Themen ist das anders. Wenn ich zur neuesten Äußerung von Christian Lindner etwas twittern will, überlege ich mir das sehr genau. 280 Zeichen sind nämlich nicht viel, aber mehr als genug, um brutal missverstanden zu werden. Und daran sind dann nicht immer nur die anderen schuld.

Hilft oder hindert es bei deiner Arbeit, dass du dem gängigen Schönheitsideal entsprichst?
Heidi Klum würde jetzt laut „Diversity" brüllen und anschließend einen nur ganz wenig auswendig gelernt klingenden Vortrag darüber halten, dass es ein gängiges Schönheitsideal eigentlich gar nicht mehr geben sollte. Aber: Ich muss wohl so ehrlich sein, zuzugeben, dass ich keine knapp 220.000 Twitter-Follower hätte, wenn ich aussehen würde wie Kai Diekmann. Nichts gegen Kai. Sensationeller Typ und natürlich extrem gutaussehend. Grüße!

Was ich meine: Die junge, hübsche Frau mit den Modelfotos hat einen Twitter-Account, interessiert sich für Politik und Fußball und ist dazu noch einigermaßen lustig und ironisch – das schlug in der Bubble natürlich ein. Umgekehrt gibt es sehr viele Menschen – übrigens keineswegs nur Männer –, die meine Karriere als Produkt meines Aussehens und meiner Skrupellosigkeit sehen. Da ist die Vokabel „hochgeschlafen" noch die netteste.

Was bringt mehr Likes auf deinen Kanälen: Werbung für Kreuzfahrten oder Kampf fürs Klima?
Es zählt nicht immer die Menge der Likes, sondern auch, woher sie kommen. 5.000 Likes auf Twitter zu einem Meinungs-Tweet von Journalisten, Multiplikatoren, Politikern und Menschen, die aktiv am politischen Diskurs teilnehmen, sind vermutlich relevanter als 10.000 Likes von Insta-Followern, die in erster Linie wegen meiner Beine da sind. Viel wichtiger ist für mich ohnehin, zu zeigen, dass sich beides nicht ausschließen muss. Die meisten Likes bringt übrigens keins von beiden. Sondern immer noch: möglichst viel nackte Haut. „Sex sells" stimmt eben auch digital.

Du bist 2020 in die SPD eingetreten. Im Journalismus ist es eigentlich verpönt, Mitglied einer Partei zu sein. Was hältst du von solchen Dogmen?
Ich verstehe, dass es mich als Autorin angreifbar machen könnte und dass es in der politischen Berichterstattung immer noch vielerorts als elementar betrachtet wird, neutral zu sein. Es ist aber anzunehmen, dass jeder Mensch – vor allem einer, der sich beruflich mit Politik beschäftigt – eine Meinung hat, wie er sein Land regiert haben möchte. Man kann auch neutral sein, ohne seine Meinung geheim zu halten. Ich kann die SPD kritisieren, obwohl ich sie gewählt habe. Es ist ja nun nicht so, dass mich jedes Mal sofort Lars Klingbeil anruft und zusammenstaucht, wenn ich mal Olaf Scholz kritisiere. Außerdem: Dass es im politischen Journalismus oft nur um das Vermitteln einer eigenen Agenda geht, sieht man ja sehr plakativ an den Publikationen aus dem Hause Axel Springer.

Welchen deiner aktuellen Jobs wirst du auch in zehn Jahren noch ausüben?
Kolumnistin, hoffe ich. Autorin. Und natürlich Model. Jetzt, wo sogar bei „GNTM" über 60-jährige Best Ager dabei sind, stehen mir da dann ja noch drei goldene Jahre bevor.

Nancy Riegel

»280 Zeichen sind nicht viel, aber mehr als genug, um brutal missverstanden zu werden«

»Ich habe mich fehl am Platz gefühlt«

Sara Urbainczyk, Gründerin der Plattform „Echte Mamas“, lässt eine Konzern-Karriere sausen und kreiert ihren Traumjob

28 Der Wunsch, etwas Eigenes zu gründen, brodelt schon lange in Sara Urbainczyk. Doch wählt sie zunächst den sicheren Job im Verlagswesen – obwohl sie sich „eingeschränkt“ fühlt. Im Jahr 2017, mit Mitte 30, schmeißt sie schließlich bei Bauer hin und gründet mit Marion Scheithauer und Miriam Wieder „Echte Mamas“, eine Online-Community für Mütter.

Mittlerweile managt Urbainczyk von Hamburg aus ein Team von 25 Kolleginnen. Ihr sei es wichtig, selbst auf allen Plattformen aktiv zu sein, um die digitalen Trends zu verstehen. „Es geht um das richtige Gefühl und Gespür“, sagt sie. Gleichzeitig will sie als Mutter die Werte ihrer Firma vertreten. Mit ihrem Partner teilt sie Haushalt und Kinderbetreuung gerecht auf und plant genügend Zeit für ihre Familie ein. „Ich bin zufriedener und ausgeglichener, wenn alles im Einklang ist.“

Sie weiß, dass immer noch viele gut ausgebildete Mütter von Firmen „aussortiert“ werden. Urbainczyk macht sich das zum Vorteil: Neue Mitarbeiterinnen rekrutiert sie direkt aus der Community. Dass sie damit den richtigen Weg geht, sieht sie an kleinen Dingen – wie den „vielen positiven Nachrichten und Emojis bei Slack“.

Sara Urbainczyk

Geb.	1981 in Bottrop
2001	Studium Kommunikations- und Medienwissenschaften an der Uni Duisburg-Essen
2008	Praktikum beim "stern", Online-Redakteurin bei „OK!“
2011	Leitung Digitale Medien bei Klambt
2012	Digital Business Director bei der Bauer Media Group
2015	Geburt ihres Sohnes
2017	Gründung von „Echte Mamas“

»Menschen sind immer für eine Überraschung gut«

Katja Espey, Community-Managerin beim SWR, erlebt täglich die Bandbreite menschlicher Emotionen – von Frustration und Wut bis zum Zusammenhalt in der Krise

29 Licht und Schatten liegen in Katja Espeys Job nah beisammen. „Kein Tag ist wie der andere“, freut sie sich und offenbart parallel: „Mein Tag ist schwer planbar.“ Was hilft, ist eine gute Vorbereitung. Ihr Leitsatz: „Better prepared, than sorry.“

Ihre Karriere ist aber nicht minutiös geplant, erzählt die Chefin des Community-Managements des SWR. Das Medienwissenschafts-Studium – „spannend genug“, ohne sich „zu früh festzulegen“ – reichert sie mit Praktika im Programmkino, beim Filmverleih sowie in Agenturen an. Sie kommuniziert drei Jahre für Fitness First, studiert erneut und geht gleich zwei Mal ins Ausland. Parallel „rutscht“ sie beruflich Richtung Social Media.

Community-Management ist „mehr als der Umgang mit Hate Speech und Desinformation“, sagt Espey. Doch die Handhabung beider Themen entscheide, „wie wir künftig Debatten und Diskussionen auf Social Media führen“. Community-Managerinnen sollten daher mehr Respekt bekommen. Im Netz gebe es ein „konstruktives Miteinander und wertvolle Inhalte zu entdecken“ – etwa während der Flutkatastrophe im Ahrtal. Es brauche einfach „etwas mehr Toleranz. Von allen. Punkt.“

Katja Espey

Geb.	1990 in Düsseldorf
2009	Studium Medienwissenschaft in Marburg
2013	Praktikum 20th Century Fox Home Entertainment, Kommunikationsmanagerin Fitness First
2016	Studium Filmwissenschaft in Mainz, Werkstudentin bei Merck
2018	Austausch-Semester in Pavia, Italien und Lodz, Polen
2020	Head of Community Management beim SWR

Fotos: Mia Takahara, SWR, Andreas Chudowski

»Besser wird's nicht, ehrlich«

Jochen Wegner, Chefredakteur von Zeit Online, hat seine Begeisterung fürs Digitale schon eine Hausdurchsuchung eingebracht. Heute beweist er Ausdauer – nicht nur am Podcast-Mikro

30 Die Faszination für das Digitale ist eine Konstante in Jochen Wegners Leben. In seiner Jugend knackt er unter dem Synonym „Mr Pokeface" zum Spaß den Kopierschutz von Software, freilich ohne jemals daran zu verdienen – bis zwei Männer mit Trenchcoats und Durchsuchungsbefehl vor der Tür stehen, wie er in einem Podcast erzählt. Als Chefredakteur von Zeit Online ist er 2016 Co-Initiator der Plattform „Deutschland spricht". Deren Idee ist eine Art Politik-Tinder, um Menschen mit unterschiedlichen Meinungen zusammenzubringen. Mittlerweile läuft das Projekt international.

Wegner ist ein echter Macher des Digital-Journalismus. Er liebt es, „Ideen zu finden und sie dann auch zu realisieren". Er ist anfangs jedoch nicht auf das Medien-Business festgelegt. Zwischenzeitlich will er auch mal Physiker, KI-Forscher, Unternehmer und Philosoph werden. Nach Abschluss der Kölner Journalistenschule studiert er Philosophie und Physik, bevor er sich hauptberuflich in den Journalismus stürzt. Wegner fängt 1998 beim „Focus" als Redakteur im Ressort „Forschung und Technik" an, steigt zu dessen Vize-Leiter auf, wird 2006 Chef von „Focus Online". Ende 2010 nimmt er seinen Hut, führt eine Zeit lang ein Medien-Startup und arbeitet als freier Berater, bis er 2013 die Chefredaktion von Zeit Online übernimmt.

Wegner mag, dass er sich beruflich mit vielen Menschen austauscht, auch wenn das gleichsam „permanente Konfrontation" bedeutet. Einsteigerinnen müssen für ihn, unabhängig von Berufsabschlüssen, die Grundeigenschaften guter Journalistinnen mitbringen – „mit Leidenschaft nach Wahrheit suchen und eine Geschichte erzählen können". Dass sich dabei in digitalen Medien gewisse Freiheiten ergeben, zeigt sein potentiell unendlicher Podcast „Alles gesagt". Gemeinsam mit „Zeit Magazin"-Chef Christoph Amend strapaziert er seit 2018 das Durchhaltevermögen von Promi-Gästen und Hörerinnen mit teils über acht Stunden dauernden Episoden. Wegner hat also auf mehr als eine Art recht, wenn er sagt: „Mein Beruf ist es, Ideen ins Leben zu quatschen."

Jochen Wegner

Geb.	1969 in Karlsruhe
1990	Kölner Journalistenschule
1992	Studium Philosophie und Physik in Bonn
1998	Redakteur „Forschung und Technik" beim „Focus"
2006	Chefredakteur Focus Online
2010	CEO Mag10 Publishing
2013	Chefredakteur Zeit Online
2019	Mitglied der „Zeit"-Chefredaktion

Tipp: „Mach nur, was du wirklich, wirklich willst. Nimm dir alle Zeit, herauszufinden, was das ist. Lass es dann nie wieder los"

Dinge zeigen,

Journalismus aus Leidenschaft

Ausbildung

RWTH Aachen
Die Technische Hochschule bringt besonders viele Firmengründerinnen hervor
rwth-innovation.de

Universität Mannheim
Der BWL-Studiengang schafft es regelmäßig auf Platz Eins im Renomée-Ranking unter Personalerinnen
bwl.uni-mannheim.de

Stanford Executive Program
Programm für Führungskräfte, die schon oben sind, aber nach ganz oben wollen
gsb.stanford.edu

Fachmedien

Handelsblatt
Deutschlands einzige tägliche Wirtschaftszeitung bietet auch lesenswerte Newsletter und hörenswerte Podcasts
handelsblatt.com

brand eins
Das Magazin stellt Ideen und Ideengeber für eine neue Wirtschaft vor
brandeins.de

Business Insider
Insider-Tipps für Vielbeschäftigte können auch mal welche für achtsames Joggen sein
businessinsider.de

Podcasts

„Chefgespräch"
Beat Balzli, Wirtschaftswoche

„Deffner & Zschäpitz"
Die Welt

„Geld ganz einfach"
Finanztip

Einkommen

pro Jahr

Jung-BWLerin:
41.517 €
Startup-Gründerin:
70.000 €
VW-Vorstandschef:
7,7 Mio. €

Perspektiven

Energiewende, Haltungsfindung, Nachfrage nach Fachkräften

Herbert Diess schlüpft im Sommer 2021 in einen Neopren-Anzug, schnappt sich ein Elektro-Surfbrett und saust darauf durchs Hafenbecken in Wolfsburg. In dem Video vom rasanten Wasser-Ritt bedankt sich der VW-Boss bei seiner Belegschaft.

Daran lässt sich einiges von dem ablesen, was Unternehmen heute an- und umtreibt: Diess kommuniziert direkt, präsentiert sich als nahbar und lebensfroh. Und nicht zuletzt wirbt er für ein Gerät mit Elektroantrieb. Die Botschaft: VW und Herbert Diess sind nicht nur in Sachen E-Mobilität coole Vorsurfer. Klimawandel und Energiewende bedeuten für die Wirtschaft in den kommenden Jahrzehnten eine gewaltige Herausforderung. Unternehmen und Marken müssen sich Politik, Mitarbeitenden und Kundschaft von ihrer sauberen Seite zeigen.

In vielen Teilen der Wirtschaft herrscht trotz Pandemie mittlerweile wieder Fachkräftemangel. Gut ausgebildete Nachwuchstalente können von potentiellen Arbeitgeberinnen selbstbewusst Haltung fordern – nicht nur in Sachen Klima, sondern auch, was Betriebsklima und grundsätzliche Werte angeht. Die nächste Generation ist auch nicht mehr bereit, ihr Leben dem Arbeitsleben unterzuordnen.

Ihr eigenes Ding machen trotzdem wenige. Die Zahl der Existenzgründungen sank wegen der Corona-Krise 2020 auf 537.000. Aber: Die große Mehrheit macht sich selbstständig, weil sich Geschäftsgelegenheiten bieten – und nicht aus Mangel an beruflichen Alternativen.

Purpose

In Zeiten allumfassender Achtsamkeit reklamieren Unternehmen auch einen Beitrag fürs gesellschaftliche Wohlergehen für sich, weil das bei den Millenials und den Angehörigen der Gen Z gut ankommen soll.

Thought Leader

Eine anerkannte und für ihre Fachexpertise in einem bestimmten Gebiet geschätzte Meinungsführerin. Disclaimer: Ein schwarzer Rollkragenpullover allein macht noch keinen Steve Jobs.

War for Talents

Mehr offene Stellen als qualifizierte Bewerberinnen: Junge Talente haben alle Chancen und beste Auswahl auf dem Arbeitsmarkt. Arbeitgeberinnen müssen sich einiges einfallen lassen, um sie zu umwerben.

Viel Betrieb herrscht 1970 am Telefontisch der Devisenhändler in der Frankfurter Börse

Foto: Picture-Alliance

Wirtschaft

Der Erfolg eines Unternehmens hängt heute auch von seiner Haltung ab. Führungskräfte brauchen deshalb ein Gespür für gesellschaftliche Trends

»Schuhe auf 700 Quadratmetern – das ist immer ein Happening«

Alexandra Bagehorn, Chefin des Alsterhauses, hat sich ihren Kindheitstraum erfüllt. Sie liebt die Kundschaft und den Trubel am Einkaufstag

Von Tim Gieselmann (Text) und Johannes Arlt (Fotos)

Alexandra Bagehorn

Geb. 1983 in Aschaffenburg
2001 Studium Wirtschaftswissenschaften, Wiesbaden
2007 Junior Trainee Peek & Cloppenburg, Wiesbaden
2008 Sales Assistant Women Premium
2010 Sales Managerin P&C, Düsseldorf
2011 Sales Managerin P&C, Wien
2013 General Sales Managerin P&C, Dortmund
2016 Commercial Director P&C, Frankfurt
2019 General Managerin Alsterhaus, Hamburg

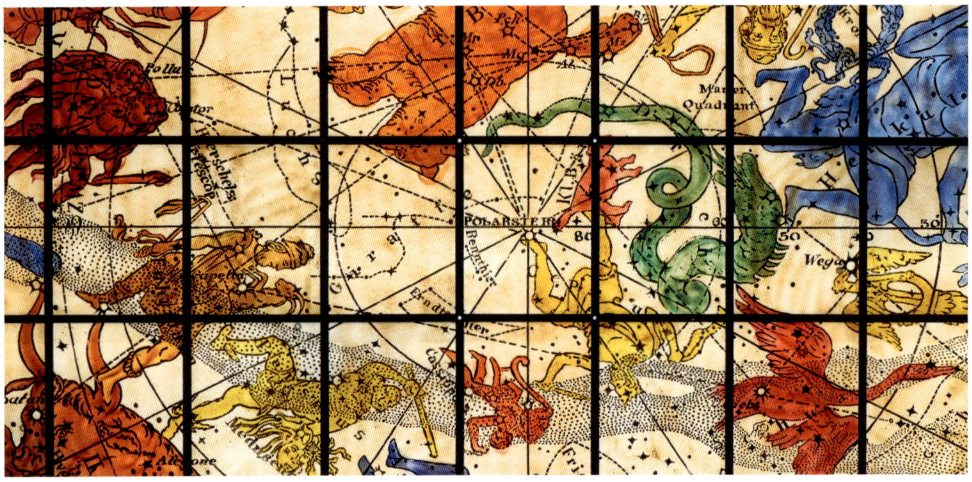

31 Was ist der erste Gegenstand, den Sie sich in Ihrem Leben gekauft haben?
Ich erinnere mich an meine erste Jeans von Levi's. Die habe ich mit viel Emotion und Freude gekauft – und sie hat mich lange begleitet.

Haben Sie die damals selbst bezahlt oder Ihre Eltern?
Das konnte ich mir damals als sehr junges Mädchen noch nicht leisten. Aber trotzdem war das ein Highlight. Irgendwann kommt man ja als Jugendliche mit den It-Pieces in Berührung und das war eben mein erstes. Ich habe schon früh neben der Schule im Einzelhandel gejobbt. Ich glaube, mit 16 habe ich angefangen, bei Benetton zu arbeiten und deswegen ging eigentlich mein ganzes Gehalt immer direkt retour.

Gab es da zumindest einen Rabatt für die Angestellten?
Ja, wie viel genau, weiß ich nicht mehr. Wenn man als Kunde in einen Laden geht, dann sprechen einen fünf, sechs Teile an. Aber wenn man ständig mit der Ware zu tun hat, braucht man gefühlt irgendwann alles. So wie heute: Ich kaufe meine Sachen zu 95 Prozent im Alsterhaus.

Wann ist Ihnen klar geworden, dass Sie Chefin werden wollen?
Für mich war es immer wichtig, dass ich eine Position oder Aufgabe wahrnehme, die eine Perspektive bietet, mit einem konkreten Ziel, auf das ich hinarbeiten kann. Ich bin mit meiner Zwillingsschwester in Frankfurt groß geworden. Unsere Mutter mochte es nicht wirklich, einkaufen zu gehen. Deswegen sind wir konzentriert zwei Mal im Jahr zu Peek & Cloppenburg gegangen und wurden von oben bis unten eingekleidet. Ich fand das Geschäft atemberaubend. Als kleines Kind wirkt das riesengroße Haus ja noch größer. Schon bei meinem Start als Trainee bei P&C war für mich klar: Ich will irgendwann das Frankfurter Haus leiten. Das Alsterhaus in Hamburg hatte ich nicht auf dem Schirm. Der Job kam dann über einen Headhunter zu mir, es hat sich aber angefühlt, als hätte ich ihn gesucht – und gefunden.

Was macht die Arbeit im Einzelhandel spannend?
Am wichtigsten sind natürlich die Menschen. Man hat mit den Kund*innen, mit den Mitarbeiter*innen und mit Dienstleister*innen zu tun. Ich habe gerne Menschen um mich, deswegen war ein klassischer Bürojob für mich nie denkbar. Im Studium habe ich neben meinem Job bei P&C gekellnert, und ich mag es einfach, wenn sich viel um mich bewegt. Das macht für mich den Handel aus. Hier geht es um Trends und um die schönen Dinge des Lebens. Schöne Produkte, schöne Waren in tollen Kaufhäusern. Gerade wenn man große Flagship-Stores leitet, ist man ganz nah am Zeitgeschehen. Die Marken zeigen ihre neuesten Kollektionen, die neuesten Pop-ups.

Was macht eine gute Verkäuferin aus?
Passion und Leidenschaft, Gastgeber zu sein, und die persönliche Motivation,

den Kund*innen ein individuelles Erlebnis bieten zu wollen. Man muss sich als Verkäufer*in wirklich für Ware interessieren, sie anfassen, spüren, verstehen wollen: Woher kommt das? Warum ist das so zusammengesetzt? Die Kund*innen sind heute über alle Kanäle sehr informiert. Wir schulen unser Team so, dass sie auch wirklich mit Fachkompetenz verkaufen können. Und natürlich muss die Liebe zur Mode da sein.

Können Sie jungen Leuten guten Gewissens zum Job im Einzelhandel raten? Heißt das nicht: Jeden Samstag arbeiten?
Wenn man sich bewusst für den Handel entscheidet, dann liebt man den Samstag. Eigentlich arbeitet man die ganze Woche auf den perfekten Samstag hin. Es sind die meisten Kunden im Haus, da ist Frequenz und richtige Dynamik. Die Kund*innen verbringen ihre Freizeit bei uns, treffen sich mit Freund*innen und machen sich teilweise auch hübsch für das Einkaufen, das wird richtig zelebriert. Und klar, ich habe im Handel meinen Traumjob. Ich kann auf jeden Fall jungen Menschen empfehlen, in den Einzelhandel zu gehen, weil es unglaublich spannend ist. Man arbeitet mit Menschen, mit Zahlen, man ist Unternehmer*in. Das macht Spaß.

Das Alsterhaus gibt es seit 110 Jahren, es ist für viele Hamburgerinnen eng mit ihrer Biographie verbunden. Was ist der größte Unterschied zu einer normalen Ketten-Filiale?
Die KaDeWe Group, zu der das Alsterhaus gehört, betreibt in Hamburg und in München mit dem Oberpollinger und dem KaDeWe in Berlin Department Stores, die eine sehr lange Tradition haben und die eigene Marken, ja richtige Ikonen ihrer Städte sind. Das gilt auch für das Alsterhaus in Hamburg. Das Haus hat eine Strahlkraft auf die Stadt und in die andere Richtung ist uns der Bezug zu den Hamburger*innen sehr wichtig. Wir bieten auch viele lokale Produkte an. Für meine Rolle gilt: Die Hamburger*innen haben mich unglaublich schnell aufgenommen und ich darf in den wichtigen Kreisen am Stadtgeschehen mitwirken, weil das Alsterhaus eine Bedeutung für die Stadt hat.

Online boomt. Wo bleibt da das Alsterhaus?
Zum Trend gibt es immer auch einen Gegentrend. Online existiert und ist auch wichtig und trotzdem merke ich, dass es für die Kund*innen nach ▸

»Eigentlich arbeitet man die ganze Woche auf den perfekten Samstag hin. Da ist Frequenz und richtige Dynamik«

»Frauen kaufen mit mehr Inspiration und sind eher emotional. Herren sind eher am Bedarf orientiert«

wie vor essentiell ist, Produkte zu sehen und sie erleben zu können. Das Kaufverhalten hat sich natürlich geändert: Wenn man morgens feststellt, dass man ein paar Jeans braucht, kauft man die wahrscheinlich schnell online. Aber um Erlebnisse zu haben und Inspiration zu bekommen, fahren die Menschen in die Stadt, wie zu einem Marktplatz. Und da stehen Häuser wie das KaDeWe, der Oberpollinger oder eben das Alsterhaus mit breitem Sortiment und einer großartigen Markenvielfalt, wo man alles erleben und sich Inspiration holen kann – nicht nur von der Mode, auch von den Architekten, die die Häuser gestalten.

Ihr Angebot liegt hauptsächlich im Luxus- und Premium-Segment. Bleibt das so?
Natürlich haben wir eine Strategie, die in die Richtung geht, aber wir definieren Luxus bestimmt nicht nur mit „teuer“. Es ist das Besondere. Für einen ist es das Glas Champagner an der Bar, für den nächsten ist es ein bestimmter Käse, den wir regional oder aus einer bestimmten Region Frankreichs beziehen. Es kann natürlich auch die exklusive und teure Handtasche sein oder auch einfach die Zeit, die man zusammen mit Freunden genießt und gemeinsam im Haus verbringt.

Man kommt den exklusiven Dingen bei Ihnen etwas leichter nahe, oder?
Wir möchten Luxus für jeden erlebbar machen, da gibt es in einem Haus wie unserem nur wenige Schwellen. Man kann sehr persönlich einkaufen, aber man kann auch sehr anonym bleiben, wenn man das möchte. Und dann kann man sich auch teure Produkte anschauen, ohne dass einen wie in einer kleineren Boutique gleich drei Verkäufer*innen umwirbeln. Das ist bei uns ganz anders.

Welche Unterschiede gibt es im Kaufverhalten zwischen Männern und Frauen?
Die Frauen kaufen mit mehr Inspiration. Sie informieren sich vielleicht vorab etwas mehr und sind beim Einkaufen eher emotional. Wenn sie etwas anspricht, dann finden sie das einfach schön und wollen es haben, auch wenn vielleicht der Anlass noch gar nicht da ist. Die Herren sind eher am Bedarf orientiert. Das klassische Beispiel: Morgen werden es 30 Grad und der Mann braucht Polo-Shirts, dann geht er los und kauft sie. Wenn ihm ein Produkt gefällt, dann kauft er es oft gleich in drei Farben.

Welche Rolle spielen Emotionen im Verkauf der Produkte?
Eine große Rolle – wenn auch für viele nicht vordergründig. Aber im Unterbewussten schwingen Emotionen mit und sind für uns ganz wichtig. Wenn man mit den Kund*innen auf einer Ebene ist, kommt man leichter ins Verkaufsgespräch. Das funktioniert über Begeisterung oder über Storytelling oder weil man versteht, wo der Kunde gerade steht, was der Person wichtig ist.

Was lernt eine Kaufhaus-Chefin über Menschen, die einkaufen?
Es ist immer spannend zu sehen, wie Menschen auf gestaltete Flächen und die darauf präsentierten Produkte reagieren. Das ist etwas, was ich mir speziell anschaue. Ich stelle mich ganz bewusst an die Seite und beobachte die Leute. Wie laufen sie? Wie gucken sie? Greifen sie zu Produkten, die wir in der ersten Reihe stehen haben oder interessiert es sie eher gar nicht? Daran versuche ich abzulesen, ob unser Warenaufbau und das, was wir im Merchandising machen, auch angenommen wird.

Ich habe mir Ihren Job etwas verwaltungslastiger vorgestellt. Ist es normal, dass Kaufhaus-Chefinnen so viel im eigenen Haus unterwegs sind?
Das kann ich pauschal nicht beantworten. Meiner persönlichen Einstellung entspricht es auf jeden Fall. Ich arbeite auch sehr viel am Schreibtisch, administrativ fällt viel an. Aber jede Sekunde, die ich nicht in Meetings bin, bin ich auf der Fläche im Store, denn letztendlich macht es das ja aus.

Was können sich andere Branchen aus dem Handel abschauen?
Das, was der Handel richtig gut macht, ist, am Puls der Zeit zu sein und dynamisch Dinge, Kooperationen und Projekte umzusetzen. Mich beeindruckt immer, mit welcher Schnelligkeit Trends in tolle Kampagnen übersetzt werden und für die Kund*innen im Store verfügbar sind.

Was wären Sie geworden, wenn Sie jetzt nicht Alsterhaus-Chefin wären?
Als Kind wollte ich Ärztin werden, das hat sich aber dann mit dem Studium erledigt. Ich glaube, wenn ich nicht im Einzelhandel gelandet wäre, wäre ich wahrscheinlich Hoteldirektorin geworden – aber das ist ja beides nicht weit voneinander entfernt. Gastgeberin wäre ich in beiden Rollen. Das bin ich, und das bin ich gerne.

Haben Sie eigentlich eine Lieblings-Abteilung im Haus?
Samstags ist es definitiv unsere Food-Etage. Da ist einfach eine tolle Stimmung, an der Bar, in den Restaurants, die Menschen kaufen gute Lebensmittel für das Wochenende ein. Ich mag aber auch unsere Parfümerie in unserer Beauty-Abteilung mit den vielen tollen Düften. Und natürlich liebe ich unsere Shoe Hall für die Damen. Was soll ich sagen, Schuhe in allen Variationen auf 700 Quadratmetern – das ist immer ein Happening. ■

THE POWER OF THE ARTS
TRANSFORMING SOCIETY
Zum sechsten Mal in Folge unterstützt die Philip Morris GmbH mit dem jährlichen Förderpreis *The Power of the Arts* 2022 deutschlandweit gemeinnützige Projekte und Initiativen, die sich mit Hilfe der Kunst und Kultur für eine offene, diverse und inklusive Gesellschaft einsetzen.
Insgesamt 200.000 Euro warten auf vier Projekte.
Jetzt bis zum 31. Mai 2022 bewerben: www.thepowerofthearts.de
The Power of the Arts ist eine Initiative der Philip Morris GmbH.
PHILIP MORRIS GMBH
DieTanzKompanie, Preisträger THE POWER OF THE ARTS © Antony Sojka

3 Karriere-Tipps von Waldemar Zeiler

1. An eine Anfänger:in: Es liegt eine unglaubliche Schönheit darin, etwas Neues zu beginnen und zu lernen. Hüte dich davor, Profi zu werden. Denn es gibt nichts Schlimmeres, als zu denken, man wüsste schon alles.

2. An einen Profi: Werde wieder Anfänger:in. Vergiss alles, was du weißt.

3. An alle: Wir kommen aus dem Leben sowieso nicht lebendig raus. Also kannst du es einfach auch mal währenddessen genießen, statt ständig die Zukunft zu planen.

»Der Satz ‚Haben wir schon immer so gemacht' provoziert mich geradezu«

Waldemar Zeiler, Mitgründer des Startups Einhorn, will beweisen, dass Wirtschaft nicht zwangsläufig Mensch und Natur „abfucken" muss. Dafür musste er sich erst selbst hinterfragen

32 Am Anfang treibt Waldemar Zeiler vor allem eines an: Der Wunsch, mit 30 Millionär zu werden. Sieben erfolglose Gründungen später steht er 2014 kurz vorm Burnout und inmitten einer waschechten Sinnkrise.

Ein Jahr später, nach einer langen Reise durch Südamerika, gründet er gemeinsam mit Philip Siefer das Einhorn, das er schon immer haben wollte – im buchstäblichen Sinn. Die Firma Einhorn produziert Kondome und Perioden-Produkte, nachhaltig vom Kautschuk bis zum Bio-Tampon-Bändchen, das Ganze in hipper Optik und mit Community-Gedanken von Anfang an. Das erste Geld kommt durch Crowdfunding, heute gehört die Firma quasi sich selbst, die beiden Gründer haben sich enteignet. Bei Einhorn ist somit niemand weisungsgebunden. „Unfuck the Economy" lautet das Motto, „wir machen Hoffnung, dass es anders geht".

Die Millionen-Marke haben die Einhörner schon längst geknackt, zumindest auf dem Papier. Doch dem Wahl-Berliner, der mit sieben Jahren aus Kasachstan ausgewandert ist, geht es heute um mehr: „Langeweile ist ein Schreckgespenst, vor dem ich weglaufe, und gleichzeitig ist sie der Motor meines Handelns."

Gelangweilt ist er vor allem von Normalität, Oberflächlichkeit und dem Status quo. Wacht er morgens mit einem leeren Terminkalender auf, entsteht am Ende des Tages im besten Fall ein „crazy Projekt". Ab und zu muss er sich dabei zügeln, um seinem Team „nicht zu sehr auf den Sack zu gehen". Angetrieben wird er dabei stets von der Hoffnung, etwas Sinnvolles für die Welt zu schaffen. Ob das gelingt, wird ihm eines Tages sein Sohn sagen.

Waldemar Zeiler

Geb.	1982 in Kasachstan
1989	Auswanderung nach Deutschland
2001	Erste gescheiterte Unternehmensgründung während des Abis
2015	Gründung des Startups Einhorn für Untenrum-Produkte

Sigrid Nikutta
2020 live
bei **turi2.tv**

Sigrid Nikutta

Geb.	1969 in Szczytno, Polen
1988	Psychologie-Studium in Bielefeld
1996	Deutsche Bahn, Leiterin eines Bildungszentrums in Dresden
2001	Personalleiterin DB Cargo
2009	Promotion LMU München
2010	Vorstandschefin Berliner Verkehrsbetriebe
2020	Vorständin Deutsche Bahn, Vorstandschefin DB Cargo

Tipp: „Klebe nicht an ehemaligen Zielen"

»Mir selbst gegenüber bin ich ziemlich kritisch«

Sigrid Nikutta, DB-Vorständin, lernt als Psychologin, Menschen auf die richtige Schiene zu setzen. Das macht sie jetzt mit Gütern

33 Worauf werde ich am Ende meines Lebens stolz sein? Diese Frage stellt sich Sigrid Nikutta immer wieder. Schon jetzt kann man sagen: Sie wird am Ende ihres Lebens mehr erlebt haben, als viele andere.

Im Alter von acht Wochen kommt die Tochter von Spätaussiedlern aus Polen nach Ostwestfalen. Die strebsame Sigrid macht Abitur, studiert Psychologie. Später, als sie schon im Job ist, promoviert sie noch nebenbei. Ursprünglich will Nikutta als Psychologin mit schwerkriminellen Jugendlichen arbeiten, doch es kommt anders: Sie macht Karriere in besonders techniklastigen und männerdominierten Teilen der Wirtschaft. Das letzte ihrer fünf Kinder bekommt sie mit 47 Jahren, da ist sie gerade Chefin der Berliner Verkehrsbetriebe.

Ihren derzeitigen Job als Vorständin der Deutschen Bahn und Vorstandschefin von DB Cargo erkämpft sie sich 2020 trotz massiver Widerstände. Den Weg ebnet sie sich aber nicht mit therapeutischem Sanftmut: Die Managerin ist forsch und durchsetzungsstark. In ihrer Promotion hat sich Nikutta mit der Frage beschäftigt, ob 60-jährige Führungskräfte in den Vorstand oder zum alten Eisen gehören. Die Antwort darauf weiß sie jetzt.

»Sei auf der Hut, wenn du siegst«

Vera-Carina Elter, Vorständin der KPMG, setzt auf Wettbewerb und Fairplay. Kein Wunder: Sie war mal Profisportlerin

34 Lust auf Leistung beweist Vera-Carina Elter früh – im Tennis: deutsche Meisterin im Einzel, Europameisterin im Team, nach dem Abitur zwei Jahre Profi. Seit einem Vierteljahrhundert steht Elter für die Wirtschaftsprüfungsgesellschaft KPMG auf dem Platz; inzwischen gehört sie dem Vorstand an. Die einzige Frau neben sieben Männern.

Als Vorständin hat Elter zwei Hauptthemen: Sie betreut Familienunternehmen und kümmert sich als oberste Personalchefin um die rund 12.500 Mitarbeiterinnen. Besonders wichtig sind ihr Fairplay und Chancengerechtigkeit: „Die besten Leistungen entstehen, wenn man im Team nachdenkt und gerne auch kontrovers diskutiert. Bei der Umsetzung müssen dann aber alle an einem Strang ziehen."

Elter promoviert über die Verwertung medialer Rechte im Sport, für die KPMG entwickelt sie später ein Bewertungsverfahren, um den Marktwert von Fußballprofis in Bilanzen zu erfassen. Der Sport hat sie auch gelehrt, nach Niederlagen wieder aufzustehen. Und die Tücken des Erfolgs nicht zu unterschätzen: „Sei auf der Hut, wenn du siegst." Was bedeutet, sich nicht zu lange auf den Lorbeeren auszuruhen. Im Tennis wie im Leben gelte: „Denke nicht an den Turniersieg, denke an dein nächstes Match."

Vera-Carina Elter

Geb.	1969 in Essen
1988	Profi-Tennisspielerin im internationalen WTA Circuit
1990	Studium Wirtschaftswissenschaften, Essen
1996	Einstieg bei der KPMG im Bereich Audit
2001	Externe Promotion, Universität Regensburg
2002	Managerin bei der KPMG
2008	Partnerin bei der KPMG
2018	Vorständin für Personal und Familienunternehmen

Fotos: Einhorn, Holger Talinski, Hartmut Nägele

»If you can dream it, you can do it«

Edith Stier-Thompson, Chefin von News Aktuell, brauchte auf dem Weg zum Erfolg einen Neustart

Edith Stier-Thompson

1978	Tätigkeit bei einem Rechtsanwalt in Chicago
1980	Leiterin Bildarchiv/Bildverkauf bei Associated Press (AP)
1999	Leiterin Bilderdienste, dpa
2002	Vertriebsleiterin dpa Picture-Alliance
2007	Geschäftsführerin dpa Picture-Alliance
2014	Geschäftsführerin News Aktuell

35 Bevor sie mit der Karriere richtig loslegt, nimmt Edith Stier-Thompson einen Umweg über Chicago. Sie arbeitet dort, heiratet, bekommt einen Sohn. Nach zwei Jahren kehrt sie mit Kind nach Deutschland zurück und startet neu.

Heute sorgt Stier-Thompson bei der dpa für schwarze Zahlen. Als Chefin von News Aktuell, einer Tochter der Nachrichtenagentur, liefert sie dort Ergebnisse in Millionenhöhe ab. Das „tolle Team", ihre eigene große Verantwortung und der gemeinsame Erfolg: Diese Kombi liebt sie an ihrem Job. „Bei mir hat sich viel von selbst gefügt", sagt sie, „aber ich hätte im Nachhinein die eigene Karriere stärker selbst steuern können". Aus der Chicago-Zeit geblieben ist ein sehr US-amerikanisches Lebensmotto: „If you can dream it, you can do it."

Und: „Sei nicht besserwisserisch, sondern bleibe offen für Anregungen und neue Blickwinkel, auch wenn du auf dem Gebiet vermeintlich bereits ein Profi bist", lautet Stier-Thompsons Rat an Berufserfahrene. Sie selbst holt sich solche Anregungen und Blickwinkel als fleißige Netzwerkerin, bei Kundinnen und im Team von News Aktuell: „Die Unterschiedlichkeit der Menschen fasziniert mich."

»Change kann man nicht delegieren«

Susanne Grundmann, Chefin der Mediaagentur OMD, hat immer Appetit auf neue Erfahrungen – nicht nur kulinarische

36 Susanne Grundmann liebt die japanische Küche. „Sie lässt jede Zutat erstrahlen und bringt durch die richtige Komposition eine perfekte Harmonie hervor", sagt die CEO der Mediaagentur OMD Germany, „und genauso ist es auch mit High-Performance-Teams". Als Chefin will sie „nicht immer Wortführerin, sondern Raumgeberin sein".

Susanne Grundmann lebt in ihrer Jugend drei Jahre in Japan. Neben Wirtschaft studiert sie auch Japanisch, arbeitet lange für den Kamerahersteller Nikon. „Ich bin in meinem Leben privat wie beruflich bewusst durch Seitentüren gegangen, wenn dahinter neue Erfahrungen auf mich warteten", sagt sie. „Diese Schritte können Beschleuniger sein." Als sie sich als Vorstandsassistentin bei Nikon nicht ausgelastet fühlt, beginnt sie ein berufsbegleitendes Studium in England, der Konzern unterstützt sie. „Das hat mir neue Türen, Zugang zu einem internationalen Netzwerk und wunderbare Freundschaften ermöglicht."

Seit 2014 arbeitet Grundmann für große Agenturen, macht in kurzer Zeit Karriereschritte, zählt nun zur Top-Elite im Business. Das ist ihr auch deshalb gelungen, weil sie selbst beherzigt, was sie Einsteigerinnen rät: „Es ist gut, die eigene Komfortzone zu verlassen."

Fotos: privat, PR

Susanne Grundmann

Geb.	1981 in Haan
1995	Schüleraustausch in Japan
2000	Studium Wirtschaftswissenschaften und Japanisch in Bonn und Tokyo
2006	Vorstandsassistentin bei Nikon, später Managerin, u.a. im Marketing
2007	MBA Henley Business School, Reading, England
2014	Geschäftsführerin Mediacom
2018	CSO OMD Germany
2020	CEO OMD Germany
2022	Chief Global Client Officer

kicker
business
solutions.
CORPORATE PUBLISHING.
CONTENT MARKETING.
TALKS & EVENTS.
Die neue Sportagentur mit kicker-DNA.
www.kicker-business.de

»Nicht nur im System, sondern am System arbeiten«

Tina Müller, CEO von Douglas, sieht Schönheit als lebenslangen Prozess – in den Menschen genauso viel investieren sollten wie in ihre Karriere

37 Ein Zitat, das Tina Müller inspiriert, stammt von der Psychologin Esther Perel: „Wer nicht biegsam ist, der bricht.“ Bevor Müller 2017 CEO von Douglas wird, biegt sie selbst einmal ab – und das sehr erfolgreich.

Sie startet als Trainee bei L'Oréal Deutschland, wechselt danach zu Wella und schließlich zu Henkel. Nach vielen Jahren in der Kosmetikindustrie geht sie 2013 als Marketingchefin zu Opel und bringt dort den vielbeachteten Slogan „Umparken im Kopf“ auf den Weg. Die Jahre beim Autobauer haben ihre „Erfahrungskurve stark bereichert“, sagt Müller – und sie machen sie deutschlandweit bekannt.

Auch heute, back im Beauty-Business, gehört das Gesehen-Werden für sie zum Job. Sie bespielt Linked-in, Twitter und ihren eigenen Podcast „Beauty & Beyond“. Sie will „die Menschen schöner, gesünder und damit glücklicher machen“. Das Motto setzt sie auch unternehmerisch um: Der etwas altbackenen Parfümerie verpasst sie ein Rundum-Makeover zum Wohlfühl-Ort mit kluger Digitalstrategie.

Mit dem öffentlichen Bild der toughen Managerin könne sie umgehen, sagt sie. Sie halte eben gerne die Zügel in der Hand – auch bei Detailfragen. Sie habe dabei aber auch lernen müssen, ihre „Ansprüche und Maßstäbe“ nicht automatisch auf alle anderen zu übertragen. Auch ihrem jüngeren Ich würde sie etwas mehr Gelassenheit mit auf den Weg geben. Denn am Ende wird alles gut – „und wenn es noch nicht gut ist, ist es noch nicht das Ende“.

	Tina Müller
Geb.	1968 in Bad Neuenahr-Ahrweiler
1988	VWL- und BWL-Studium in Trier und Lyon
1993	Trainee bei L'Oréal Deutschland
1994	Produktmanagerin bei Wella
1995	Wechsel zu Henkel
2013	CMO bei Opel
2017	CEO von Douglas

Tipp: „Unsicherheiten gegenüber Mitarbeiter*innen und Kolleg*innen eingestehen, gleichzeitig aber immer strategische Optionen und Lösungen anbieten“

»Such' Dir Chefs, von denen Du viel lernen kannst«

Holger Feist, Strategiechef der Münchner Messe, liebt Berge und Seen. Beim Aufstieg schlägt er gerne mal einen längeren Weg ein

Holger Feist

Geb.	1969 in Landsberg am Lech
1991	VWL-Studium
1995	Assistent am Center for Economic Studies, München
2000	Promotion in VWL
2001	Unternehmensberater bei McKinsey
2008	Director Development bei Hubert Burda Media
2012	Geschäftsführer Burda Intermedia Publishing
2014	CSO Messe München
2021	Unternehmenssprecher

38 Holger Feists Karriereweg ist ein ewiges Hin und Her: Er startet 1986 als Hospitant beim „Landsberger Tagblatt", studiert dann aber Wirtschaft. Als Assistent des Ökonomen Hans-Werner Sinn schlägt er eine akademische Laufbahn ein, gibt einem Job als Unternehmensberater aber den Vorzug. Dann soll es doch die Medienbranche sein – nicht aber der Journalismus. Feist wird 2008 Manager beim Burda-Verlag.

Aus der glitzernden Medienwelt wechselt er schließlich in eine zugige Messehalle: 2014 wird er Strategiechef der Messe München. „Ich habe bei jedem Umweg eine Menge gelernt", beteuert Feist. Ein paar Dinge sollte man zu Beginn der Karriere aber schon beherzigen: „Das Geheimnis des Erfolgs ist richtig viel Arbeit, richtig lange. Punkt." Feist rät Anfängerinnen, offen für Kritik zu sein. „Feedback ist wirklich ein Geschenk, auch wenn es sich manchmal nicht so anfühlt."

Feists private Leidenschaft sind Berge und Seen, was sich auch im Job bemerkbar macht. Er traktiert sein Team gerne mit Analogien wie „Kurs halten", „anstrengende Wege" oder „lohnende Ausblicke". Immerhin: Berge und Seen verschaffen ihm auch Ruhe und Entspannung – „wenn die Woche herum ist".

»Zeige Rückgrat, wenn der Wind von vorne bläst«

Katherina Reiche, Chefin der Westenergie AG, hat Bundestag gegen Wirtschaft getauscht. Trotz Kritik wird sie Top-Managerin

39 Um Erfolg zu haben, „muss man für ein Thema brennen", sagt Katherina Reiche. Man muss aber auch den Feuerhagel der Kritik aushalten können, wenn man sich wie sie nach zwei Jahrzehnten aus der Politik verabschiedet, um Top-Jobs in der Wirtschaft anzunehmen.

Während des Chemiestudiums tritt die Brandenburgerin der Jungen Union bei. Mit Diplom in der Tasche zieht sie 1998 für die CDU in den Bundestag, mit 25. Ihren Sitz gibt sie 2015 ab, um Chef-Lobbyistin und erste Führungsfrau beim Verband kommunaler Unternehmen zu werden. Beobachterinnen sehen „Interessenkonflikte", sie ein „kurzfristiges Angebot". Nicht jeder Schritt im Leben ist planbar, resümiert sie heute, „auch wenn es rückblickend so aussehen mag".

Seit 2020 managt Reiche 10.000 Angestellte bei Westenergie, der größten E.on-Tochter. „Schalten wir daheim das Licht an, vergessen wir meist, welch technische Kompetenz und Leistungsfähigkeit dahinter steckt", sagt sie.

Die dreifache Mutter möchte andere Frauen anspornen, „ihren Weg zu gehen". Sie kennt den Spagat zwischen Führungsjob und Familie. Seit 2021 ist sie Mitglied beim Topmanagerinnen-Netzwerk Generation CEO. Das Thema Netze zieht sich also durch ihre gesamte Karriere.

Katherina Reiche

Geb.	1973 in Luckenwalde
1992	Chemiestudium in Potsdam, den USA und Finnland
1998	Einzug in den Bundestag, später Staatssekretärin
2015	Geschäftsführerin Verband kommunaler Unternehmen
2020	Vorsitzende der Geschäftsführung bei Westenergie

Katherina Reiche spricht über Jobs im turi2.de/podcast

Fotos: Selina Pfrüner, PR (2)

»Den Startup-Spirit bewahren«

Philipp Justus, Google-Chef für Zentraleuropa, kennt viele große Internet-Player von innen. Für den Nachwuchs wünscht er sich schnellere Netze und weniger Bürokratie

40 2001 öffnete das erste deutsche Google-Büro in Hamburg, Sie sind seit 2013 dabei. Haben Sie manchmal das Gefühl, die spannendste Phase verpasst zu haben?
Überhaupt nicht. Ich erlebe für mich jedes Jahr wieder als die spannendste Phase von Google. In den fast neun Jahren habe ich so viel Aufregendes miterleben dürfen – von den Durchbrüchen bei künstlicher Intelligenz mit AlphaGo und Alphafold über den Launch unserer Pixel Phones bis hin zu den bahnbrechenden Forschungsergebnissen im Bereich Quantum Computing. Es könnte also nicht viel spannender sein.

In den 2000ern haben Sie für Ebay und Paypal gearbeitet. Wie hat sich die Arbeitskultur bei Digital-Konzernen seither verändert?
Ebay, Paypal und Google haben in einigen Bereichen eine sehr ähnliche Kultur: angetrieben durch eine inspirierende Unternehmensmission, hochgradig kollaborativ, mit einem starken Fokus auf die Mitarbeiterinnen und Mitarbeiter. Diesen Startup-Spirit, das respektvolle Miteinander ohne Betonung von Hierarchien, möchten wir uns bei Google bewahren, auch wenn wir natürlich längst ein großes Unternehmen sind.

Wo im Digitalen ist noch Raum für das nächste große Ding?
Das Spannende ist doch: Wir wissen alle gar nicht, welche Innovation, welches neue Produkt oder welcher neue Anbieter im nächsten Jahr für Aufsehen sorgen wird. Die vergangenen Jahre haben immer wieder gezeigt, dass es gerade in der digitalen Welt immer neue Überraschungen und Fortschritte gibt. Wer hätte vor fünf Jahren den Erfolg von TikTok oder Shopify vorhergesagt? Den Durchbruch von Krypto? Oder hier bei uns in Deutschland von N26, TradeRepublic und Celonis?

Philipp Justus

Geb.	1969 in Hamburg
1989	Liberal-Arts-Studium in Massachusetts, USA
1990	Studium Betriebswirtschaft in Koblenz, Paris und den USA
1996	Projektleiter und Recruiting Director bei Boston Consulting
2000	Geschäftsführer von Ebay Deutschland
2004	Europa-Geschäftsführer von Ebay
2008	Senior Vice President Global Markets bei Paypal
2010	CEO beim Marketing-Netzwerk Zanox
2013	DACH-Chef von Google
2015	Zentraleuropa-Chef von Google

Also sind es gerade gute Zeiten für junge Digital-Unternehmerinnen in Deutschland?
Die Zeiten waren nie besser. Im Jahr 2021 wurde mehr Venture Capital in deutsche Startups investiert als je zuvor, die Anzahl an Unicorns hat sprunghaft zugenommen, und auch an der Börse schlagen sich eine ganze Reihe der größeren digitalen Player aus Deutschland sehr gut. Aber es gibt auch viele Hürden: Unsere digitalen Netze sind zu langsam. Es fehlt in weiten Teilen der Gesellschaft an digitalem Knowhow, und der Gesetzgeber tut noch zu wenig, um die Rahmenbedingungen für Startups zu verbessern. Mitarbeiterbeteiligungen und Bürokratie seien hier als nur zwei Stichworte genannt.

Wenn man nach Ihnen googlet, findet man keine peinlichen Fotos von Ihnen. Haben Sie da Ihre Finger im Spiel?
Ich habe länger nicht mehr geschaut, was man da so findet, insofern freue ich mich, dass Sie da nicht so viel Peinliches gesehen haben. Und nein, ich habe keinerlei Einfluss auf den Algorithmus der Google-Suche. Ein Grundpfeiler der Google-Suche ist die Unabhängigkeit und Relevanz der Ergebnisse. Diesem Anspruch müssen wir jeden Tag mehrere Milliarden Mal gerecht werden, andernfalls verlieren wir das kostbarste Gut, auf dem unser Unternehmen aufgebaut ist, nämlich das Vertrauen unserer Nutzerinnen und Nutzer.

Welche Aspekte in Ihrem Leben halten Sie bewusst analog?
Das ganz analoge und persönliche Gespräch gefällt mir viel besser als jede Videokonferenz, E-Mail oder Chat-Nachricht. Musik genieße ich auch lieber analog und live als im digitalen Stream. Und Sport finde ich draußen auch besser als vor dem Bildschirm. *Nancy Riegel*

Foto: picture alliance

Ausbildung

Hochschule für Fernsehen und Film bildet Regisseurinnen, Produzentinnen, Drehbuchautorinnen und Kameraleute aus
hff-muenchen.de

ARD.ZDF medienakademie
Großes Angebot zu Audio, Video, Projektmanagement, Führung und digitale Strategie
ard-zdf-medienakademie.de

Erich Pommer Institut
Ableger der Filmuniversität Babelsberg und der Uni Potsdam. Schwerpunkte sind Medienrecht und Medienwirtschaft
epi.media

Fachmedien

DWDL.de
Online-Magazin, berichtet über das TV-Business, Serien, Fernsehproduktionen aus Deutschland und internationale Trends
dwdl.de

epd Medien
Der Medienfachdienst befasst sich mit öffentlich-rechtlichen Sendern und Medienpolitik
epd.de

Media Perspektiven
Vom Intendanten des Hessischen Rundfunks herausgegebene Zeitschrift über Medien
ard-media.de/media-perspektiven

Podcasts

„Streamgestöber"
Moviepilot

„Der Serienjunkies-Podcast"
Serienjunkies.de

„TV-Helden"
Christian Heinkele

Einkommen

Programmvolontärin: 2.100 € pro Monat
Nachrichtensprecherin ARD: 274 € pro Sendung
ProSiebenSat.1-Chef: 3,46 Mio. € pro Jahr

Perspektiven

Neue Konkurrenz, Chancen für Journalistinnen und Extrovertierte

Menschen unter 30 verbringen heute deutlich mehr Zeit bei YouTube oder Netflix als vor der Glotze. Private und öffentlich-rechtliche Fernsehsender reagieren: Der Bertelsmann-Konzern etwa investiert kräftig in seine Streaming-Plattform RTL+, ARD und ZDF bauen ihr Online-Angebot aus.

Knapp 50.000 Festangestellte arbeiten für Rundfunksender. Der Umbruch bedeutet für Talente eine Chance – auch abseits der Mediatheken: Die beiden großen Privat-Gruppen RTL und ProSiebenSat.1 ändern ihr Image, besinnen sich auf Nachrichten und seriösen Journalismus und suchen passende Protagonistinnen. Mit Bild TV ist sogar ein neuer privater Nachrichtenkanal entstanden.

ARD, ZDF & Co. werden insgesamt wahrscheinlich nicht mehr wachsen. Sie gelten Kritikern schon jetzt als zu groß und zu teuer. Doch für ihre Digitaloffensiven suchen auch die Öffentlich-Rechtlichen passende, idealerweise junge Mitarbeiterinnen.

Jobs entstehen auch bei den Angreifern: Netflix will in Zukunft mehr deutsche Regisseurinnen, Schauspielerinnen, Autorinnen und Produzentinnen beschäftigen. Produktionsfirmen suchen dringend Mitarbeiterinnen für Requisite, Maskenbild oder Aufnahmeleitung. Dass es da zu wenige Fachkräfte gibt, hängt allerdings mit oftmals schlechten Bedingungen zusammen, wie langen Arbeitszeiten und befristeten Verträgen.

Für die gesamte Bewegtbild-Branche gilt: Extrovertierte haben es in ihren Unternehmenskulturen tendenziell leichter. Nicht nur vor der Kamera.

Anchorwoman
Oder -man. Gesicht einer Nachrichtensendung und Anker in der unruhigen See der News. Oft mit Signature-Schlussformel wie „Bleiben Sie zuversichtlich".

Adressable TV
Am Smart-TV wird Fernsehwerbung personalisierbar: Geschaute Sendungen lassen Rückschlüsse auf die Zuschauerin zu. Die bekommt passende Spots zu sehen.

Einschaltquote
Um sie dreht sich im TV-Business fast alles. Sie wird durch kleine Geräte in 5.400 Haushalten in Deutschland ermittelt und täglich um 8.30 Uhr an die Sender übermittelt.

1950 hebt in Florida die erste US-Rakete ab – auf Basis des Nazi-Modells V2. Live dabei: TV-Kameras

Foto: Picture-Alliance

TV

Streamer machen alteingesessenen Fernsehensendern Feuer unterm Hintern. Dadurch entstehen neue Möglichkeiten für Nachwuchs und News-Affine

»Ein guter TV-Talk ist wie ein Boxkampf mit Muhammad Ali«

Markus Heidemannns, TV-Produzent, ist der Mann hinter dem Erfolg von Markus Lanz – und einer der bestverdienenden Strippenzieher im deutschen Fernsehen. Mit seiner früheren Redakteurin Heike Turi spricht er über Karriere vor und hinter der Kamera

Von Heike Turi (Text) und Johannes Arlt (Fotos)

Markus Heidemannns

Geb.	1964 in Witten
1988	Volontär, „Westfalenpost"
1991	Redakteur, „Bild am Sonntag"
1995	Redaktionsleiter der „Harald Schmidt Show", Sat.1
1998	Redaktionsleiter von „Johannes B. Kerner", ZDF
2004	Gründung der TV-Produktion Fernsehmacher
2008	Redaktionsleiter von „Markus Lanz", ZDF
2010	Gründung der TV-Produktion Mhoch2 mit Markus Lanz

41 Markus, viele junge Menschen träumen von einer Karriere beim Fernsehen. Du hast den Traum wahr gemacht, produzierst die wichtigste Talkshow in Deutschland, bist erfolgreicher Unternehmer und Chef von 90 Mitarbeiterinnen. Und trotzdem kennt kaum jemand den Mann hinter dem Erfolg von Lanz. Bist du auf Markus Lanz manchmal neidisch?

Neid ist mir relativ fremd. Ich bin ja auch nicht der Mann hinter Markus Lanz, ich bin der Mann mit Markus Lanz. Ich habe mit meiner Firma Fernsehmacher in den zurückliegenden 18 Jahren an die 6.000 Sendungen gemacht, davon entfallen rund 1.600 auf „Markus Lanz". Ich liebe meinen Job genau so, wie er ist: Ich kann neue Formate entwickeln und Sendungen gestalten, habe also den vollen Spaß, den das Arbeiten beim Fernsehen mit sich bringt – und kann mich weiter frei und unerkannt in der Öffentlichkeit bewegen. Als Moderator bist du das bekannte Gesicht: Wenn es mal nicht gut läuft, bekommst du die ganze Kritik ab und musst den Kopf hinhalten. Da bleibe ich doch lieber auf meinem Weg.

Was kann der Lanz, was der Heidemanns nicht kann?

Markus Lanz kann ganz viele Sachen, die ich nicht kann. Wir ergänzen uns hervorragend. Eine gute Sendung ist ein Gesamtkunstwerk, wie ein toller Song. Die Redaktion und ich komponieren das Lied. Wir überlegen: Wen laden wir ein, wie bauen wir das Gespräch auf, welche Fragen müssen gestellt werden, welche Meinungen und Perspektiven wollen wir zeigen? Markus Lanz ist der Künstler, der auf die Bühne geht und den Song interpretiert. Wir könnten noch so Tolles vorbereiten, es brächte nichts, wenn vorne nicht der beste Moderator sitzt, der sich traut, Haltung und Meinung zu zeigen und die auf seine unnachahmliche Art und Weise rüberzubringen.

Wie gut wärst du auf dem Bildschirm? Hast du es je probiert?

Gott sei Dank wurde der Gedanke erst an mich herangetragen, als ich schon alt genug war und Einiges beim Fernsehen erlebt hatte, um zu wissen, dass ich lieber im Hintergrund bleibe. Ein Manko: Ich spreche sehr schnell und undeutlich. Dazu kommt, dass ich als Fernsehproduzent an vielen verschiedenen Sendungen parallel arbeiten kann. Wenn du das als Moderator machst, wird es dir vorgeworfen. Johannes B. Kerner ist ein glänzender Fußball-Kommentator, er kann Talkshow und Samstagabend-Unterhaltung, doch den Leuten wurde das zu viel. Es war von der „Kernerisierung" des Fernsehens die Rede. Fair ist das nicht. Bei mir als Produzent sagt niemand: „Jetzt kocht er auch noch."

Lass uns über Karriere beim Fernsehen reden. Was braucht's, um auf dem Bildschirm Erfolg zu haben?

Moderator lernst du nicht, Moderator musst du ganz früh wollen. Du musst den Mut mitbringen, dich in die Manege zu setzen. Und du solltest vor der Kamera genauso sein, wie wenn die Lichter aus sind. Die Zuschauer bekommen ganz schnell mit, wenn jemand den Moderator mimt. Bei einer Unterhaltungsshow ist es ein bisschen anders – Show ist großer Zirkus, da darf gespielt werden. Auch einige Comedians sind abseits der Bühne nicht unbedingt so locker drauf wie auf dem Schirm. Aber als Talkshow-Moderator musst du absolut authentisch sein. Und sehr gut vorbereitet. Rudi Carrell wusste das: „Wenn du ein Ass aus dem Ärmel ziehen willst, musst du vorher eines hineingesteckt haben." Moderieren wirkt immer so leicht, aber das geht mit dieser Leichtigkeit nur, wenn du dich auf dich selbst verlassen kannst. Und das heißt, du hast dir sehr viel Wissen anzueignen. Das ist richtig Arbeit.

Und was sollte ich mitbringen, um wie du hinter den Kulissen Karriere zu machen?

Neugier und Aufgeschlossenheit Menschen und Themen gegenüber. Du solltest gern im Team arbeiten und kritikfähig sein – und zwar in beide Richtungen. Du solltest konstruktive Kritik geben können, du solltest Kritik aber auch gut an- ▶

nehmen können. Das ist gerade in der Entwicklungsphase einer Sendung sehr wichtig.

Wen würdest du bei dir anstellen?
Noten interessieren mich wenig, mich interessiert das gesamte Bild einer Biografie. Wo kommt jemand her, wie ist er oder sie aufgewachsen, was hat die Person nach der Schule gemacht, vielleicht eine Schreiner-Lehre oder ein Praktikum in einem Tattoo-Studio. Solche Stationen überzeugen mich mehr als ein Bachelor in London. Für eine Sendung wie „Markus Lanz" ist es gut, wenn du Erfahrung im politischen Bereich hast sammeln können. Entweder hast du schon für einen Politiker gearbeitet oder du kommst aus dem politischen Journalismus oder der Forschung.

Würdest du deinen Kindern raten, zum Fernsehen zu gehen?
Für den Moment ja, denn fürs Fernsehen zu arbeiten ist einfach spannend. Das lineare Fernsehen wird schon lange totgeschrieben. Als Markus Lanz 2008 von RTL zum ZDF wechselte, wünschte ihm Anke Schäferkordt „viel Vergnügen beim Senioren-Fernsehen". Heute versucht Stephan Schäfer mit RTL so ein bisschen das ZDF der Privaten zu werden, denn es sind die älteren Zuschauer, die nicht so schnell ins Netz und zu den Streamingdiensten wechseln. Aber wie lang genau das lineare Fernsehen noch Zukunft hat, vermag niemand zu sagen.

2000 bin ich bei dir ausgestiegen – was hat sich seitdem geändert in der TV-Branche?
Lustigerweise nicht viel, im Programm finden sich nach wie vor Fußball, Krimis, Dokus, Talk- und Kochshows. Worauf man heute aber achtet, ist die Zweitverwertung von Sendungen, dass sie direkt in die Mediathek gehen.

Was ist der beste Einstieg beim Fernsehen?
Ich finde, bei einer Fernsehproduktionsgesellschaft. Da kannst du unheimlich viel lernen und direkt mitmachen. Und wenn du einmal verstanden hast, wie Fernsehen

»Die Zeiten, in denen beim Fernsehen mit Schampus rumgespritzt wurde, sind vorbei«

funktioniert, also warum die Leute einschalten, dann nutzt dir das auch, wenn du später mal auf YouTube deinen eigenen Kanal starten willst.

Wie steht es um die Entwicklungschancen in der TV-Produktion?
Gut bis sehr gut, es kommt auf die Person an. Zwei unserer Teamleiter sind erst Anfang 30. Beide haben während des Studiums als Praktikant bei uns reingeschnuppert und sich nach dem Ende ihrer Ausbildung wieder gemeldet. Der Weg vom Jungredakteur zum Teamleiter mit Sendungsverantwortung hat bei beiden nur wenige Jahre gedauert.

Ich höre nur Teamleiter, nicht Teamleiterin?
Derzeit sind von sechs nur zwei Teamleiterinnen, das war mal anders. Wenn eine Mitarbeiterin zu mir kommt und sagt, sie ist schwanger, dann lacht mein eines und weint mein anderes Auge. Ich finde es großartig, wenn sich jemand dafür entscheidet, eine Familie zu gründen. Ich weiß aber auch, dass der Job des Teamleiters nicht in Teilzeit zu erledigen ist.

Ist Fernsehen überhaupt noch die glamouröse, glänzend zahlende Branche, von der viele träumen?
Glamourös wird es immer für die sein, die den Glamour suchen. Es wird immer Leute geben, die den Grüßonkel machen, wenn ein Politiker oder Filmschauspieler in die Sendung kommt. Mein Ding ist das nicht. Aber die Zeiten, in denen beim Fernsehen mit Schampus rumgespritzt wurde, die sind ähnlich wie in den Werbeagenturen oder der Plattenindustrie vorbei.

Steht in den Arbeitsverträgen noch „Überstunden sind mit dem Gehalt abgegolten"?
Ich glaube ja. Aber die Frage ist: Was sind Überstunden? Wenn ich mir Gedanken zur nächsten Sendung mache? Wenn mir ein neues Format einfällt? Nach der Berechnung arbeite ich 24/7. Aber das erwarte ich von niemandem. Die Kollegen sollen sich so einbringen, wie sie können. Wenn einer seinen Job in drei Stunden erledigt bekommt und der andere neun Stunden für die gleiche Tätigkeit braucht, dann ist das so. Klar ist aber auch: Wenn es brennt, sollte man Bereitschaft zeigen, da zu sein.

Du hast eine Finca auf Mallorca, ein Segelboot auf der Alster und eine attraktive Frau an deiner Seite – das erinnert mich arg an den Werbespruch „Mein Haus, mein Auto, meine Frau". War der Sprung vom Chefredakteur zum Fernsehproduzenten eine wirtschaftliche Überlegung?
Mir geht es wirklich unfassbar gut, und es ist überhaupt keine Frage, dass du als Fernsehproduzent auch sehr viel Geld verdienen kannst. Aber Geld war nie meine Antriebsfeder. Ich wollte einfach wissen – und das will ich bis heute – ob die Idee, die ich habe, im Fernsehen eine Chance hat, ob ein Sender sie kauft und ob sie wirklich funktioniert. Und das erfährst du erst, wenn sie ausgestrahlt ist.

Wie sehr bist du heute noch Journalist, wie sehr Manager?
Ich bin nach wie vor der Kreative und Journalist im Laden, ich bin kein Manager. Aber es gibt natürlich eine Abteilung, die mir am Ende des Jahres sagt, wie viel der Laden abgeworfen hat.

Was liebst du an deiner Arbeit?
Dass sie nie aufhört. Dass ich mir immer wieder Neues einfallen lassen kann. Und dass ich mit Menschen zusammenarbeite und Menschen für eine Idee begeistern kann. Seit dem 6. Dezember 1995 kriege ich fast täglich eine Note für das, was ich mache. Damals ging die erste Harald Schmidt Late Night auf Sendung. Ich glaube an die gute alte GfK und die TV-Quoten. An den Minutenverläufen siehst du ganz ▶

Der Fernsehmacher: Seit über 15 Jahren produziert Markus Heidemanns aus der Mitte Hamburgs mit 90 Mitarbeiterinnen an die 400 Sendungen im Jahr. Darunter Prime-Events, die Talks „Markus Lanz" und „#beisenherz" sowie mehrere Kochshows. 2022 kommen nochmals rund 400 Sendungen dazu

Markus Heidemanns erklärt Heike Turi, dass der Zuschauerrang bei „Markus Lanz" auch nach Corona unbesetzt bleiben soll – der Talk sei ohne Publikum intensiver

genau, an welchen Stellen eine Sendung schwächelte oder stark war.

Was stört dich an deiner Arbeit?
Dass es manchmal spät wird und ich die Kinder kaum sehe. Gerade an Sendungstagen kann es acht, halb neun werden, auch mal halb elf. Dann sind die Kinder schon im Bett.

Markus Lanz und du, ihr seid Geschäftspartner mit der Firma Mhoch2, die „Markus Lanz" produziert. Wer entscheidet, wer in die Sendung kommt?
Die Redaktion legt fest, wer in die Sendung kommt. Markus Lanz ist involviert und kann jederzeit ein Veto einlegen. Die Redaktion und ich überlegen, was der rote Faden der Sendung sein soll und entwickeln die einzelnen Gesprächsverläufe. Ein guter Talk ist wie ein Kampf mit Muhammad Ali: Da wird ein bisschen getänzelt, man macht einen Schritt vor, man kann auch mal eine einkassieren. Unterm Strich muss ich Qualität liefern.

Was muss ein Talkshowgast haben, damit er gut rüberkommt?
Der Politiker muss gewillt sein, den Schlagabtausch anzunehmen statt grundsätzlich zu blocken und nur sein politisches Stehsatzgesäusel zu bringen. Ein Journalist oder Experte muss die Dinge erklären können, die wir erklärt haben wollen. Lange galt gerade im Privatfernsehen – also noch vor Joko und Klaas – die Maxime, den Zuschauer bloß nicht zu überfordern. Der Meinung bin ich nicht. Wenn eine Sendung gut vorbereitet ist, kannst du den Zuschauer überall mit hinnehmen.

Welche drei Ratschläge würdest du denjenigen aus der turi2-Community geben, die zum ersten Mal Gast in einer Talkshow sind?
Er oder sie sollte sich vorab gut überlegen, was sie rüberbringen möchte. Sie sollte sattelfest im Thema sein, aber nicht die Oberlehrerin spielen. Und sie sollte authentisch und als Mensch erkennbar bleiben.

Hat sich schon jemand so schlecht benommen, dass er nicht wiederkommen darf?
Hans-Hermann Tiedje haben wir vor die Tür gesetzt, nachdem er sich über einen Mitarbeiter von uns echauffiert und absolut im Ton vergriffen hatte. Man erinnert sich an seine Zeit bei „Bild".

Und wer darf jederzeit wiederkommen?
So jemand wie Karl Lauterbach. Er ist in der Lage, die Leute zu Hause am Bildschirm wirklich mitzunehmen und sie über ein Fachgebiet aufzuklären. Deshalb haben wir an ihm als Erklärbär auch sehr lange festgehalten.

Ihr seid mit den zahlreichen Einladungen an Karl Lauterbach nicht ganz unschuldig an seiner Popularität. Macht ihr euch da nicht zum Sprachrohr der Politik?
Nein, Lauterbach war zu dem Zeitpunkt zwar gesundheitspolitischer Sprecher der SPD, aber er war nicht in dieser Funktion eingeladen, er hat auch nicht für die Partei gesprochen, sondern er war als Experte in der Sendung.

Ihr habt trockene Politik im Gewand der Fernsehunterhaltung präsentiert. Wäre sie nicht viel besser bei den Nachrichten oder einem der Politmagazine gut aufgehoben?
Wir sind eine politische Sendung! Den Deutschen Fernsehpreis haben wir im letzten Jahr in der Kategorie Information gewonnen. Ich kann die Sichtweise, Politiker sollten nicht in Talkshows gehen und besser im Parlament bleiben und dort diskutieren, nicht nachvollziehen. Eine Parlamentsdebatte sehen sich nur wenige Menschen an und die Berichterstattung darüber auch nicht mehr. Wir hingegen schaffen mit unserer Sendung einen echten Mehrwert für das Politikverständnis im Allgemeinen.

Für wen macht Ihr die Sendung – Junge, Alte, deutsches Bildungsbürgertum?

Eigentlich für jeden. Die Sendung soll meine Schwester und meine 84-jährige Mutter interessieren. In den letzten zwei Jahren ist uns zudem gelungen, eine für das ZDF unfassbar junge Zielgruppe zu holen. Der Marktanteil der 14- bis 49-Jährigen liegt beim ZDF im Schnitt bei sechs Prozent. Wir kommen mit „Markus Lanz" oft über zehn.

BR oder RBB haben das 50:50-Mann-Frau-Programm der BBC übernommen und achten bei der Auswahl der Interviewpartnerinnen und Talkgäste auf einen ausgewogenen Mix. Wie divers muss Fernsehen werden?
Das ist ein großes Thema. Das ZDF achtet stark drauf. Es fängt bei den Politikern an: Da sollte am Ende eines Jahres der prozentuale Anteil von Grün, Rot, Gelb, Schwarz oder auch mal Blau ungefähr dem im Bundestag entsprechen. Männliche und weibliche Talkgäste halten sich bei uns schon lange die Waage. Es gibt in Deutschland zum Glück so unfassbar gute Journalistinnen, dass es leicht fällt, weibliche Talkgäste zu finden. People of Color laden wir sehr gern ein, aber nicht, weil er oder sie einen Migrationshintergrund hat und wir mal wieder über Rassismus sprechen wollen, sondern dann, wenn die Person die beste Expertise auf einem Gebiet hat, das wir am Abend behandeln wollen.

Du produzierst für den deutschen Fernsehmarkt seit Jahren auch eine beachtliche Anzahl an Kochsendungen. Sind die Leute nicht mal satt?
Nicht von Kochsendungen. Ich habe das Gefühl, da ist noch mehr drin. 83 Millionen Bürger im Land wollen ans Kochen herangeführt werden. Eine Kochsendung ist auch so ein bisschen wie eine Ersatzfamilie für die vielen Single-Haushalte. Da wird nett gesprochen, man lernt neue Menschen und neue Gerichte kennen. Und Kochsendungen erfüllen den Bildungsauftrag der Öffentlich-Rechtlichen, denn du kannst darin auch Aspekte wie bewusstes Leben, gesundes Essen und Nachhaltigkeit ansprechen. ■

»Eine Kochsendung ist wie eine Ersatzfamilie für die vielen Single-Haushalte«

»Ich hasse es, mich anzubiedern«

Laura Karasek, mediales Multitalent, empfindet sich manchmal selbst als „Mogelpackung". Auch gesundes Selbstbewusstsein will gelernt sein

42 Müdigkeit kennt Laura Karasek an Arbeitstagen nicht: „Ich finde immer alles so aufregend wie ein Teenager, der zum ersten Mal allein auf Reisen ist." Vor ein paar Jahren war das noch anders: Bis 2018 arbeitet die Tochter des Publizisten Hellmuth Karasek als Rechtsanwältin in der renommierten Wirtschaftskanzlei Clifford Chance. Das hatte – „auch, wenn es vielleicht so klingen mag" – nicht wirklich etwas mit „Show" zu tun.

Heute stehen die Dinge anders: Karasek kann ihre eigene Show vorweisen, „Zart am Limit" läuft seit 2019 auf ZDFneo. Außerdem ist sie Autorin mehrerer Bücher und Kolumnen, Podcast-Host und Moderatorin verschiedener Sendungen. Für ProSieben hat sie außerdem noch eine Ausbildung bei Feuerwehr, Polizei und im Luxushotel absolviert und auf dem ZDF-„Traumschiff" als Offiziersanwärterin angeheuert. „Manche halten das für Rastlosigkeit", resümiert sie ihren Lebenslauf. „Ich halte es für Lebenshunger."

Trotz ihres Erfolgs ist sie voller Selbstzweifel, sagt sie. Sie könne andere nur schwer um Unterstützung oder um einen Gefallen bitten. Dabei findet sie es bei anderen Menschen sympathisch, wenn sie Schwächen zugeben und die Fassade bröckeln lassen. „Ich finde waghalsige Leute beeindruckender und attraktiver als glatte Feiglinge."

In Zukunft will sie üben, auch mal „angeberisch" zu sein und für ihre Talente einzustehen. Und fängt an dieser Stelle gleich damit an: Laura Karasek will eine Quiz-Sendung in der Primetime moderieren – „falls das hier die Senderchefs lesen".

	Laura Karasek
Geb	1982 in Hamburg
2001	Praktikum bei den Salzburger Festspielen und an der Londoner Oper
2002	Jura-Studium in Berlin, Paris und Frankfurt
2011	Rechtsanwältin bei Clifford Chance in Frankfurt
2012	Roman „Verspielte Jahre"
2015	Geburt ihrer Zwillinge
2019	erste eigene Show „Zart am Limit"
2021	Podcast „Künstliche Intelligenz" mit Sophia Thomalla, Redaktionsleiterin in der „Florian Schröder Satire Show" im RBB

Tipp: „Nimm dich im Negativen nicht so wichtig. Niemand kann sich selbst so zerfleischen wie du"

»Schätze jeden, der dich fördert und fordert«

Ronja Böhlke, Geschäftsleitung bei NDR Media, startet ihre Karriere mit Radiowerbung und Drachenbooten. Heute vermarktet sie alle Kanäle

Ronja Böhlke

Geb.	1992 in Wedel
2012	Duales Studium Media Management
2015	Online-Vermarktung und Verkaufssteuerung bei More Marketing in Hamburg
2016	Master Marketing and Brand Management in Lund, Schweden
2017	Wechsel zu NDR Media
2019	Teamleitung Werbung
2020	Leitung Verkauf
2022	Geschäftsleitung

43 Eine Runde „Mensch ärgere Dich nicht“ ist ein Heidenspaß für alle Beteiligten – mit Ausnahme von Ronja Böhlke. „Ich bin eine ganz schlechte Verliererin“, sagt die Mediaexpertin. Gut, dass ihre Karriere bisher so reibungslos verlaufen ist.

Nach Abi und Praktikum geht Böhlke 2012 für einige Monate nach Kanada, wo sie Hunderte Freiwillige für ein Drachenboot-Festival rekrutiert und trainiert. Zurück in Deutschland absolviert sie ein duales Studium bei More Marketing und bleibt danach für einige Jahre in der Online-Vermarktung. Nach ihrem Master in Schweden kommt sie 2017 zu NDR Media, wo sie zur Umstrukturierung der Bereiche Werbung und Vertrieb beiträgt. Anfang 2022, mit 29 Jahren, steigt sie in die Geschäftsleitung auf und ist damit für die komplette TV-, Radio- und Digitalvermarktung zuständig.

Ihren Aufstieg zelebriert Böhlke jeden Tag, beim Gang der vielen Treppen im Hamburger Büro. „Meine KollegInnen können meinen Lauf sogar schon blind zuordnen“, sagt sie. Um gedanklich fit zu bleiben, helfe es ihr, offen gegenüber anderen Ideen zu sein – unabhängig von der Hierarchieebene.

»Ich will informieren, nicht missionieren«

Markus Gürne, Ressortleiter der ARD-Börsenredaktion, muss Zahlen und Kurse verständlich rüberbringen. Er merkt: Das gelingt nicht immer

44 Würde Markus Gürne sich mit einem Tier vergleichen, wäre es wohl der Elch. Der sieht nicht sehr agil aus, kann aber schnell und grazil unterwegs sein, sagte er einst in einem Interview. Außerdem hat der Elch ein dickes Fell – unerlässlich für einen Journalisten, der sich wie Gürne zwischen Krisengebieten und Wirtschaftskrisen bewegt.

Der gebürtige Stuttgarter macht seine Anfänge als Schüler in der Sportredaktion des damaligen Süddeutschen Rundfunks. Später verschlägt es ihn als Korrespondent nach Ägypten, Indien und in den Irak. Im Ausland lernt er nicht nur Resilienz, sondern auch wie sehr Politik, Wirtschaft und Gesellschaft miteinander verwoben sind.

Seit 2012 leitet Gürne die ARD-Börsenredaktion und moderiert die „Börse vor acht“. 2020 wird er in Brennpunkten und als Co-Autor von „Der Wirtschafts-Virus“ zum Corona-Erklärer. Seinen Job sieht er als eine Art „Sendung mit der Maus“ für Erwachsene. Er wolle „das Erkennen von Möglichkeiten und Verringern von Risiken“ vermitteln. Er gibt zu: Das gelingt nicht immer.

Beschäftigt sich Gürne gerade nicht mit Börsenkursen, verbringt er Zeit in seinem Haus in Schweden – in der Nähe der Elche.

Markus Gürne

Geb.	1970 in Stuttgart
1993	Studium Rechts- und Politikwissenschaften, allgemeine Rhetorik in Tübingen
1998	Volontariat beim Süddeutschen Rundfunk
2003	ARD-Korrespondent in Kairo und Bagdad
2005	Leiter der Tagesschau-Redaktion im HR
2008	Korrespondent in Neu-Delhi
2012	Ressortleiter der ARD-Börsenredaktion

Fotos: Gaby Gerster, NDR Media, HR

»Ich habe seit zwei Jahren keinen Kabelanschluss mehr«

Katja Hofem, deutsche Serienchefin bei Netflix, hat TV-Sendungen wie „Big Brother“ und „Popstars“ mitentwickelt. Bei Netflix will sie die nächste große Idee umsetzen

45 Sie haben Anfang 2021 als Geschäftsführerin bei Joyn aufgehört, ohne eine konkrete neue Stelle in Aussicht zu haben. Wie viel Mut erfordert ein solcher Schritt?
Wenn man bei solch einer Entscheidung mit sich im Reinen ist und die richtigen Gründe hat, ist es eher ein richtiger und logischer Schritt, als ein mutiger. Natürlich hilft da auch eine positive Grundeinstellung: Manchmal muss man eine Tür zumachen, damit ein neues Fenster aufgeht.

War der Wechsel zu Netflix für Sie der logische Karrieresprung?
Absolut. Ich bin seit 26 Jahren in der Medienindustrie und habe viele Meilensteine mitgestaltet. In den letzten Jahren wurde immer klarer, dass Streaming die neue Form der Unterhaltung ist und dort die Innovation einer ganzen Industrie stattfindet.

Lohnt es sich für Berufseinsteigerinnen überhaupt noch, ins klassische Fernsehen zu gehen?
Natürlich. Es geht ja immer auch um den Schwerpunkt. Das klassische TV-Handwerk lernt man dort immer noch wunderbar. Tollen Content zu kreieren, ist auf allen Plattformen die größte Herausforderung – und auch die Kunst.

Wie lange wird es den klassischen Kabel-Anschluss in deutschen Wohnzimmern noch geben?
Ich habe seit unserem Umzug vor zwei Jahren keinen mehr. Ich denke aber, es wird noch eine ganze Weile dauern, bis die Digitalisierung und Nutzung des TV-Geräts als Smart TV komplett angekommen ist.

Sie haben Sendungen wie „Big Brother“ und „Popstars“ mitentwickelt. Was haben Sie beim Fernsehen gelernt, das Ihnen jetzt beim Streamer hilft?
Mutig neue Wege zu gehen. Keine Angst vor unbekanntem Terrain zu haben. Und: Den Glauben an eine große Idee.

Was braucht es, um im Film- und TV-Business erfolgreich zu sein?
Eine Frage, die auf jeden Fall abendfüllend ist. Um es kurz zu machen: die Fähigkeit, mit einer Branche im ständigen Wandel klarzukommen und den Willen, diesen mitzugestalten. Und es ist ein „people‘s business“, man muss Freude daran haben, mit den unterschiedlichsten Persönlichkeiten zu arbeiten.

Privatfernsehen ist von Quoten abhängig, Streaming von Abozahlen. Was stresst mehr?
Ich würde es nicht als Stress bezeichnen. Das ist unsere Art der Erfolgsmessung und wichtig, damit wir lernen, was unsere Zuschauer oder Mitglieder sehen möchten. Denn schließlich machen wir das Programm für sie.

Im neuen Berliner Netflix-Büro im hippen Friedrichshain herrscht Agentur-Feeling mit Bar und Lounge-Ecken. Befeuert eine solche Atmosphäre die Kreativität?
Wenn nicht gerade Home-Office angesagt ist, auf jeden Fall. Es ist super wichtig, dass wir Räume schaffen, in denen ein kreativer und vor allem spontaner Austausch möglich ist. Ich liebe unser Büro – es ist das schönste, in dem ich je gearbeitet habe. Und die Verpflegung ist auch top, das hilft beim Brainstormen.

Können Sie nach Feierabend noch entspannt netflixen, ohne, dass es sich nach Arbeit anfühlt?
Sehr gut sogar. Dann widme ich mich meiner geheimen Leidenschaft und schaue True-Crime-Dokus. Kleiner Tipp: „The Staircase – Tod auf der Treppe“. *Nancy Riegel*

Katja Hofem
Geb. 1970 in Aalen
1991 Studium Politik- und Kommunikationswissenschaft, Amerikanistik in Augsburg
1999 Unterhaltungs-Chefin und Programmdirektorin bei RTL2
2006 Co-Geschäftsführung Discovery Communications
2010 Geschäftsführerin bei ProSiebenSat.1 Media, Leitung der Sender Sixx und Kabel Eins
2016 COO bei ProSiebenSat.1
2019 Geschäftsführerin von Joyn
2021 Deutsche Serien-Chefin bei Netflix

Foto: Netflix

3 Karriere-Tipps von Frank Elstner

1. An einen Anfänger: Suche das Beschäftigungsfeld, das dir Spaß macht. Dann wirst du auch mit der schwersten Arbeit gut fertig, weil du dich dabei ja vergnügst.

2. An einen Profi: Beschäftige dich nicht zu lange mit dir selbst. Denke an den Philosophen Hans-Georg Gadamer, der sagt: Der Andere könnte Recht haben.

3. An sein jüngeres Ich: Ich hätte fleißiger sein können.

»Unterhaltung, wo immer möglich«

Frank Elstner, Show-Legende, schreibt trotz Glasauge und Lampenfieber TV-Geschichte. Auch mit 80 und einer Parkinson-Diagnose macht er weiter

46 Am Anfang hält Frank Elstner das Zittern für Lampenfieber. Das kennt er gut. Der Mann, der „Wetten, dass..?“ erfunden und unzählige weitere Shows im deutschen Fernsehen entwickelt und moderiert hat, schwitzt beim Auftritt vor Aufregung die Hemden durch, auch nach Jahrzehnten vor der Kamera noch. Von der großen Bühne hält ihn das nicht ab. Das schafft auch die Diagnose Parkinson nicht, mit der er seit 2016 lebt. Seine Leidenschaft sei „das große U: Unterhaltung, wo immer möglich“. Die größten Erfolge habe er immer dann, wenn er Menschen in ihrer guten Laune beflügeln könne.

Schon die Kinderstimme von Frank Elstner ist im Radio zu hören. In den 50ern spricht Timm Franz Maria Elstner Hörspiele beim Südwest-Funk und trällert Werbelieder für Kaba. Der Junge, der wegen seines verkümmerten rechten Auges in der Schule gehänselt wird, tankt Selbstbewusstsein im Applaus, sagt gern Gedichte auf, inszeniert Musicals. Dass er als einziger seines Jahrgangs am Elite-Gymnasium das Abitur nicht schafft, beflügelt seinen Ehrgeiz. Ab da wird er sich immer ein bisschen besser vorbereiten, immer ein bisschen mehr anstrengen als nötig.

In den 60ern wird aus Timm erst „DJ Frank“, Moderator bei Radio Luxemburg, dann Frank Elstner, der TV-Star, inzwischen mit Glasauge. Dass er es eigentlich nicht mag, wenn Leute ihm ins Gesicht sehen, wird sein Erfolgsgeheimnis: Er stellt die Gäste und das Publikum in den Mittelpunkt statt sich selbst, setzt auf konsequente, unaufdringliche Freundlichkeit statt großer Extravaganz. Die Stars sind die anderen. So wird er selbst zur Legende.

2019 macht Elstner seine Parkinson-Erkrankung öffentlich. Im selben Jahr startet er die Talk-Reihe „Wetten, das war's..?“, die erst auf YouTube, später auf Netflix Erfolg hat. Mit dem Ende der letzten Staffel 2020 verabschiedet sich Elstner vom Bildschirm – nur um ein Jahr später einen „Spiegel“-Reporter seine Schublade voller Format-Ideen inspizieren zu lassen. Das Beste an seinem Job, sagt er mit beinahe 80, ist jede Premiere, „die neugierig macht, ob man sein Ziel auch erreicht hat“.

Frank Elstner

Geb.	1942 in Linz
1963	Durchfallen durchs Abitur
1964	Moderator der „Vier fröhlichen Wellen“ von Radio Luxemburg
1974	Durchbruch im TV als Moderator von „Die Montagsmaler“
1981	Moderation der ersten Folge von „Wetten, dass..?“
1987	Übergabe an Thomas Gottschalk
2002	Moderation von „Verstehen Sie Spaß?“
2016	Parkinson-Diagnose
2019	Eigene Web-Talkshow „Wetten, das war's..?“

»Ich will verstehen, ohne Verständnis zu haben«

Dunja Hayali, ZDF-Moderatorin, muss in ihrem Job Morddrohungen aushalten und viel zu früh aufstehen

Dunja Hayali

Geb.	1974 in Datteln
1995	Studium an der Deutschen Sporthochschule in Köln
1998	Sportmoderatorin bei Deutsche Welle Radio
2000	Volo bei Redaktionsbüro „R1"
2002	Redakteurin bei APM in Köln
2007	Moderatorin der „heute"-Nachrichten und des „ZDF-Morgenmagazins"
2017	Sendung „Dunja Hayali"
2018	Moderation „Das aktuelle Sportstudio"

47 Dürfte sich Dunja Hayali einen Job aussuchen, wäre sie „Diktatorin der Welt" – aber eine von der guten Sorte. Sie würde Armut, Hunger, Krieg, Missbrauch und Korruption verbannen und dafür sorgen, dass Gladbach Champions-League-Sieger wird. Wobei: So ein „verordneter Triumph" macht nicht wirklich Spaß. Sie bleibt lieber Journalistin.

Und das, obwohl der Wecker morgens bereits um 3.47 Uhr klingelt. Und obwohl sie sich in Interviews häufig „Rumgeeier und Halbwahrheiten" anhören muss. Und dann sind da noch die Morddrohungen, die die Tochter irakischer Eltern regelmäßig erreichen. Hayali hat gelernt, „mit den Konsequenzen der eigenen Entscheidung" zu leben. Während des Studiums macht sie Praktika bei diversen Sendern und arbeitet als Sportmoderatorin bei der Deutschen Welle. 2007 wird sie Moderatorin des ZDF-„Morgenmagazins" und ist es bis heute, neben zahlreichen anderen Sendungen.

Als Journalistin „mit Handwerkszeug und Ethos" bezeichnet Bundespräsident Frank-Walter Steinmeier Hayali, als er ihr 2018 das Bundesverdienstkreuz überreicht. Auch ohne diktatorische Allmacht hat sie einen positiven Einfluss auf die Gesellschaft.

»Gelassenheit, Leichtigkeit und viel Humor«

Malte Hildebrandt, Geschäftsführer von Screenforce, macht das Fernsehen dem Werbemarkt schmackhaft. Verbeißen will er sich in seiner Arbeit nicht

48 Als Kind will Malte Hildebrandt Tennisprofi werden, nachdem er fasziniert den Ballwechsel zwischen Björn Borg und John McEnroe im Fernsehen verfolgt. Aus der Sportkarriere wird nichts. Dem Bildschirm bleibt er aber bis heute treu.

„Das Fernsehen, samt seiner digitalen Verlängerungen, ist der Kitt, der unsere Gesellschaft zusammenhalt", glaubt der Geschäftsführer von Screenforce, der Initiative der TV-Vermarkter. Ihm ist wichtig, in mindestens zwei Meetings täglich herzhaft gelacht zu haben. Das heißt nicht, dass er seinem Umfeld mit Oberflächlichkeit begegnet – er setzt bloß auf Leichtigkeit, um die Arbeit „nicht zum alles dominierenden Inhalt des Lebens zu machen".

Nach dem Studium leitet der Betriebswirt das Produktmanagement von ProSieben. Zur Jahrtausendwende gründet er den Sportvermarkter Sports Interactive UK – wir erinnern uns an den Tennis-Traum. Doch nach wenigen Monaten zieht er weiter, zuerst zu Home Shopping Europe, dann zu Braun, 2005 wieder zu ProSieben. Schließlich landet er bei Screenforce. „Jeder Weg und jede Abzweigung hat etwas Gutes", sagt Hildebrandt. Angst vor falschen Entscheidungen ist überflüssig – das hat er vom Leben gelernt.

Malte Hildebrandt

Geb.	1966 in Hamburg
1988	Studium Business Administration in München und Oklahoma
2000	Gründung von Sports Interactive UK
2005	Marketing-Bereichsleiter bei ProSieben
2013	CMO bei ProSiebenSat.1
2016	selbstständiger Berater für Screenforce
2021	Geschäftsführer Screenforce

Fotos: picture alliance, privat, FR

»Du musst nicht alles selbst können«

Jobst Benthues, Chef von Redseven Entertainment, unterhält mit ausgezeichneten Formaten. Angefangen hat er als Kabelträger

Jobst Benthues

Geb.	1969 in Hildesheim
1989	Studium Betriebswirtschaftslehre in Köln
1990	Aufnahmeleiter und Redakteur fürs Kinderfernsehen bei RTL
1995	Vize-Geschäftsführer Business Development bei ProSieben
1997	Head of Entertainment bei ProSieben
2008	Gründung Redseven Entertainment

49 Er findet seinen Job zu schön, um wahr zu sein. Manchmal hat Jobst Benthues Angst, jemand kommt zur Tür herein und fordert ihn auf: „Herr Benthues, fangen Sie jetzt endlich an, ernsthaft zu arbeiten!" Bis das passiert, produziert und entwickelt Benthues für Redseven Entertainment nationale und internationale TV-Formate, darunter „Germany's Next Topmodel" oder „Rosins Restaurants".

Um an einen Job zu kommen, der „jeden einzelnen Tag Spaß macht", geht Benthues den „geradesten Weg", den es beim Privatfernsehen gibt: Kabelträger, Aufnahmeleiter, Redaktionsassistent, Casting-Redakteur, Producer, Produktionsleiter. Gefühlt hat er in dieser anstrengenden Zeit alle paar Wochen einen neuen Job. Doch es soll sich lohnen.

Als Benthues 1995 zu ProSieben wechselt, wird es „etwas ruhiger". Er lernt, nicht alles selbst können zu müssen und auf sein Team zu vertrauen. Mit dieser Einstellung gewinnt Benthues gleich dreimal den Deutschen Fernsehpreis, zahlreiche seiner Formate sind mehrfach ausgezeichnet. Trotz des Erfolgs kennt er den erdenden Blick auf die Quote, bei dem er ab und an feststellen muss, dass das Publikum die eigene Begeisterung nicht teilt.

»Denk nicht bloß an dich«

Jana Pareigis, Moderatorin der „heute"-Nachrichten im ZDF, muss sich in ihrem Job kurz halten. Dass sie mal Journalistin wird, weiß sie hingegen schon lange

50 Jana Pareigis ist leidenschaftlich gern Journalistin, perfekt ist ihr Job jedoch nicht. Die Anmoderationen „müssen immer so kurz sein", sie wünscht sich manchmal ein paar Sätze mehr. Und dass es „so viele schlechte Nachrichten gibt", ist freilich auch nicht ideal. Trotzdem freut sich die „heute"-Moderatorin, dass sie sich permanent mit dem Zeitgeschehen beschäftigen und Missstände aufdecken kann. Pareigis hofft, damit einen positiven Beitrag zur Gesellschaft zu leisten.

Diesen Drang verwirklicht sie nicht sofort in den Medien: Nach dem Abitur arbeitet sie ehrenamtlich in Simbabwe mit Kindern, bevor sie studiert und parallel für NDR Info und N24 tätig ist. Nach dem Volo 2008 bei der Deutschen Welle moderiert sie dort unter anderem das „Journal" und steigt 2014 beim ZDF-„Morgenmagazin" ein. Über das „Mittagsmagazin" gelangt sie zu den „heute"-Nachrichten, wo sie 2021 Petra Gersters Platz in der profilierten Ausgabe um 19 Uhr einnimmt.

In ihrem Beruf muss man sich die Neugierde bewahren, glaubt Pareigis. Sie legt Wert darauf, auch redaktionell an den Nachrichten mitzuarbeiten und „hätte kein Interesse daran, Sprecherin zu sein". Verständlich, immerhin ist ihr das Journalistinnen-Dasein schon im Abi-Buch prognostiziert worden. „Bundeskanzlerin stand da auch, aber das wird nichts mehr."

Jana Pareigis

Geb.	1981 in Hamburg
2001	Studium Politikwissenschaften und Afrika-Studien in Hamburg und Berlin
2008	Volo bei der Deutschen Welle
2010	Freie Redakteurin/Reporterin Moderatorin „Journal" der Deutschen Welle
2014	Moderatorin des ZDF-„Morgenmagazins"
2018	Moderatorin des ZDF-„Mittagsmagazins"
2021	Moderatorin der „heute"-Nachrichten im ZDF

Fotos: PR, Holger Talinski

Ausbildung

Universität Münster
Das Marketing-Studium zählt zu den deutschen Top-Drei neben Köln und Mannheim
marketingcenter.de

Handelshochschule Leipzig
Bündelt Marketingmanagement und Nachhaltigkeit in einem praxisorientierten Lehrstuhl
hhl.de

EBS Universität, Oestrich-Winkel
Marketeers lassen sich hier zu Spezialkräften für Branding und Sales weiterbilden
ebs.edu/de

Fachmedien

Werben & Verkaufen
Das traditionsreiche Fachblatt hat Print auf viermal im Jahr reduziert und setzt nun auf Digital und Beratung
wuv.de

Absatzwirtschaft
Erscheint zehnmal pro Jahr und ist eng verbunden mit dem Deutschen Marketing-Verband
absatzwirtschaft.de

Adzine
Online-Magazin für alles rund ums Digitale und neue Technologien im Marketing
adzine.de

Podcasts

„Markenkraft“
Olaf Hartmann

„Siebenmeilenmarken“
John Bache

„Baby got Business“
Ann-Katrin Schmitz

Einkommen

pro Jahr

Marketing-Trainee:
34.000 €
Marketing Director:
117.000 €
BMW-Markenvorstand:
2,8 Mio. €

Perspektiven

Freie Stellen, mehr Technologie, Raum für Kreative mit Know-how

Die Werbewirtschaft beschäftigt insgesamt rund 900.000 Menschen in Deutschland. Und hat Raum für mehr: 2021 zählt der Werbewirtschaftsverband ZAW in seiner Stellenanalyse 9.611 offene Jobs – fast doppelt so viele wie 2020 und so viele wie seit 21 Jahren nicht mehr. Einen ähnlichen Trend beobachtet der Verband GWA bei seinen Kommunikationsagenturen: Die Branche spricht von Fachkräftemangel und einem Rekordhoch offener Stellen.

Durch Corona-bedingte Kontaktbeschränkungen und gedrosselte Mobilität zogen in den vergangenen Jahren weniger Fachkräfte nach Deutschland, zudem sank 2020 die Zahl der Hochschulabsolventinnen. Ein dritter Effekt: die demografische Entwicklung. Alte Hasen aus geburtenstarken Jahrgängen gehen nach und nach in Rente und hinterlassen offene Stellen. Die Nachfrage nach Bewerberinnen wird also weiter steigen. Die Unternehmen rollen den roten Teppich aus, der Nachwuchs wird umworben statt verheizt. Auch Agentur-Arbeiterinnen dürfen heute auf Feierabend und Wochenende bestehen.

Die Digitalisierung beeinflusst währenddessen die Jobprofile. Die zunehmende Symbiose von Marketing und Technologie („Martech“), automatisierte Abläufe und Messbarkeit von Maßnahmen haben die Anforderungen an Marketing-Managerinnen schon jetzt verändert. Der Trend bleibt, daraus folgt: Für die Führungskräfte in spe wird es elementar wichtig, den Dreiklang zwischen kluger Markenführung, digitalem Know-how und Kreativität zu beherrschen.

Branding

Alle Ideen, Konzepte und Maßnahmen, um auf ein Unternehmen und seine Produkte aufmerksam zu machen, eine Beziehung herzustellen und Kundinnen zu Fans zu machen.

KPIs

Um den Erfolg von Kampagnen und Marketingaktionen zu messen, werden „Key Performance Indicators“ definiert. Etwa die Anzahl von Klicks, Interaktionen oder der Umsatzzuwachs.

CRM

Kürzel für „Customer Relationship Management“, zu Deutsch: die Pflege der Kundenbeziehungen. Dabei hilft in der Regel ein gleichnamiges System mit Datenbank.

Foto: Picture-Alliance

Mitten drin im Wirtschaftswunder: Hell erstrahlen 1955 die Leuchtreklamen in Frankfurt am Main

Marketing

Das Geschäft rund um die Marke wächst, qualifizierter Nachwuchs wird gesucht. Goldene Zeiten für junge Talente

»... und dann passieren Happy Accidents«

Michael Mauer, Porsche-Chefdesigner, ist eigentlich CEO: Chief Emotion Officer. Mithilfe von 3D-Brille und Knete entwirft er die Autos der Zukunft. Und manchmal sogar Raumschiffe

Interview: Roland Karle

Foto: Porsche

51 **Michael Mauer, wird man zum Designer geboren?**
Wahrscheinlich schon, aber ich habe es erst nicht gemerkt. Autos haben mich zwar schon als junger Kerl total begeistert, und in der Schule war ich gut in allem, was mit Zeichnen, Gestalten, Kreativsein zu tun hatte. Aber dass ich den Beruf gewählt habe, daran hat letztlich mein Vater einen großen Anteil. Vermutlich aus der Sorge heraus, was aus seinem Sohn werden soll, hat er die beiden Enden zusammengeführt und herausgefunden, dass es tatsächlich einen Beruf und ein Studienfach für Automobildesign gibt.

Wann haben Sie zum ersten Mal gespürt: Ich will Dinge gestalten?
Nach dem Abitur, als ich bei Mercedes ein Praktikum gemacht habe. Dort habe ich zum Beispiel verschiedene Darstellungstechniken und Materialien kennengelernt und wie man ein Rendering, also ein fotorealistisches Bild einer Idee, erzeugt. Das hat mich sehr fasziniert.

Dann haben Sie in Pforzheim Automobildesign studiert.
Die Hochschule war sehr durch den Bauhaus-Stil geprägt, viel Produktdesign, viel „Form follows Function". Für mich war klar, ich will Autos designen – und in den ersten Semestern ging's um Kaffeemaschinen und Rasenmäher. Damit habe ich sehr gekämpft. Nach dem Studium bin ich direkt bei Mercedes eingestiegen und habe dort das Handwerk von Grund auf gelernt – und mich schon gefragt: Warum ▶

Michael Mauer

Geb.	1962 in Rotenburg
1982	Studium Automobildesign in Pforzheim
1995	Abteilungsleiter Design bei Mercedes
1998	Leiter Advanced Design Studio, Japan
1999	Chefdesigner Smart
2000	Executive Director Design bei Saab
2004	Chefdesigner Porsche

Fotos: S. Bogner

Design ist für Michael Mauer auch Handwerk. Trotzdem bewundert er die digitalen Fähigkeiten junger Kolleginnen

hast du vier Jahre an der Hochschule verbracht? Aber im Rückblick war es absolut richtig, denn die akademische Ausbildung weitet den Blick in viele Richtungen.

Wozu raten Sie jungen Leuten, die ins Design wollen?
Neben dem Studium viele Praktika machen, überall reinschnuppern und auch eine Zeit lang im Ausland studieren. Ich selbst habe als Design-Studioleiter für Mercedes ein Jahr in Japan verbracht. In einem anderen Land und seiner Kultur zu leben, das bringt einem die Realität nahe. Kein Buch und keine digitale Recherche können das ersetzen.

Wie sieht Ihr Arbeitsalltag als Porsche-Chefdesigner aus?
Der lässt sich zweiteilen. Im Tagesgeschäft entwickeln wir Modelle weiter und arbeiten an Projekten. Dazu tausche ich mich mit den verantwortlichen Designern und Abteilungsleitern aus, auch mit Blick auf vorgegebene Budgets und zeitliche Vorgaben. Zum anderen geht es um meine Aufgabe als CEO.

CEO?
Ja, im Sinne eines „Chief Emotion Officers". Wie Konsumenten eine Marke und ihr Design empfinden, trägt heute mehr denn je zur Kaufentscheidung bei. Und im Idealfall ist der Chefdesigner weit mehr als ein Produktgestalter: Nehmen wir Apple oder Polestar – beste Beispiele dafür, dass es nicht nur darum geht, wie etwas aussieht, sondern wie es funktioniert und welche Emotionen es auslöst. Ich glaube, viele Unternehmen könnten die Art, wie Designer denken, Dinge visualisieren und umsetzen, besser nutzen. Bei Porsche sind wird da sehr weit vorn.

Wie kommen Sie auf Ideen?
Ich gehe mit offenen Augen durch die Welt und habe immer mein Notizbuch dabei, ob zu Hause, auf der Fahrt oder im Meeting, damit ich eine Idee sofort zeichnen und zu Papier bringen kann. Vieles entsteht bei uns im Team, und dabei ist zweierlei wichtig: Leitplanken vorzugeben, die der Orientierung dienen, aber zugleich auch viel Freiraum einzuräumen. Ich darf andere Meinungen nicht zu früh abwürgen. Ideen werden besser, wenn man sie multipliziert.

Haben Sie bestimmte Quellen, die Sie besonders inspirieren?
Ich glaube fest daran, dass im Unterbewusstsein ganz viel passiert. Dazu brauche ich Auszeiten und Ruhe. Die finde ich beim Sport in den Bergen, wenn ich allein bin, weiße Wände vor mir habe.

In Ihrer Werkstatt wimmelt es von Stiften und Papier, Sie arbeiten mit Knete. Wird Design nicht immer digitaler?
Kreativität findet nicht im Computer statt, sondern kommt aus dem Menschen. Und der muss seine eigenen Kreativtechniken entwickeln. Technologie mit ihren beeindruckenden Möglichkeiten kommt danach. Wir haben in den 1980er Jahren eine Woche lang an einem S-Klasse-Modell in Originalgröße gezeichnet, heute stellen wir in kürzester Zeit ein Datenmodell in die Landschaft und können es überall auf der Welt fahren lassen. Ein gewaltiger Fortschritt. Die Technik hilft, Ideen schneller zu visualisieren.

Rückt Design also doch zunehmend in die virtuelle Welt?
Die Frage wird in unserer Profession gerade heftig diskutiert: Brauchen wir überhaupt noch physische Modelle? Mich fasziniert es, wie real alles wirkt, wenn ich eine 3D-Brille aufsetze. Unser Gehirn kann immer weniger zwischen realer und virtueller Welt unterscheiden. Aber wenn ich draußen in der Natur un-

»Ein Teil des Gehalts ist sicherlich eine Form von Schmerzensgeld«

terwegs bin und zum Beispiel einen prächtigen Berg oder ein schönes Gebäude fotografiere, dann wirken sie später auf dem Bild lange nicht so präsent, so groß, so prominent. Das menschliche Gehirn verarbeitet Daten einfach anders als der Computer. Und so ist es mit physischen Modellen: Da fallen einem Details auf, die man vorher nicht erkannt hat. Und ganz ungeplant passieren dann auch Happy Accidents.

Was meinen Sie damit?
Diesen Begriff habe ich von Doug Chiang, dem Chefdesigner von „Star Wars". Mit ihm und seinem Team haben wir ein Fantasie-Raumschiff entworfen. Happy Accidents, also diese glücklichen Zufälle, von denen Chiang erzählte, kenne ich aus der eigenen Arbeit. Wenn ich zum Beispiel auf eine Skizze blicke und plötzlich feststelle, dass daraus etwas Größeres werden kann. Da fällt mir wieder die Zeichnung eines jungen Designers ein: Er hatte eine Linie für den Tonmodellierer gezeichnet, aber für mich sah es aus wie die Skizze eines viertürigen Sportwagens und ich war begeistert. So nahm der Taycan, der erste elektrische Porsche, seinen Anfang.

Geht den Digital Natives der Sinn für dieses Handwerk verloren?
Die jungen Designer sind unglaublich fit in visueller Technik. Wie schnell und gekonnt sie aus einer einfachen Skizze 3D-Modelle mit Licht und Farben hervorbringen, damit könnte man ganze Galerien bestücken. Aber der Nachwuchs ist dann oftmals genauso überrascht, was aus realen Zeichnungen und dem Prozess der physischen Modellierung hervorgeht. Es braucht beides, damit am Ende ein qualitativ hochwertiges Produkt entsteht. Gerade für Luxusmarken wie Porsche ist das enorm wichtig und Teil unseres Qualitätsanspruchs.

Wie frei sind Sie bei der Entwicklung eines Porsche?
Der Anfang ist extrem offen. Deshalb mischen wir unsere Teams aus erfahrenen Leuten, die zum Beispiel schon drei, vier Generationen eines 911ers mitgestaltet haben, und ganz jungen Designern, auch aus anderen Kulturkreisen. Bestehendes in Frage stellen und mit unverstelltem Blick herangehen: Das braucht eine Marke, um frisch zu bleiben. Aber natürlich gibt es einige Grundregeln. Ein Porsche muss wiedererkennbar sein, eine Markenidentität haben. Der sportliche Auftritt, die Proportionen, die klaren Flächen und ausgeprägten Kotflügel gehören dazu. Am Ende ist es ein Grat zwischen behutsamer Veränderung und mutiger Konsequenz.

Wie verändert das elektrische Fahren das Autodesign?
Die Proportionen ändern sich, weil beispielsweise wegen der Batterien die Radstände länger werden. Aber ein E-Auto kommt ohne Verbrennungsmotor, Abgasanlage und Getriebe aus, es braucht also weniger Komponenten im Fahrzeug. Das schafft neue Möglichkeiten. Und mehr Freiraum für Designer.

Sie haben das Buch „Porsche Unseen" veröffentlicht, 328 Seiten mit Designs, die es nie in die Serienproduktion geschafft haben. Warum stellen Sie Ihr Scheitern ins Schaufenster?
Das war ein Herzensprojekt, für das ich intern viel Überzeugungsarbeit leisten musste. So etwas hatte sich vorher noch niemand getraut in der Automobilindustrie. Ich interpre- ▶

Ein Porsche muss als Porsche erkennbar sein. Gleichwohl ist es Job des Designers, Bestehendes in Frage zu stellen

»Kreativität findet nicht im Computer statt, sondern kommt aus dem Menschen«

Foto: Elias Hassos

tiere das auch nicht als Scheitern, sondern als ein Zeugnis dafür, wie viel Kreativität und Innovation in Porsche und seinem Designbereich steckt – und dass wir eben viel mehr können als nur den 911er.

Ist das ein Signal an Design-Talente, was sie bei Porsche erwartet?
„Unseen"-Fotograf Stefan Bogner hat unser Studio als „Silicon Valley in Weissach" bezeichnet. Das gefällt mir. Die gesammelten Designstudien zeigen, was für ein attraktiver Arbeitsplatz das hier ist, welche enormen Freiheitsgrade wir haben und wie sehr wir uns austoben können. All das ist ein Teil unserer Erfolgsstory. Durch das Buch kann man Porsche als coolste Automarke der Welt kennenlernen, und das macht auch Eindruck bei den besten Talenten und Automobildesignern.

Wie frustrierend ist es, für den Papierkorb zu arbeiten?
Das ist und bleibt schmerzhaft, selbst für mich nach fast 40 Jahren. Designer sein ist Beruf und Berufung, da identifiziere ich mich hochgradig mit meiner Idee und meinem Entwurf, ich will sie verwirklichen. Aber die Chance, und das sage ich jedem jungen Designer, dass die eigene Idee durchkommt, ist gering – und ein Teil des Gehalts deshalb sicherlich eine Form von Schmerzensgeld. Darauf müssen sie sich einstellen und verinnerlichen, dass sie Teil eines Teams sind, das durch ihre Idee beflügelt wird.

Welches Design außerhalb der Autobranche spricht Sie an?
Fahrräder faszinieren mich. Ich fahre selbst viel Rad und habe schon Modelle allein wegen der Optik gekauft, etwa ein Bianchi Rennrad. Als die ersten E-Mountainbikes herauskamen und voluminös wurden, hat mir sehr gefallen, wie die Marke Specialized es geschafft hat, die Proportionen in Harmonie zu bringen.

Und was sind für Sie die schlimmsten Designsünden?
Es gibt zu viele, um einzelne heraus zu heben. Was da unterwegs ist, erfüllt oft den Tatbestand der visuellen Umweltverschmutzung. Das Problem: zu viele Produkte, die immer verrückter, oberflächlicher sind und in kürzeren Zyklen entstehen. Aber mehr Linien und größere Embleme ersetzen keine fehlende Markenidentität und eine starke Designstrategie. Darauf kommt es an.

Was ist für Sie der größte ästhetische Unfall auf den Straßen?
Ach, da hat es in der Autoindustrie immer wieder welche gegeben, wie zum Beispiel den Fiat Multipla. Aber ich will nicht mit dem Finger auf Kollegen zeigen, weil ich weiß, welche Umstände und Zwänge es gibt und dass Designer nicht allein entscheiden.

Braucht es mehr Zeit für Design?
Auf jeden Fall. Die praktische Umsetzung lässt sich heute dank moderner Technologie deutlich verkürzen, aber nicht der eigentliche, kreative Prozess. Gedanken müssen reifen. Und das Unterbewusstsein hat seinen eigenen Takt. ■

»Ich gehe viele Extrameilen«

Kerstin Köder, Marketingleiterin SAP, zieht von „the Länd“ aus Strippen in die halbe Welt. Dabei orientiert sie sich manchmal an Pippi Langstrumpf

52 Dass sie Schwäbin ist, verrät der leichte Zungenschlag. Von ihrer Heimat aus zieht Kerstin Köder durch die Republik, macht beruflich Station in Kiel, Hamburg, Berlin, Köln und nun schon seit vier Jahren im badischen Walldorf. Zurück „in the Länd“, wie sie sagt, aber mit weltweitem Aktionsradius. Denn Köder leitet das SAP-Marketing für Europa, den Mittleren Osten und Afrika. Diese Internationalität und die damit einhergehenden Kontakte zu so vielen unterschiedlichen Menschen, ihren Kulturen, Sprachen, Herangehensweisen – ist „definitiv das Beste an meinem Job“.

Kerstin Köders Heldin aus Kindertagen: Pippi Langstrumpf. Taff, aber auch verspielt. Köder selbst ist mehr der Geht-nicht-gibt's-nicht-Typ: energetisch, ehrgeizig, zielstrebig. „Alles, was ich anfange, will ich Tag für Tag verbessern und mit großem Erfolg zu Ende bringen“, sagt sie. Da macht sie beruflich und privat kaum Unterschiede: Das Marketingrezept soll genauso perfekt aufgehen wie der Pizzateig oder das Sauerteigbrot.

Wer meint, ihr Unternehmen mache „nur“ Software, dem sprudelt Köder entgegen, welchen Beitrag die Technologie leistet: für die Krebsforschung, die Impfstoffproduktion, das Remote-Arbeiten in der Pandemie. „Wir bringen Profitabilität und Nachhaltigkeit zusammen, und machen so die Welt ein bisschen besser“, sagt die SAP-Managerin. Was eine gute Führungskraft ausmacht, fasst sie in drei Eigenschaften zusammen: mutig, authentisch und klar sein. Da ist Pippi Langstrumpf dann doch wieder im Spiel.

	Kerstin Köder
Geb.	1969 in Stuttgart
1989	Studium International Business & Marketing, Hochschule Pforzheim
1994	Marketing Managerin, Breuninger
1999	Marketing Managerin, Debitel
2005	Head of CRM & Customer Value Management, Debitel
2010	Director Marketing, Freenet
2018	VP Marketing Middle and Eastern Europe & Germany, Mitglied d. Geschäftsleitung, SAP
2020	Head of Marketing EMEA, SAP

Tipp: „Be visible – nicht nur in Social Media, Netzwerke sind entscheidend“

»Das Unmögliche einfach ausprobieren«

Waltraud Niemann, Markenchefin von ING, wird besonders durch einen Satz angespornt. Der lautet: Das geht nicht

Waltraud Niemann

Geb.	1963 in Essen
1982	Studium BWL in Essen
1990	Teamleiterin Marketing beim Neckermann Versand
2000	Ressortleiterin Werbung ING-Diba
2011	Marketingchefin ING-Diba Österreich
2014	Direktorin Marketing ING-Diba Deutschland
2018	Leiterin Kommunikation und Marke ING Deutschland

53 Waltraud Niemann trage, sagt ihr Mann, die Buchstaben „ING" auf der Stirn. Die Kommunikations- und Markenchefin der Direktbank in Deutschland, widerspricht: Richtig sei vielmehr, dass sie die Marke im Herzen trage.

Niemann trommelt seit mehr als 20 Jahren in unterschiedlichen Funktionen zunächst für ING-Diba und dann für ING. „Die Markenbrille sitzt so fest, dass ich sie kaum einmal ablegen kann", sagt sie. „Ich bringe bei allen Entscheidungen, die wir treffen, die Perspektive der Kundinnen und Kunden ein." Den Satz „Das geht nicht" hört Niemann gern. Denn er bringt sie dazu, „das Unmögliche zu denken und einfach auszuprobieren". Um dann zu beweisen, dass es doch geht.

Umwege sei sie in der Karriere nie gegangen: „Auch wenn Schritte auf den ersten Blick manchmal abwegig gesetzt werden, ist es doch meistens in der Rückschau so, dass sie für etwas gut waren." Niemann weiß, dass sich Frauen anders als ihre männlichen Konkurrenten einen Job in der ersten Reihe häufig nicht zutrauen. Ihr Mann piesackte sie seinerzeit so lange, bis sie sich um ihre aktuelle Führungsposition bewarb. Diesmal hatte er recht: Sie hat die Entscheidung nicht bereut.

»Sie brauchen den richtigen Kurs«

Burkhard Graßmann, Geschäftsführer der Burda-Tochter BCN, ist begeisterter Segler. Und auch in Sachen Marketing mit allen Wassern gewaschen

54 Burkhard Graßmann reichen guter Wind und Wasser, um glücklich zu sein. Er segelt mit so viel Leidenschaft, dass sein Beruf im nächsten Leben schon feststeht: Skipper. Bis auf weiteres hat er bei Burda aber noch genug zu tun. Dort arbeitet Graßmann seit 2011, führt die Vermarktungstochter BCN sowie das Marketing des Verlags.

Vor dem Einstieg ins Mediengeschäft ist Graßmann viel unterwegs, arbeitet für die Hamburg-Mannheimer, die Expo, Telekom und Payback. Den Wellengang der Medienwelt kennt Graßmann inzwischen zur Genüge. Mit dem BCN führt er nun ein Agentur- und Markennetzwerk, das nach eigenen Angaben Zugang zu mehr als 3.000 Kundinnen und rund 250 Medienmarken hat. Dieser Tage steht der Klimawandel auf der Agenda. Für das Thema „haben wir die Nachhaltigkeitsmarke ‚For Our Planet' gegrundet", erzählt Graßmann.

Ruhiger wird es bei ihm in absehbarer Zeit nicht. Doch auch dann hilft ihm seine Erfahrung zu Wasser: „Wenn sich der Wind dreht, müssen Sie reagieren und im besten Fall die Veränderung zum Vorteil nutzen", erklärt er. „Aber vor allem brauchen Sie die richtigen Leute an Bord."

Burkhard Graßmann

Geb.	1966 in Bremen
1985	Studium BWL, Geschichte, Politik, Philosophie in Bamberg, Hamburg, Münster
1995	Leiter Marketing EXPO 2000 Hannover
2000	Vorstand Marketing & Vertrieb T-Online
2008	Sprecher der Geschäftsführung Payback
2011	Geschäftsführer Burda News
2016	Sprecher der Geschäftsführung BCN
2021	CMO Burda Verlag, Chef BCN

Fotos: PR (2), Selina Pfrüner

Kristina Bulle

Geb. 1967 in Cuxhaven
1989 Studium BWL in Osnabrück
1995 Einstieg bei Procter & Gamble (P&G)
2003 Marketing Director Asien für Max Factor in Japan
2012 Global Director Channel Marketing von P&G
2015 CMO für Deutschland, Österreich, Schweiz
2020 Vorstand der Organisation Werbungtreibende im Markenverband

»Stall ausmisten erdet«

Kristina Bulle, CMO bei Procter & Gamble, lebt Routinen, denkt in Bildern – und wartet auf Gänsehaut-Momente

55 Bei Procter & Gamble bewegt Kristina Bulle riesige Summen. 1,8 Milliarden Euro hat das Unternehmen 2021 hierzulande für Werbung ausgegeben, so viel wie kein anderes.

Bulles Arbeitstage beginnen und enden routiniert: Um 7.30 Uhr verlässt sie das Haus, dann Sport, ab neun Uhr Büro. Am Feierabend Stallvisite bei Anton, dem Pony ihrer Tochter. „Morgens über Cookies und First Party Data reden und abends Pferdemist wegmachen, das erdet."

Ursprünglich will Bulle Pharmazie studieren, nach einem Praktikum in der Dorf-Apotheke korrigiert sie ihren Plan. Bei P&G kümmert sie sich heute um neue Kampagnen, Mediaplanung und datenbasiertes Marketing, um Organisationsstrukturen und Personalplanung. „Ich liebe es, mit verschiedenen Menschen an verschiedenen Projekten zu arbeiten", sagt Bulle.

Kristina Bulle hat viele Talente. Sie backt und bastelt, malt und handarbeitet, repariert und recycelt. Ihre kreative Seite hilft auch im Job. „Ich denke viel in Bildern und Analogien, zum Beispiel, wenn ich neue Kampagnen beurteilen muss." Und sie kann sich darauf verlassen: „Wenn ich Gänsehaut bekomme, sind wir auf dem richtigen Weg."

Damit meint sie nicht allein wirtschaftlichen Erfolg. Bulle nimmt P&G in die Pflicht, sich für eine bessere Gesellschaft und den Schutz der Umwelt einzusetzen: „Das empfinde ich auch als meine persönliche Verantwortung."

»Schau dir die Menschen an, mit denen du arbeitest«

Andreas Fischer-Appelt, Vorstand von FischerAppelt, verlässt sich darauf, dass andere das Meiste besser können als er

56 Anders als heute ist CO_2 vor 45 Jahren kein Thema. Der Teenager Andreas Fischer-Appelt interessiert sich trotzdem dafür. Er hat gerade einen Naturschutzklub gründet und fragt Bernhard Grzimek, den prominenten Naturforscher. Der bestätigt: CO_2 kann bedrohlich werden.

„Andere können das Meiste fachlich besser als ich", sagt der Mitgründer und Vorstand der Agenturgruppe FischerAppelt heute. „Aber mich drängt es als Unternehmer, mutig neue Dinge anzupacken. Darauf konzentriere ich mich." Die vor 35 Jahren gegründete Firma zählt aktuell rund 700 Beschäftigte an zehn Standorten von Nürnberg bis New York. „Zuhören und gute Fragen zu stellen, das ist der Anfang eines jeden Beratungsgesprächs", daran hat Fischer-Appelt über die Jahre festgehalten.

Besonders freut sich der Vater von vier Kindern, wenn seine Arbeit sogar die Welt ein bisschen besser macht – siehe Textanfang. Über Abfallvermeidung und Recycling zu kommunizieren, damit hat die Agentur im Jahr 1986 begonnen. Heute erzählt Fischer-Appelt begeistert von einer honorarfreien Kampagne, um Spendengelder für ein Rettungsschiff zu mobilisieren. Es ist gebaut und bezahlt worden. „Und es hat bereits Hunderte Menschen aus dem Mittelmeer gerettet."

Andreas Fischer-Appelt

Geb. 1964 in Bonn
1977 Erste Handelsgeschäfte mit Münzen auf dem Flohmarkt
1987 BWL-Studium in Hamburg
1989 VWL-Studium in den USA
1986 Gründung der Agentur FischerAppelt
2019 Landesvorsitzender Verein „Die Familienunternehmer"

Andreas Fischer-Appelt spricht über Jobs im turi2.de/podcast

Susan Schramm

Geb. 1969 in Heide (Holstein)
1988 Sprachstudium in Caen, Frankreich
1989 BWL-Studium in Mannheim
1995 Kundenberatung Werbeagentur Heye & Partner, München
2001 Manager Worldwide Marketing – Global Disney Alliance bei McDonald's, Oak Brook (USA)
2003 Marketing-Manager McDonald's Deutschland, München
2013 Inhaberin Marketing Strategy Consulting, Prag
2014 Director Marketing McDonald's
2016 Chief Marketing Officer McDonald's

Tipp: „Ich habe das, was ich gemacht habe, immer mit großem Enthusiasmus gemacht. Veränderungen habe ich immer als Chancen betrachtet und Entscheidungen selten oder nie unter reinen Karrieregesichtspunkten getroffen"

»Ein Unternehmen, das niemals stillsteht«

Susan Schramm, Marketing-Vorstand bei McDonald's, hat ihr erster Burger mehr beeindruckt als der Mainzer Dom. Heute liebt sie die Geschwindigkeit rund ums Fast Food

57 **Erinnern Sie sich an Ihren ersten McDonald's-Moment?**
Es war während eines Klassenausflugs nach Mainz. Ehrlicherweise war der McDonald's-Besuch, gerade als Teenager vom Land, am Ende beeindruckender als die Chagall-Fenster oder der Mainzer Dom.

Wie fanden Sie die Marke, bevor Sie beruflich damit zu tun hatten?
Gegen Ende der 80er gehörte es zum guten Ton, Fast Food relativ kritisch gegenüberzustehen, genauso wie man gegen Atomkraft war und eigentlich nicht „Bild"-Zeitung las. Ich habe dann eine Zeit lang in Frankreich studiert und wusste McDonald's von da an sehr zu schätzen, denn mit einem knappen Budget war diese Marke immer eine gute Alternative und es gab einfach nichts Besseres, als einen lustigen Abend bei McDonald's abzuschließen. Im Rahmen meines Studiums begann ich, McDonald's als Marke spannend zu finden: Auf der einen Seite eine der bekanntesten Marken der Welt, auf der anderen Seite auch zu einem gewissen Grad polarisierend. Es gab und gibt nicht viele Marken, die genau das und gleichzeitig so großen Freiraum und Gestaltungsmöglichkeiten bieten.

Was ist das Beste an Ihrem Job?
Er wird nie langweilig. Klingt nach Plattitüde, aber McDonald's ist ein Unternehmen, das immer wieder neue Ideen hervorbringt, sehr ambitioniert ist und niemals stillsteht. Das muss man mögen. Es gibt eine Vielzahl an Möglichkeiten und einen großen Gestaltungsspielraum, gleichzeitig aber auch hohen Druck und Geschwindigkeit. Es geht um Markenführung auf der einen Seite, aber auch um konkrete und sehr ambitionierte Businessziele.

Sind Sie geborene Führungskraft – oder haben Sie für diese Rolle trainieren müssen?
Das müssen Sie die Menschen fragen, die mit mir arbeiten. Würde mein Führungsverhalten trainiert wirken, hätte ich etwas falsch gemacht. Führung hat viel mit Erfahrung, Authentizität und Empathie zu tun. Respekt, Wertschätzung und Vertrauen sind dabei die Basis.

Was tut McDonald's, um als attraktiver Arbeitgeber wahrgenommen zu werden?
McDonald's ist nicht nur Arbeit-, sondern vor allem Chancengeber. Bei uns arbeiten momentan rund 55.000 Menschen aus etwa 118 Nationen als Team – unabhängig von Herkunft, Geschlecht, Bildungsabschluss oder Alter. Das gibt es nicht überall. Dazu bieten wir flexible Arbeitszeitmodelle und Bezahlung nach Tarifvertrag. Egal ob Frau, Mann oder divers – in den Restaurants verdienen sie in gleichen Positionen auch gleich. Auch das ist heute noch nicht überall so.

Roland Karle

Fotos: PR, Andreas Laible/Hamburger Abendblatt, PR

3 Karriere-Tipps von Bettina Fetzer

1. Wenn du etwas willst, setze dich für deine Ziele ein. Mach auf dich aufmerksam. Sorge dafür, dass andere deine Leistungen sehen und würdigen. Dazu gehört auch ein Umfeld, das dich unterstützt und sichtbar werden lässt.

2. Man ist immer nur so stark wie das Team, das man führt. Wer keine Kultur des offenen Austauschs und Vertrauens befördert, darf sich nicht wundern, wenn die guten Ideen ausgehen.

3. Vertrauen schenken zahlt sich aus. Mein Vertrauen muss man nicht gewinnen, mein Vertrauen kann man nur verlieren.

»Führen heißt auch loslassen«

Bettina Fetzer, Kommunikations- und Marketingchefin von Mercedes-Benz, begleitet den Autobauer durch den Wandel. Ihre Wegweiser: Haltung und Vertrauen – auch in sich selbst

58 Bettina Fetzer reist gern – aber bitte nicht auf Umwegen. Zumindest in beruflicher Hinsicht macht sie keine: Wittert sie Gestaltungsspielraum, bittet sie um die Verantwortung, diesen übernehmen zu dürfen. Bei Daimler arbeitet sie sich so in gerader Linie von der Smart-Pressesprecherin zur globalen Kommunikations- und Marketing-Chefin von Mercedes-Benz hoch. Und möchte bescheiden bleiben. Begehrenswert, ja: Das sollen die Schlitten aus Stuttgart natürlich sein. Arrogant? Abgehoben? Ohne Fetzer.

Für die Automobilindustrie zu kommunizieren, ist gerade nicht einfach: Die Branche befindet sich im Umbruch, weg vom Verbrenner, hin zu E-Mobility. Umwelt- und Klimaschutz müssen ständig mitgedacht werden, auf Komfort möchten Benz-Fans aber auch nicht verzichten. Bettina Fetzer sieht die Transformation positiv, ganz wie eine Reise: „Für uns heißt das: Jede Menge neuer Chancen, um für unsere Marke zu begeistern."

Das geht am besten im Team, auf das Fetzer große Stücke hält: „Führen heißt auch loslassen und vertrauen." Manchmal würde sie gerne noch tiefer in spannende Projekte einsteigen, und wirklich perfekt wäre es, wenn ein Meeting immer erst beginnen würde, wäre das vorangegangene schon zu Ende.

Wirklich wichtig ist ihr aber der Spaß daran, Neues zu erkunden. Fetzer ist neugierig, will am liebsten jeden Tag dazulernen – und hält dazu auch ihre Mercedes-Mannschaft an. „Als starke Marke fühlen wir uns in der Verantwortung, Orientierung zu geben, Haltung zu zeigen und zu aktuellen, drängenden Themen Stellung zu beziehen." So hätte ein Mercedes-Marketer vor 40 Jahren wohl kaum gesprochen. Heute ist das für Fetzer eine Selbstverständlichkeit, nach der alle Unternehmen handeln sollten. Ein perfekter Arbeitstag ist für sie einer, an dem sich ihre Entscheidungen als richtig erwiesen haben. Falls das mal nicht so ist? „Dann haben wir etwas daraus gelernt."

	Bettina Fetzer
Geb.	1980 in Burghausen
1999	Studium European Business Studies in Landshut und Cambridge
2004	Pressesprecherin für Smart und Mercedes bei Daimler
2018	Vice President Marketing Mercedes-Benz Passenger Cars
2021	Chefin globales Marketing und Kommunikation Mercedes-Benz

Florian Haller

Geb. 1967 in München
1986 BWL-Studium in St. Gallen
1991 Brand Manager bei Procter & Gamble, Genf
1996 Einstieg bei Serviceplan, München
2002 Hauptgeschäftsführer Serviceplan

Florian Haller spricht über Jobs im turi2.de/podcast

»Erkenne deine Stärken. Mach was damit«

Florian Haller, Chef von Serviceplan, ist Unternehmer aus vollem Herzen. Das heißt für ihn: nicht zu professionell werden

59 Hört sich erstmal nach Rückschritt an, wozu Florian Haller rät: „Sei wieder Anfänger." Aber er meint das ernst, denn „Professionalität macht blind für Neues". Erst recht, wenn sich Anforderungen im Eiltempo verändern. Wer weiß das besser als der Serviceplan-Chef. Als er vor 20 Jahren die von seinem Vater gegründete Agentur übernimmt, sind die Teams homogen. Heute zählt die Agenturgruppe weltweit mehr als 100 Jobprofile, von der Mediastrategin bis zum Data Scientist.

Hallers Ziel ist, „Serviceplan zur global führenden Independent-Agentur zu machen". Dann ist eine Verdopplung der 4.500 Stellen in den kommenden Jahren gut vorstellbar. „Unternehmer sein und neugierig bleiben", das treibt ihn an. Marken und Kommunikation sind für ihn das spannendste Berufsfeld: „Ich kann mit jungen, inspirierenden Menschen grenzüberschreitend an kreativen Ideen arbeiten."

Dass sich die Agentur-Kultur verändert hat, bestätigt Florian Haller. Arbeiten bis Mitternacht, Überstunden als Leistungsnachweis – von gestern. Die Jungen streben nach Einklang von Job und Privatleben. Und Serviceplan geht mit, auch weil Haller weiß: „Unternehmer sein heißt: Menschen mitnehmen."

»Fordere nie etwas«

Andreas Jung, Marketing-Vorstand des FC Bayern, arbeitet mit seinen Idolen zusammen. Und ist selbst Stammspieler geworden

60 Mit Franz Beckenbauer, Uli Hoeneß, Karl-Heinz Rummenigge als Helden ist Andreas Jung aufgewachsen. Heute kennt er sie persönlich. Und gehört längst selbst zur FC-Bayern-Familie. Er ist sogar dienstältestes Vorstandsmitglied. „Ich bin unheimlich dankbar und ein Stück weit stolz, dass ich mit all diesen großen Idolen meiner Kindheit zusammenarbeiten durfte", bekennt Jung.

Nach dem Studium landet er zunächst beim Radsport, und als sich später Kontakte ergeben, beim FC Bayern. Zum Start bekommt er einen Rat, den er bis heute beherzigt: Fordere nie etwas, denn du bekommst immer, was du verdienst. „Eine Grundhaltung, mit der man sicher seinen Weg macht", sagt Jung. Der Marketingchef feierte im Herbst 2021 sein 25. Jahr beim FCB.

Auch dank klugen Marketings ist der längst auch wirtschaftlich die Nummer eins im deutschen Sport. „Neben den kreativen Themen, die wir entwickeln, ist das Wichtigste, Vertrauen zu schaffen und ein verlässlicher Partner zu sein", sagt Jung. „Man muss den anderen und seine Interessen verstehen, sich in ihn hineinversetzen können."

Und doch tickt das Marketing-Team eines Fußballclubs mindestens einmal die Woche anders als anderswo – wenn Spieltag ist. Denn von einem erfüllten Arbeitstag spricht Andreas Jung nur dann, „wenn unsere Mannschaft gewonnen hat und unsere Fans glücklich nach Hause gehen".

Andreas Jung

Geb. 1961 in Rüdesheim
1983 Studium Sportwissenschaften in Frankfurt
1995 Chef-Organisator der Rad-Weltmeisterschaften
1996 Einstieg in der Sport-Werbe GmbH des FC Bayern München
2002 Direktor & Leiter Sponsoring und Events FCB, später Prokurist
2010 Stellvertretendes Vorstandsmitglied
2013 Vorstand Marketing

Fotos: PR (2), Alexander Heil

Ausbildung

Hochschule Macromedia
Die private Hochschule bietet an acht Standorten Studiengänge von Brand-Management bis Medien-Informatik
macromedia-fachhochschule.de

TU Ilmenau
Das Juwel im Osten vermittelt Kenntnisse für PR, Medienproduktion oder Marketing
tu-ilmenau.de

Akademie der Deutschen Medien
Das Institut bietet Medienmenschen Weiterbildungen zum digitalen Wandel an
medien-akademie.de

Fachmedien

kress pro
Versorgt Führungskräfte mit Fallstudien, Rankings und Branchengeflüster. Zehn Mal pro Jahr gedruckt und als PDF
kress.de

Meedia
Berichtet über Medien und Marketing. Seit 2020 auch als wöchentliches Print-Magazin
meedia.de

Horizont
Ehemaliger Wochentitel für Marketing, Werbung und Medien. Erscheint nur noch 25 Mal pro Jahr
horizont.net

Podcasts

„Medien-Woche“
Christian Meier, „Welt“, und Stefan Winterbauer, Meedia

„Was mit Medien“
Daniel Fiene, Herr Pähler, Dennis Horn

„Holger ruft an“
Holger Klein, Übermedien

Einkommen

Mediengestalterin: 31.438 € pro Jahr,
Die Obamas: 65 Mio. $ je Autobiografie
Bertelsmann-Chef: 10 Mio. € pro Jahr

Perspektiven

Wachstum, digitaler Wandel, Nachfrage nach Netzwerkerinnen

Wer beim Wort Medien nur an ARD, RTL, „Bild“ oder „Spiegel“ denkt, vergisst die Hälfte: Neben TV-Sendern, News-Seiten, Zeitungen und Zeitschriften gehören auch Buchverlage, Musiklabels und Werbeagenturen dazu. Über eine halbe Million Deutsche arbeiten in dem Sektor. Die Unternehmensberatung PwC prognostiziert ihm für 2022 Einnahmen von über 60 Milliarden Euro und rechnet bis 2025 mit Wachstumsraten von fast fünf Prozent pro Jahr.

Von der Corona-Pandemie profitiert haben vor allem Netflix und Co sowie Unternehmen, die in den Märkten Virtual Reality, Videospiele und E-Sport unterwegs sind. Dieser Trend dürfte sich fortsetzen. Zeitungs- und Zeitschriftenverlage schaffen es noch nicht, mit Websites und Apps so viel Geld zu verdienen wie in der früheren Print-Only-Welt. Frische Geschäftsmodelle helfen aber dabei, sich aus der alten in die neue Welt zu retten. Datenexpertinnen werden dafür zum Beispiel dringend gesucht.

Neue Jobs entstehen auch jenseits der etablierten Medienbranche. Influencerinnen werden zu eigenen Marken, die es zu managen gilt; spezialisierte Agenturen bringen sie mit Werbekunden zusammen. Zugleich verändern sich Anforderungen an Managerinnen alter und neuer Medienmarken: Sie begreifen ihre Leserinnen, Zuhörerinnen oder Zuschauerinnen als Community. Deren Austausch will organisiert werden, etwa durch Clubmodelle, Events oder Begegnungsorte im Netz. Dafür braucht es Organisations- und Networking-Talente, die das Ganze moderieren.

TKP

Der Tausender-Kontakt-Preis ist eine wichtige Größe für Medien. Er zeigt, was Kunden pro 1.000 Menschen, die ihre Werbung sehen, einsetzen müssen.

Portfolio

Müssen Medienhäuser managen. Heißt im Klartext: Ertragsarme Print-Objekte werden verkauft, in digitale Märkte wird investiert. Personalab- und aufbau inklusive.

Public Value

Medien betonen gerne ihren Wert für die Gesellschaft. Dabei haben sie auch eigene Interessen im Auge, etwa eine gute Platzierung im Smart-TV oder bei Smart Speakern.

Foto: Picture-Alliance

In den 50ern zeigt auch die Jugend Interesse an Gedrucktem. So wie dieser Junge, der die „Bild“ mitliest

Medien

Das Publikum wird zur digitalen Community. Machtverhältnisse verschieben sich, neue Marken entstehen. Neue Chancen für junge Talente

Wirtschafts Woche
DER GROSSE IMMOBILIENATLAS
DIE ZEIT
Handelsblatt
Europa in der Erdgasfalle

»Ich bemühe mich, Dinge zu verlernen«

Andrea Wasmuth, die erste weibliche CEO bei der Handelsblatt Media Group, mag Totenköpfe, brennt für den FC St. Pauli und hat im Newsroom hospitiert

Von Roland Karle (Text) und Selina Pfrüner (Fotos)

61 **Frau Wasmuth, in Ihrer Freizeit boxen Sie. Was gefällt Ihnen daran?**
Ich bin ein Mensch, der nicht stillsitzen kann und sich gerne bewegt. Vor ein paar Jahren hat mich ein Freund zum Boxen mitgenommen, ich habe es ausprobiert und bin bis heute davon begeistert. Die Kombination aus Technik, Konzentration und Ausdauer ist wie für mich gemacht.

Wie oft trainieren Sie?
In normalen Zeiten jeden Sonntag, während der Pandemie leider seltener. Boxen ist ja ein Kontaktsport.

Wann ziehen Sie im Job die Boxhandschuhe an?
Sie meinen, um jemanden k.o. zu schlagen? Nie. Im Job trete ich nicht als Einzelkämpferin an, sondern bin Teamsportlerin. Was man vom Boxen für den Beruf jedoch lernen kann, ist dranzubleiben, jeden Schritt zu bedenken und überlegt zu handeln.

Was braucht es, damit Teamarbeit tatsächlich funktioniert?
Gemeinsame Ziele und Motivation, dazu klare Kommunikation und Feedback. Ebenso wichtig ist ein gut aufgestelltes, gemischtes Team. Diversität ist ein Erfolgsfaktor. Das hat sich gerade in Corona-Zeiten gezeigt, als wir quasi über Nacht sämtliche Veranstaltungen absagen mussten – von mehr als 200 im Jahr geplanten Events runter auf null. Die zentrale Frage war: Was bedeutet „Journalismus live", wenn es „live" nicht mehr gibt? Wir mussten den Bereich neu denken und neu erfinden. Darauf haben sich alle eingelassen, ob Redaktion, Technik oder Eventmanagement. Da entstanden neue, interdisziplinäre Teams, sehr viele Ideen und ganz viel Energie.

Krisen sind Ausnahmesituationen, die oft besondere Kräfte freisetzen. Wie gelingt es, nicht wieder in alte hierarchische Muster zurückzufallen?
Es geht nicht darum, Hierarchie abzuschaffen, sondern mit dem falschen Verständnis aufzuräumen, dass die Ranghöchsten alles wissen müssen und entscheiden sollten. Geholfen hat auch, dass wir zum Beispiel Bereiche zusammengelegt, Teams neu strukturiert und Silos aufgelöst haben. Viel wichtiger als ein Organigramm ist aber, sich immer wieder klarzumachen, dass wir diese Veränderung wollen. So ist bei uns ein Momentum entstanden, das wir genutzt haben.

Wie geht das, wenn gleichzeitig 10 Prozent der Stellen abgebaut werden?
2020 war für alle ein Ausnahmejahr, aber wir haben die Pandemie und ihre Folgen genutzt, um Grundsätzliches zu hinterfragen. In einem Zukunftspapier haben wir formuliert, wie sich die Handelsblatt Media Group entwickeln soll und auch den Kulturwandel beschrieben. ▶

Andrea Wasmuth

Geb.	1971 in Wildeshausen
1991	BWL-Studium in Osnabrück und Edinburgh
1997	Controlling, Verlagsgruppe Milchstraße
2000	Vice President Finance and Controlling, Tomorrow Focus
2003	CEO Bellevue and More
2015	Vorsitzende der Geschäftsführung, Solutions by Handelsblatt Media Group
2019	CSO Handelsblatt Media Group
2020	CEO Handelsblatt Media Group

Klingt so, als könnte man Kulturwandel in einem Unternehmen am Montag verschreiben und ab Dienstag wirkt er.
Wir reden nicht von einem Sprint, sondern von einem Marathon. Da sind viele Schritte zu gehen und Strecken zu bewältigen. Wir merken aber, dass es funktioniert, wenn wir gut kommunizieren, über Projekte informieren, wirtschaftliche Zahlen präsentieren. Transparenz ist enorm wichtig. Jeden Monat laden wir alle rund 800 Mitarbeitenden zur Townhall ein, im Schnitt sind 500 Kolleginnen und Kollegen dabei. Die Mitarbeitenden sind inzwischen offener, fragen nach und geben Feedback. 2021 haben wir deutlich schwarze Zahlen geschrieben, 2022 sind wir weiter auf Wachstumskurs und stellen kräftig ein. Das hat auch mit unserer veränderten Arbeitsweise und Kultur zu tun.

Wie haben sich die Medien verändert in den 25 Jahren, die Sie in der Branche tätig sind?
Wir arbeiten mehr datenorientiert und stärker nutzerzentriert, dadurch sind wir näher an den Nutzerinnen und Nutzern als früher. Dank der digitalen Möglichkeiten und den Live-Formaten tauschen wir uns intensiv mit unserer Leserschaft aus und wissen deshalb besser, was sie tatsächlich interessiert.

War Ihr Weg in die Medien vorgezeichnet?
Als Kind wollte ich Nachrichtensprecherin werden, aber später habe ich BWL studiert und war überhaupt nicht auf eine Branche fixiert. Finanzwesen hat mich interessiert, ebenso Marketing und kreative Themen. Kurz nach dem Studium habe ich im Controlling der Verlagsgruppe Milchstraße angefangen, eine der ersten Aufgaben war es, einen großen Börsengang zu planen. Das hat gepasst, denn da war von allem etwas dabei.

Haben Sie nie darüber nachgedacht, die Branche zu wechseln?
Meine bisherigen Jobs in dieser Branche haben mir viel Spaß gemacht und immer neue spannende Aufgaben beschert, dass sich die Frage bisher nicht gestellt hat. Zudem habe ich es in den Medien mit so vielen klugen Menschen zu tun, da werde ich gefordert und lerne weiterhin viel dazu.

Apropos Lernen: Von wem haben Sie im Job und fürs Leben am meisten gelernt?
Da gibt es nicht die eine Person oder das große Vorbild. Es ist eher die Summe von Begegnungen und Fragmenten über all die Jahre, die ein großes Ganzes ergeben. Ich lese außerdem viel, zum Beispiel von Adam Grant, dem renommierten US-amerikanischen Professor für Organisationspsychologie. Ein sehr kluger Kopf, der mich inspiriert. Aber ich bemühe mich auch, Dinge wieder zu verlernen. Das ist wichtig, um eigene Festlegungen zu hinterfragen. Einen Schritt zurückzutreten, hilft manchmal auch, um Personen in einem anderen Licht zu sehen und ihre Entwicklung besser wahrzunehmen.

Was ist für Sie persönlich anders, seit Sie im vergangenen Jahr zur alleinigen CEO der Handelsblatt Media Group berufen wurden?
Alleinige CEO, das klingt so bedeutungsschwer. Dabei habe ich an der erfolgreichen Entwicklung, die wir genommen haben, keinen größeren Anteil als die restlichen Mitglieder unseres siebenköpfigen Geschäftsleitungskreises und unseres Teams. Durch die Gesamtverantwortung sind die Themen für mich breiter und vielseitiger geworden. Deshalb habe ich zum Beispiel vor kurzem begonnen, Hospitanzen im Haus zu absolvieren. Ich war beispielsweise bereits jeweils einen halben Tag im Customer Service und im Handelsblatt Newsroom, als nächstes gehe ich ins Apps-Team. Mir ist es wichtig, tief in Themen einzusteigen und Zusammenhänge noch besser zu verstehen. Dadurch werden auch Entscheidungen im Management besser.

Sind Sie schon immer gerne Chefin gewesen?
Ja, total. Dinge zu gestalten und vorantreiben zu können, das mag ich. Und ich trage auch gerne Verantwortung, das wiegt für mich nicht schwer. Natürlich fallen nicht alle Entscheidungen leicht, so wie im Jahr 2020, als wir uns von rund hundert Mitarbeitenden trennen mussten. Am Ende ist der Blick aufs Ganze entscheidend.

»Es gibt keine Limits, der Weg nach oben ist für alle offen«

An der HMG-Spitze gab es in den vergangenen Jahren etliche Wechsel. Keine Angst, dass Sie auf einem Schleudersitz gelandet sind?
Daran verschwende ich überhaupt keinen Gedanken. In einer Zeit starken Wandels, wie wir sie gerade erleben, kommt es öfter zu Wechseln im Management. Das ist nicht ungewöhnlich, aber beeinträchtigt nicht die Begeisterung, mit der ich meinen Job mache. Und ich denke auch, man sollte sich selbst nicht zu wichtig nehmen.

Führungspositionen in den Medien sind überwiegend von Männern besetzt. Was ändert sich in der Branche, wenn mehr Frauen in Führungspositionen kommen?
Es ist hinlänglich belegt, dass Frauen andere Schlüsselkompetenzen verstärkt mitbringen, sei es ausgeprägte Empathie, emotionale Intelligenz, Kommunikation, Kollaboration. Letztlich geht es darum, mehr Vielfalt in Unternehmen und Führungsteams zu haben. Das wird auch die Medienbranche attraktiver machen, gerade für weibliche Talente.

Sie sind die erste Frau an der HMG-Spitze. Reden Sie gern darüber oder nervt Sie das Gender-Thema?
Das nervt mich überhaupt nicht, und ich habe auch keine Angst, dadurch in der Diversitätsecke oder in irgendwelchen Schubladen zu landen. Dazu ist das Thema viel zu wichtig. Wenn mehr Frauen Führungspositionen in Medienhäusern übernehmen, signalisiert das: Es gibt keine Limits, der Weg nach ▶

oben ist für alle offen. Indem ich darüber rede, kann ich dem Thema Raum und Stimme geben.

Was kann die Medienbranche tun, um als Arbeitgeber wieder attraktiver zu werden?
Wir sollten deutlicher machen, wofür Medien da sind und welch unverzichtbare Rolle sie einnehmen. Gerade junge Menschen suchen im Beruf heute nicht nur Einkommen, sondern auch Sinn. Den müssen sich Medien nicht ausdenken, den haben sie. Und noch etwas: Wir kommunizieren so viel, aber in eigener Sache sind wir oft zurückhaltend. Medien haben sich zu einer digitalen, modernen Branche mit spannenden Jobprofilen entwickelt. Das müssen wir lauter erzählen.

Worauf achten Sie besonders bei Menschen, die sich für einen Job bei der HMG bewerben?
Ganz stark auf ihre Haltung. Das heißt: Wie neugierig gehen sie ins Gespräch, wie mutig und offen stellen sie Fragen, welche Werte vertreten sie? Und wie sehr interessiert sie, was wir tun? Ich achte oft mehr auf die Fragen als auf die Antworten, die gegeben werden.

Was fordern junge Journalistinnen und Medienmanagerinnen von Ihnen als Arbeitgeber?
Es geht ganz oft um Flexibilität. Das bezieht sich auf mobiles Arbeiten, auf Jobsharing auch in Führungspositionen, auf die Vereinbarkeit von Familie und Berufsleben. Das sind zentrale Fragen gerade für die jüngere Generation. Die meisten Bewerberinnen und Bewerber treten seit drei, vier Jahren deutlich selbstbewusster auf. Ich finde das gut, weil dadurch beide Seiten offenlegen, was ihnen wichtig ist. Das hilft, um die richtige Person und die passende Position zusammenzubringen.

Ihre drei wichtigsten Tipps, um in den Medien glücklich und erfolgreich zu werden?
In einem richtig guten Team arbeiten. Lust auf Veränderung haben und sie bewahren. Leidenschaft für Themen und die eigene Branche entwickeln – da haben wir es in den Medien gut.

»Ich achte bei Menschen, die sich bewerben, oft mehr auf ihre Fragen als auf ihre Antworten«

Der Totenkopf ist nicht zu übersehen, ob in Ihrem Büro oder als Accessoire: Warum schlägt Ihr Herz als sportbegeisterte Hamburgerin für den FC St. Pauli und nicht für den HSV?
Wie erklärt man Fanliebe? Ich war 2007 zum ersten Mal bei einem Spiel des FC St. Pauli und fragte mich direkt: Was habe ich bisher nur alles verpasst? Ich mag diesen Club, seine Protagonisten und seine Buntheit, dass er sich nicht so wichtig nimmt, wie er sich sozial engagiert und ehrlich Verantwortung übernimmt für den Kiez. Deshalb hänge ich am FC St. Pauli. ■

»Wir sollten einander viel mehr zuhören«

Rainer Esser, Geschäftsführer des Zeitverlags, hat eine außergewöhnliche Erfolgsgeschichte geschrieben. Auch, weil er anderen viel Freiraum lässt

62 Im Januar 2022 knackt die „Zeit" erstmals die Marke von 600.000 Exemplaren, ein Auflagenrekord. Der kreativ-kaufmännische Kopf hinter einer der ungewöhnlichsten Erfolgsgeschichten der Verlagsbranche ist: Rainer Esser.

65 ist er geworden Anfang 2022, doch immer noch quirlig und unternehmungslustig wie in all den 33 Jahren, die er nach dem Wechsel aus der Juristerei nun schon im Journalismus verbringt. Manchmal würde er gerne „mehr Freude für Muße und Geduld aufbringen", sagt er. Tatsache ist, dass bei ihm selbst im Urlaub kaum ein Tag ohne „Zeit"-Arbeit vergeht.

Als Rainer Esser 1999 einsteigt, steht die „Alte Dame", wie die Wochenzeitung damals genannt wird, auf wackligen Beinen, hat zwischen 1996 und 2000 in vier von fünf Jahren rote Zahlen geschrieben. Unter Essers Führung geht es bald aufwärts. Bis heute hat sich der Verlagsumsatz verdreifacht. Die „Zeit" beschäftigt rund 330 Redakteurinnen. Als Esser begann, waren es 90. Aber selbst Esser hat eine markante Schwäche – für Nougatschokolade. Zum 60. Geburtstag bekam er sogar ein Jahresabo geschenkt.

Was den „Zeit"-Chef auszeichnet, ist eine Kombination aus Scharfsinn, Probierfreude und, vor allem, „die Leidenschaft, mit meinem Team möglichst viele neue Projekte anzuschieben und erfolgreich zu machen". Das passiert, wie er betont, „in kreativen hierarchiefreien Runden mit unterschiedlichen Charakteren". So weckt er Lust auf Neues. Wenn er anderen helfen kann, ihre Ideen umzusetzen, „sind die Kolleginnen und Kollegen mit noch größerem Feuer dabei, als wenn eine Idee von mir ist", sagt er.

Mehr Offenheit wünscht sich Esser generell, vom Business, der Gesellschaft, der Politik: „Wir sollten einander viel mehr zuhören und uns in die Schuhe unseres Gegenübers hineinversetzen."

Rainer Esser

Geb.	1957 in Wolfenbüttel
1975	Ausbildung zum Bankkaufmann bei der Deutschen Bank
1977	Studium Rechtswissenschaften in München, Genf und Georgia, USA
1986	Deutsche Journalistenschule München
1989	Chefredakteur juristische Magazine, Bertelsmann
1992	Geschäftsführer Spotlight Verlag
1995	Geschäftsführer Mediengruppe Main-Post
1999	Geschäftsführer Zeitverlag
2011	Geschäftsführer DvH Medien

Tipp: „Jedem Berufsanfänger rate ich, möglichst einen Job zu suchen, der ihm auch Lebensfreude und persönliches Wachstum bringt"

Fotos: Martina von Kann, PR, Anne Hufnagl

Marcus Englert

Geb.	1965 in München
1985	Physik-Studium in München
1994	Promotion am Cern in Genf, Berater bei Boston Consulting
1998	Geschäftsführer ProSieben Media
1999	Vorstand der Kirch New Media
2006	Digital-Vorstand ProSiebenSat.1 Media
2010	Associate Partner und Geschäftsführer Altman Solon
2020	Mitgründer der Podcast-Plattform Julep

»Wünsche, Werte, Wille!«

Marcus Englert, Mitgründer der Podcast-Plattform Julep, bringt analoge Leidenschaften ins digitale Zeitalter

63 Er liebt alte Autos, Fotoapparate, Plattenspieler. Deshalb hat sich Marcus Englert der Digitalisierung verschrieben: „Die Transformation von analoger Technik in das digitale Zeitalter ist die Leidenschaft, die ich zum Beruf gemacht habe.“

Seit mehr als zehn Jahren arbeitet Englert selbstständig als Investor, Gründer, Berater und Aufsichtsrat, ist in viele Medien- und Digitalprojekte involviert. Sein jüngstes Projekt ist die Podcast-Plattform Julep. „Diese tägliche Vielfalt ist ein Geschenk“, sagt Englert. Da muss man aufpassen, „sich nicht von den vielen Möglichkeiten erschlagen zu lassen“. Der Fokus aufs Wichtige fordere Disziplin und Energie. Und manchmal die bewusste Suche nach Ruhe: „Du brauchst Oasen.“

Englerts Weg in die Medien verläuft nicht schnurstracks. Am Cern-Institut in Zürich, wo nach den Gesetzen des Universums geforscht wird, promoviert er in Nuklearphysik. „Die abstrakte Denkschule hilft auch sehr in anderen Gebieten“, sagt er. Seine Erkenntnis aus fast 30 Berufsjahren: „Das Produkt ist wichtig, aber die Menschen dahinter sind viel wichtiger.“ Klare Ziele und harte Arbeit werden belohnt, glaubt Marcus Englert. Aber bei allem Wünschen und Wollen rät er, die eigenen Werte nicht zu vergessen: „Agiere immer so, dass du dich jeden Abend im Spiegel ansehen kannst.“

»Brauchst du eine Garantie, kauf dir einen Toaster«

Ingo Rieper, CEO von Media Pioneer, braucht keine 100 Prozent Perfektion zum beruflichen Glück – sondern Tatendurst

64 Denkverbote sind verboten an Bord der Pioneer One. Das hat Folgen. „Wer hätte gedacht, dass wir eines Tages ein Medienschiff bauen oder Leseraktien herausgeben?“, sagt Chef-Pionier Ingo Rieper. Er und sein Team schippern mit ihrem Elektro-Kahn durchs Regierungsviertel, wollen „Journalismus neu denken“ und ein funktionierendes Geschäftsmodell entwickeln.

„In der deutschen Medienlandschaft gibt es eine große Innovationslücke, die es zu füllen gilt“, sagt Rieper. Kreativität und Tatendurst sind für ihn die Eigenschaften, die die Branche am dringendsten braucht.

Arbeitstage genießt Rieper besonders, wenn er Zeit findet, sich mit dem Publikum auszutauschen: „Lob spornt an, Kritik macht uns besser.“ Nach 28 Jahren im Beruf hat er erkannt, dass „eine 80-Prozent-Lösung meist der bessere Weg ist, anstatt immer dem eigenen Perfektionismus zu folgen“. Es sei wichtiger, seinem Gespür zu vertrauen und nicht den Bedenkenträgern.

Ingo Rieper ist seinem eigenen Rat gefolgt und damit rundum zufrieden. „Ich fühle mich beschenkt. Mehr zu verlangen wäre maßlos.“ Nur manchmal, da wünscht er sich einen achten Tag in jeder Woche. „Um neue strategische Ideen zu entwickeln.“

Ingo Rieper

Geb.	1967 in Köln
1990	Studium BWL in Kiel und Birmingham
1994	Wirtschaftsprüfer KPMG
1997	Stellv. Leiter Finanzabteilung, ProSiebenSat.1 Media
2000	Vertriebsleiter Consorsbank in Madrid
2004	Kaufmännischer Geschäftsführer Ströer
2014	CFO Handelsblatt Media Group
2019	Mitgründer & CEO von Media Pioneer

»Die beste Zeit im Geschäft seit Gutenberg«

Markus Dohle, Chef von Penguin Random House, folgt seiner Liebe zu Buchstaben um die halbe Welt. Auf dem Weg will er „gute Spuren in Menschen hinterlassen"

Markus Dohle

Geb.	1968 in Arnsberg
1994	Diplom-Wirtschaftsingenieur, Einstieg bei Bertelsmann
2002	Vorsitzender der Geschäftsführung bei Mohn Media
2008	Chef von Random House in New York
2012	Das bis heute erfolgreichste Buch des Verlags erscheint: „50 Shades of Grey"
2013	Fusion mit Penguin Books
2020	Übernahme Verlagsgruppe Simon & Schuster

65 Er hat von hinten angefangen: erst Vertrieb, dann Produktion, dann „Bücher machen", seit 2008 in New York. Nach fast 30 Jahren ist Markus Dohle noch nicht buchstabensatt.

Er hat immer eine Leseempfehlung parat. Geht es ums Thema Entscheidungen, rät Dohle zu „Think again" von Adam Grant, erschienen natürlich bei Penguin Random House. Und dazu, sich möglichst spät zu entschließen, um so viele Perspektiven wie möglich zu sammeln. Bücher, daran glaubt er fest, können Menschen „ein bisschen näher zu ihrem besten Ich" führen. Für jemanden, der daran arbeitet, „gute Spuren in Menschen zu hinterlassen", kann es also nur minimale Enttäuschungen geben: Zum Beispiel, wenn „eine tolle Geschichte viel zu wenig Leser findet".

Abgesehen davon darf man Markus Dohle wohl als zufriedensten Manager der Verlagsbranche bezeichnen: Seinem jüngeren Ich gibt er den Rat: „Hab' wieder genauso viel Glück!" – mit der kleinen Einschränkung: „Mach's beim zweiten Mal noch etwas besser." Im nächsten Leben, sagt Dohle, wird er Autor. Obwohl: „Vielleicht schaffe ich es ja noch im Diesseits."

»Das Leben besteht aus ganz vielen Graustufen«

Stephan Schmitter, News-, Audio- und Radio-Chef von RTL, versteht sich als Kämpfer für die Wahrheit. Er vermisst Zwischentöne im gesellschaftlichen Diskurs

66 Stephan Schmitter und sein zukünftiger Arbeitgeber finden bereits zusammen, als der gebürtige Münchner sein Abitur macht. Für die Serie „Unsere Schule ist die Beste" holt RTL ihn 1991 vor die Kamera. Doch schon damals übt das Radio die größere Faszination auf Schmitter aus, die Wege trennen sich vorerst.

Zunächst nehmen ihn Michael „Bully" Herbig und Rick Kavanian als Praktikanten bei Radio Gong 96.3 unter ihre Fittiche. 1996 wird Schmitter dort Volontär und steigt binnen acht Jahren zum Programmdirektor und Morning-Show-Sidekick auf. Dann ruft die Hauptstadt. Er führt das zu RTL gehörende Spreeradio und übernimmt 2007 das gesamte RTL Audio Center. Heute ist er RTLs Triple Threat: Radio-Chef, Audio-Chef, News-Chef. Seit der Fusion mit Gruner + Jahr verantwortet er alle journalistischen Inhalte.

„Mannschaftsspieler" Schmitter versteht seinen Job gleichsam als „Geschenk" und „Verantwortung". Er selbst, gibt er zu, arbeitet manchmal zu viel. Schmitter vermisst den „offenen und unvoreingenommenen Dialog" in der Gesellschaft: „Zuhören und Verstehen wollen ist eine ganz wichtige Basis." Als alteingesessener Radio-Mann weiß er, wovon er redet.

Stephan Schmitter

Geb.	1974 in München
1996	Volontär, später Programmdirektor bei Radio Gong 96.3
2004	Geschäftsführer 105.5 Spreeradio in Berlin
2007	Geschäftsführer des RTL Audio Centers
2018	CEO von RTL Radio
2019	Head of Audio von RTL
2021	Geschäftsführer RTL News und ntv
2022	Verantwortlicher für alle journalistischen Inhalte von RTL

Fotos: Johannes Arlt, PR, Holger Talinski

»Wenn es sein muss, tritt auch mal eine Tür ein«

Patricia Schlesinger, Intendantin des RBB und Vorsitzende der ARD, hat in ihrer Karriere diverse Männerrunden gesprengt

67 Patricia Schlesingers Vater war das, was man in der DDR einen „Republikflüchtling" nannte. Seinen Freiheitsdrang hat die Tochter übernommen, natürlich in anderer Form: Dank der „Lust, in unbekannte Gefilde aufzubrechen", verschlägt es sie als Korrespondentin nach Südostasien und Washington, in ihrer Freizeit sucht sie beim Tauchen und Fliegen die Freiheit. Die neue Vorsitzende der ARD muss, anders als ihr Vater, vor nichts fliehen. Aber stillsitzen kann sie auch nicht.

Ihre Karriere zieht sie schnurstracks durch wie ein Pfeil „immer geradeaus und direkt aufs Ziel gerichtet". Das Volo macht Schlesinger beim NDR. 1997 wird sie die erste weibliche Moderatorin des ARD-Magazins „Panorama". Später übernimmt sie verschiedene Leitungspositionen im Senderverbund, darunter die Ressorts Ausland und Reportage. Die erste oder einzige Frau ist sie noch öfter, heute ist sie Mitglied der Initiative ProQuote. 2016 wird sie zur Intendantin des RBB gewählt. Bis 2024 steht sie nun an der Spitze der ARD.

In der neuen Funktion muss Schlesinger freilich viele strategische Entscheidungen fällen. Dann hilft ihr ein Gedankenexperiment: „Es kann ungemein hilfreich sein, einmal einen Nachruf auf sich selbst zu formulieren." Rückblickend hätte Schlesinger sich auf ihrem Weg gern etwas mehr Zeit gelassen. Vielleicht auch in der Küche. Denn bis heute habe sie kein Soufflé zustande gebracht, „das schmeckt und aussieht wie ein Soufflé". Koch-Experimente in diese Richtung könnte sie aber auch einfach als „Brechen mit Gewohnheiten" und „Aufbrechen von Ritualen" verbuchen – die Leitgedanken, die ihr so sehr liegen.

Patricia Schlesinger

Geb.	1961 in Hannover
1980	Studium Wirtschaftsgeographie, Politische Wissenschaft sowie Sozial- und Wirtschaftsgeschichte in Hamburg und Aix-en-Provence
1990	Reporterin beim ARD-Magazin Panorama
1995	Leiterin des ARD-Auslandsstudios in Singapur
2001	Auslandskorrespondentin im ARD-Studio Washington
2016	Wahl zur RBB-Intendantin nach sechs Wahlgängen
2019	Aufsichtsratsvorsitzende Degeto Film
2022	ARD-Vorsitzende

Tipp: „Nicht einschüchtern lassen, von nichts und niemandem"

Patricia Schlesinger zu Gast im Live-Podcast turi2.de/clubraum

Tipp: „Wofür stehst Du morgens auf? Ist es Anerkennung, Geld, Macht, Erfolg, Unabhängigkeit? Wer das weiß, kann Karriereentscheidungen besser treffen“

Myriam Karsch

Geb. 1978 in München
1999 Studium Medien und Kommunikation in Augsburg
2006 Projekt-Managerin bei Burda
2010 Verlagsreferentin Axel Springer
2012 Objektleiterin „Playboy“
2017 Verlagsleiterin „Playboy“ und „Free Men's World“
2019 Gründung von Kouneli Media mit Florian Boitin, deutsche Publishing-Rechte am „Playboy“
2021 Deutsche Publishing-Rechte an der „Sports Illustrated“

»Uns ist wenig peinlich«

Myriam Karsch, **Medienunternehmerin,** hat eine Festanstellung aufgegeben, um den „Playboy“ herauszugeben. Der ist für sie eine Bühne feministischer Freiheit

68 **Eine sichere Führungsposition kündigen und als Gründerin auf eine Zeitschrift für weiße, alte Männer setzen: Warum machen Sie es sich so schwer?**
Ich habe es mir nicht schwer gemacht. „Playboy“ ist eine weltbekannte Marke, die 97 Prozent der Menschen ein Begriff ist. Wir hatten ab Tag Eins keine Anlaufkosten, zum Zeitpunkt der Übernahme zum 16. Mal steigende Abozahlen, den höchsten Stand seit 2000. Durch den kleineren Verlag sind wir noch effizienter in den Kostenstrukturen.

Wie sexy muss eine Herausgeberin ihr Produkt finden? Könnten Sie „Prinzessin Lillifee“ genauso erfolgreich vermarkten?
Ich könnte mich viel schwerer mit einer rosafarbenen Blütenfee, die weibliche Stereotype reproduziert, identifizieren als mit den Themen des „Playboy“. Man kann natürlich auch gut und erfolgreich sein, wenn man sein Produkt nicht so gern hat, aber ich bin überzeugt, dass man umso besser und leidenschaftlicher ist, je mehr man sich mit seinem Produkt identifiziert.

Sie haben den „Playboy“ sogar mal „feministisch“ genannt.
Intellektuell ist mir klar, dass nicht alle diese Meinung teilen. Aber: Wir bilden Frauen ab, die selbstbestimmt ihre Sexualität leben und selbst über ihren Körper bestimmen. Das ist für mich feministisch.

Was ist das Schönste an der Selbstständigkeit?
Der Schritt war, beruflich gesehen, die beste Entscheidung meines Lebens. Dass ich in unternehmerischer Freiheit tun kann, wovon ich überzeugt bin. Und das mit Menschen, die ebenso wie ich an unser Produkt glauben. Die Freiheit ist natürlich auch mit dem Risiko verbunden zu scheitern – und mit viel Verantwortung. Mir war Unabhängigkeit immer wichtiger als Sicherheit. Und Sicherheit gibt es heutzutage auch als Angestellte nicht mehr.

Was können Journalistinnen nur beim „Playboy“ lernen?
Beim Verfassen von Texten immer im Hinterkopf zu behalten, warum wir auch eine Bühne sexuell befreiter Frauen sind und welche Menschen wir damit ansprechen. Das ist mehr als bloß Zielgruppen-Tonalität, das erfordert bei jedem Text aufs Neue ein wenig Meta-Kognition.

Wie wäre es mal mit einer Virologin auf dem Titel? Wäre es Ihnen peinlich, Melanie Brinkmann anzufragen?
Uns ist wenig peinlich. Weil wir aber eng mit Agenturen, Produktionsfirmen und Managern zusammenarbeiten, ist die Akquise meist eine beidseitige Angelegenheit. Wir schreiben nicht random Leute an, ob die sich für uns ausziehen. Melanie Brinkmann wäre natürlich ein Coup. Sie darf sich gerne melden.

Warum ahnen wir beide, dass sie ohnehin ablehnen würde?
Sie scheint mir mit der Beratungsarbeit für die Bundesregierung gut ausgelastet. Und: So wie nicht jede Frau danach strebt, Bundeskanzlerin zu werden, so sieht sich möglicherweise auch nicht jede auf dem „Playboy“. *Aline von Drateln*

Myriam Karsch im Live-Podcast turi2.de/clubraum

Siv Bublitz

Geb. 1960 in Hamburg
1980 Studium Literaturwissenschaft, Linguistik und Philosophie in Hamburg
1990 Lektorin, später Verlagsleiterin bei Rowohlt
1994 Promotion über Theorien sprachlicher Bedeutung
2004 Programmleiterin, später Geschäftsführerin bei Ullstein
2017 Geschäftsführerin Programm und Strategie beim S. Fischer Verlag, später Verlagschefin

»Kreativität entsteht durch offene Augen und Ohren«

Siv Bublitz, Verlegerin bei S. Fischer, studiert ins Blaue hinein. Dann findet sie in der Buchbranche berufliche Erfüllung

69 Die 250 Titel, die jährlich bei S. Fischer erscheinen, sollen Vielfalt spiegeln. Das ist Siv Bublitz wichtig: „Die Entscheidung, wofür wir uns engagieren wollen und wofür eben auch nicht, prägt unser Verlagsprogramm." Literatur müsse „Widersprüche nicht auflösen, sondern kann sie gestalten". Enthusiasmus ist für Bublitz die „natürliche Grundhaltung" des Verlags.

Durch ihre Adern fließt die Sprache. Schon als Kind liebt Siv Bublitz das Lesen. Während der Promotion testet sie verschiedene Berufsfelder. Schule, Buchhandlung, Redaktion – nach drei Tagen im Verlag weiß sie, dass sie „nie wieder etwas anderes machen will". Berufsanfängerinnen rät sie, sich auszuprobieren: „Viel umschauen, sich nicht zu schnell festlegen."

Von der Schreibmaschine zum digitalen Manuskript, vom Männer-Club in der Geschäftsführung zu mehr Gleichberechtigung – Bublitz erlebt viele Veränderungen der Branche. Auch ihren Verlag will sie modifizieren und bei Neueinstellungen bewusst auf Diversität achten. Ihre Liebe zur Literatur ist dafür beständig: „Bücher bieten Erkenntnis, Kritik und Inspiration, manchmal auch Vergnügen, Trost oder Glück und nicht selten Schönheit."

»Kritik ist ein Widersacher von Motivation«

Andreas Arntzen, CEO bei Wort & Bild, war früher erfolgreicher Hockey-Torwart. Deutsche Meistertitel gewinnt er noch heute – mit der Auflage seiner „Apotheken Umschau"

70 Dass er in 20 Jahren einen Medien-Riesen führen wird, ahnt Andreas Arntzen in den 90ern nicht. „Arntzi" hütet damals das Hockey-Tor der Nationalmannschaft. Beruflich folgt er dieser Passion: Er studiert BWL und gründet im Sport-Einzelhandel.

Heute macht Arntzen gesunde Geschäfte im beschaulichen Baierbrunn: Zwischen Zwiebel-Kirchturm und Isar Lauf entsteht die „Apotheken Umschau", deren stabile Millionen-Auflage und Werbeeinnahmen von der Münchner Medien-Schickeria neidisch beäugt und teils imitiert werden. Der Ärger darüber ist verraucht, die Digitalisierung des Gesundheitswesens stresst stärker. Arntzen klagt, dass die Branche digital „einige Jahre hinterher" hinkt.

Eine Geduldsprobe für den Digital-Pionier. Er baut um die Jahrtausendwende ein Job-Portal für Holtzbrinck, gründet die Partnerbörse Parship und tritt als Investor auf. Die Vita des fast zwei Meter großen Managers ist gefüllt: „Wenn ich das Gefühl hatte, dass es langweilig wird, habe ich mich umorientiert."

Beim Wort & Bild Verlag ist das offenbar nicht der Fall. Arntzen führt ihn seit 2016 – am liebsten „durch Lob, Fragen und Ideen". Und mit Optimismus: „Der Glaube kann Berge versetzen", sagt Arntzen.

Andreas Arntzen

Geb. 1967 in Hamburg
1989 Hockey-Karriere und BWL-Studium in Hamburg
2000 Gründung Parship
2002 CEO des Zeitverlags
2004 CEO der Handelsblatt-Gruppe
2006 COO bei Madsack
2014 N77-Geschäftsführung
2016 CEO des Wort & Bild Verlags

Andreas Arntzen spricht über Jobs im turi2.de/podcast

Fotos: Kouneli Media/Lea Schmitt, PR, WuB/Margaretha Schwesk

Ausbildung

Deutsche Akademie für Public Relations
PR-Abschlüsse von der zertifizierten Grundausbildung bis zum berufsbegleitenden Master
dapr.de

Hochschule Hannover
Der Master Kommunikationsmanagement ist das Entwicklungslabor für die Kommunikation von morgen
f3.hs-hannover.de

HMKW
Die Hochschule zieht in Berlin, Köln und Frankfurt künftige PR-Profis heran
hmkw.de

Fachmedien

PR Report
Das Magazin erscheint sechs Mal im Jahr mit Werkstatt-Beilage. Vergibt die begehrten „PR Report Awards"
prreport.de

KOM – Magazin für Kommunikation
Hieß mal „Pressesprecher" und hat genau die als Zielgruppe – die heißen heute aber Kommunikationsmanager
kom.de

PR Magazin
Das Printmagazin testet u.a. Pressestellen auf Erreichbarkeit und schnelle Antworten
prmagazin.de

Podcasts

„PR Report Podcast"
Daniel Neuen

„Ask me anything"
Nils Hille

„PR-Journal Podcast"
Thomas Dillmann

Einkommen
pro Jahr

PR-Einsteigerin (Bachelor): **30.000 €**
PR-Managerin: **58.000 €**
PR-Gesamtleitung im Konzern: **130.000 €**

Perspektiven

Hohe Nachfrage, differenzierte Profile, gesuchte Kompetenzen

Auf eine Journalistin kommen sechs PR-Profis – zumindest in den USA, dem Mutterland der Public Relations. Für Deutschland gibt es keine vergleichbaren Zahlen. Aber: „PR-Professionals werden auf allen Ebenen gesucht. Durch die Pandemie ist der Bedarf an Kommunikation in den Unternehmen nochmal kräftig gestiegen, vor allem für die Interne und Politische Kommunikation", sagt die Headhunterin Gabriele Kaminski, die auf Jobs in der PR spezialisiert ist.

Die Tätigkeitsprofile sind differenzierter geworden, Content Managerinnen und Spezialistinnen für Digital Communications sind nur zwei Beispiele. „Auch das Thema Nachhaltigkeit bringt viele Jobs hervor, die in der Kommunikation oder benachbarten Bereichen angesiedelt sind", sagt Kaminski. Für den Nachwuchs gibt es zwei typische Einstiege: direkt in der Kommunikationsabteilung eines Unternehmens oder einer Agentur. Hier wie dort sind die Frauen in der Mehrheit, vor allem bei den Jungen: 83 Prozent der Kommunikations-Profis unter 30 sind weiblich.

Diversität spielt auch in der PR eine zunehmend wichtige Rolle, weshalb Kompetenzvielfalt erwünscht ist – und die Auswahl seltener an bestimmten Fächern oder Abschlüssen hängt. Erfahrung im Journalismus sei nach wie vor eine gute Eintrittskarte, aber kein Muss, sagt Expertin Kaminski. Sprachlich versiert, neugierig auf wechselnde Themen, organisiert, stressresistent: Diese Eigenschaften tauchen in den meisten Stellenanzeigen auf.

Autorisierung
Hierzulande übliche Prozedur bei journalistischen Interviews – und manchmal Grund für Zoff, wenn die Pressesprecherin gar zu viele Antworten ändert, glättet, streicht.

Nachfassen
Für Journalistinnen meist nervig und daher selten erfolgreich: Wenn PR-Leute einer ohnehin redundanten Pressemitteilung direkt noch einen Anruf folgen lassen.

PR-Sprech
Der Inhalt ist unkonkret, die Zahl der Buzzwords hoch, Zitate sind mit heißer Luft gefüllt: PR-Sprech sollte authentische Kommunikation unbedingt vermeiden.

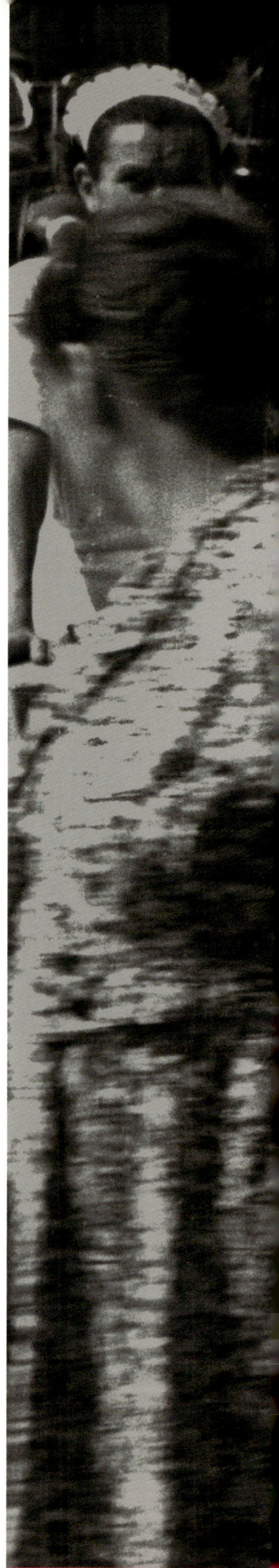

Werbeträger: Ein Mann wirbt in den 50ern für ein Berliner Fachgeschäft für Schneiderbedarf

Foto: Picture-Alliance

Der Stellenmarkt der Kommunikation: **turi2.de/jobs**

Public Relations

Das Kommunizieren nach innen und außen ist für Unternehmen wichtig wie nie. Dadurch entstehen neue Jobs und Jobprofile in der PR

»Ich bin nicht geholt worden, weil ich eine Expertise in Chemie habe«

Nina Schwab-Hautzinger, Chef-Kommunikatorin der BASF, soll das Image des weltgrößten Chemiekonzerns auf grün drehen. Mit turi2 spricht sie über den Stellenwert von PR und Erfolgschancen von Geisteswissenschaftlerinnen

Von Heike Turi (Text) und Selina Pfrüner (Fotos)

BASF

71 Nina Schwab-Hautzinger, erst polierten Sie das Image eines Pharmariesen, jetzt erklären Sie die Rolle der BASF, des weltweit größten Chemieunternehmens, bei der Energiewende. Haben Sie einen Hang zum Masochismus?
Nein, keineswegs, da muss ich Sie enttäuschen. Im Gegenteil: Ich empfinde meine Arbeit als sehr bereichernd und auch sinnstiftend. Ich gewinne jeden Tag neue Einblicke in sehr komplexe Themenbereiche, tausche mich mit Experten und Wissenschaftlerinnen aus, deren Aufgabe es ist, Lösungen für die dringlichen Fragen unserer Zeit zu finden, allen voran denen zum Klimawandel. Meine Aufgabe besteht darin, diese technologischen Entwicklungen und die vielschichtige Arbeit in einem Chemieunternehmen in eine für alle verständliche Sprache zu übersetzen.

Wenn die BASF zum Beispiel wegen des Geschäfts mit Pestiziden in der Kritik steht, geraten da die private und die berufliche Nina in einen inneren Konflikt?
Überhaupt nicht. Ich kann das, was ich im Beruflichen tue, auch privat gut vertreten, da gibt es keine Konflikte. Zudem reiht sich bei uns nicht eine Krise an die nächste, sondern wir haben vor allem viele spannende und zukunftsgerichtete Themen, die wir erzählen können. Meine Aufgabe im Unternehmen ist die der Vermittlerin. Und ich glaube fest daran, dass die Stärke von Kommunikation darin besteht, Menschen zusammenzubringen und Ideen zu verbinden. Daraus können Lösungen entstehen.

Sie ziehen sich einen großen Schuh an.
Es ist doch ganz eindeutig: Kommunikation hat einen höheren Stellenwert bekommen, denn Unternehmen erkennen, dass sie nicht losgelöst, sondern innerhalb eines gesellschaftspolitischen Umfelds agieren. Damit steigen die Anforderungen. Nur sein Business gut zu machen, reicht nicht mehr aus. Von Unternehmen wird erwartet, Stellung zu beziehen und Haltung zu zeigen. Dadurch wird Kommunikation immer mehr zu einer strategischen Aufgabe, und das setzt voraus, dass wir bei Entscheidungen des CEOs und des Vorstands direkt eingebunden sind.

Weiß das Ihr Chef?
Absolut – wir haben einen sehr engen und vertrauensvollen Austausch. Gerade, wenn ein Unternehmen wie die BASF global unterwegs ist, ist es eine anspruchsvolle Aufgabe abzuwägen, zu welchem Thema der CEO Stellung bezieht. Wir haben während der Pandemie gemerkt, dass auch bei den Mitarbeitenden das Bedürfnis nach Orientierung extrem gestiegen ist, und dass sie vom CEO hören möchten, wie er die Lage einschätzt. Wir unterstützen Martin Brudermüller auf vielfältige Art und Weise, indem wir zum Beispiel Veranstaltungen inhaltlich vorbereiten und Formate weiterentwickeln. So hat Martin Brudermüller beispielsweise seinen persönlichen Linked-in-Account gestartet.

Postet Martin Brudermüller frei Hand auf Linked-in?
Wir unterstützen ihn im Team beim Management seines Accounts und der Themenplanung. Er ist bei jedem Post persönlich beteiligt und bringt viele eigene Ideen ein. Es ist ihm und uns wichtig, dass er sich auf seinem Linked-in-Profil authentisch zeigt, und man ihn auch als Persönlichkeit erlebt.

Wie kann Kommunikation dabei helfen, einen 157 Jahre alten Konzern fit für die Zukunft zu machen?
Allein in Ludwigshafen arbeiten rund 39.000 Menschen für BASF – in Forschung und Entwicklung, in der Produktion, in der Technik, in der Kundenkommunikation, im kaufmännischen Bereich, in den Gastrobetrieben, im Facility Management und und und. Unsere Aufgabe ist, unsere große Transformation hin zur Klimaneutralität allen Mitarbeitenden nahe zu bringen: Warum machen wir das? Was braucht es dafür? Wir wollen eine emotionale Verbindung zum Unternehmen herstellen und die Mitarbeitenden für den Unternehmenszweck „We create chemistry for a sustainable future“ begeistern. Viele Beschäftigte arbeiten schon sehr lange bei der BASF, zum Teil über mehrere Familiengenerationen hinweg, und sind zu Recht sehr stolz darauf. Es ist wichtig, diese Verbundenheit frisch zu halten und immer wieder neu aufzuladen. Die Transformation hin zur Klimaneutralität hat Begeisterung ausgelöst, denn die Mitarbeitenden spüren: „Ah, durch meine Arbeit kann ich Anteil haben an dieser großen Aufgabe.“ Dieses Gefühl gibt jedem von uns den nötigen Antrieb.

Die BASF bläst jährlich weltweit 21 Millionen Tonnen CO_2 in die Luft. Wie wollen Sie Teil der Klimawende werden?
Das Thema Nachhaltigkeit ist nicht neu für uns, sondern schon lange fest in unseren Unternehmenswerten und Aktivitäten verankert. Nun befindet sich BASF mitten in einer enormen Transformation hin zur Klimaneutralität. Wir haben 2021 unsere ambitionierteren Klimaziele vorgestellt: Bis 2030 werden wir im Vergleich zu 2018 unsere CO_2- Emissionen um 25 Prozent reduzieren, bis 2050 möchten wir klimaneutral sein. Diese Ziele bedeuten einen fundamentalen Umbau des Unternehmens, der Produktion, der Technologien und der Prozesse. Dafür investieren wir in eigene Anlagen für erneuerbare Energie, entwickeln neue Verfahren für CO_2-arme Produktion und treiben die Kreislaufwirtschaft weiter voran.

Glaubt Ihnen das jemand?
Es reicht sicherlich nicht aus, einfach nur ein Ziel zu kommunizieren – wir müssen es auch umsetzen und über den Weg dorthin aufklären. Zu sagen, was wir vorhaben, ist die

»Ich kann das, was ich im Beruflichen tue, auch privat gut vertreten«

An der Werkbank: Nina Schwab-Hautzinger zeigt Heike Turi im Creation Center der BASF, was aus Chemie alles werden kann

Basis, damit fängt die Umsetzungsarbeit erst an. In der Folge müssen wir kontinuierlich auch kleinteilige Zwischenschritte aufzeigen: Was genau machen wir, um das Ziel zu erreichen? Wer sind die Menschen, die sich dafür einsetzen? Was sind aber auch Rahmenbedingungen, die wir brauchen, damit wir unsere Ziele erreichen können? Das ist ein ständiger Austausch und ein ständiges Vermitteln. Dieser Austausch ist unabdingbar.

Der frühere Bundeskanzler Helmut Schmidt wusste: „In der Krise beweist sich der Charakter." Sind Sie eine gute Krisenmanagerin?
Wir arbeiten sehr präventiv und haben klare Regeln, wann wir wie kommunizieren. Oberste Maßgabe bei einem Notfall ist, alle Zielgruppen so schnell wie möglich und korrekt zu informieren. Mit Social Media verbreitet sich eine Nachricht heutzutage blitzschnell bis ans andere Ende der Welt. Das heißt, dass wir nicht nur hier in Ludwigshafen, sondern auch als globales Team extrem schnell zusammenstehen müssen, die Prozesse sollten sehr gut eingespielt sein. Wir üben und überprüfen das immer wieder. Neben aller Transparenz, Schnelligkeit und Korrektheit der Fakten sollte gute Krisenkommunikation immer auch Raum geben für Emotionen und Mitgefühl. Das erfordert Fingerspitzengefühl und Empathie.

Werden Sie als promovierte Geisteswissenschaftlerin von den Chemikern und Betriebswirten überhaupt ernst genommen?
Das sollten Sie die Kolleginnen und Kollegen fragen. Ich habe den Eindruck: Ja. Ich bin auch nicht geholt worden, weil ich eine Expertise in Chemie habe. Ganz im Gegenteil: Es ist durchaus von Vorteil, dass ich keine Naturwissenschaftlerin bin, denn so kann ich gut beurteilen, was man als Laie und Nicht-Naturwissenschaftler versteht und ▶

Tipp: „Sieh deine Karriere als eine Reise an, auf der du nie aufhörst zu lernen, dich weiterzuentwickeln und an deinen Aufgaben zu wachsen"

Nina Schwab-Hautzinger

Geb.	1975 in Binningen, Schweiz
1994	Studium Germanistik, Medien- und Sozialwissenschaften in Mannheim und Waterloo, Kanada
2002	Promotion in Zürich
2003	International Communications Managerin, später Pressesprecherin Roche Deutschland
2011	Kommunikationsberaterin bei Hill+Knowlton Strategies, Singapur
2014	Leiterin Public Affairs bei Roche Deutschland
2019	Global Head of Corporate Brand bei Roche Schweiz
2020	Senior Vice President, Head of Corporate Communications & Government Relations der BASF Gruppe

was nicht und unsere komplexen Themen in greifbare Geschichten übersetzen.

Welche Note hatten Sie in der Schule in Chemie?
Oh je, Chemie zählte nicht zu meinen besten Fächern. Zum Glück kam das bei meinem Einstellungsgespräch nicht zur Sprache. Bis ins Studium hinein war mein Berufswunsch auch der der Journalistin. Ich war ein Riesenfan des Radiosenders SDR3, den es damals noch gab. Ich träumte von einem Job als Radiomoderatorin und habe auf Kassetten, damals tatsächlich welche von BASF, eigene Sendungen aufgenommen. Zu kommunizieren, mit Menschen zu sprechen und Dinge zu vermitteln, daran hatte ich schon immer großen Spaß.

Haben Sie für ABB, Roche und BASF nicht das Falsche studiert?
Ganz und gar nicht. Ich habe mich schon während meines Studiums dafür eingesetzt, dass eben auch Geistes- und Sozialwissenschaftler für die Wirtschaft wertvoll sein können und mich in dem Förderverein „Artes Liberales“ an der Uni Mannheim engagiert. Mein Anliegen damals wie heute ist, schon früh den Praxisbezug herzustellen.

Lobbyarbeit spielt in der chemischen Industrie eine enorme Rolle. Wie viel Lobbyistin steckt in Ihnen?
Es ist mir noch nicht in den Sinn gekommen, mich so zu nennen. Es mag sein, dass andere das Aufgabengebiet, das ein Teil meines Teams verantwortet, so beschreiben. Wir sprechen von politischer Kommunikation, und ich würde es als verantwortungsbewusste Interessenvertretung bezeichnen.

Die junge Generation ist kritisch bei der Arbeitgeberwahl. Mit welcher Erwartungshaltung begegnen Ihnen junge Mitarbeiterinnen?
Zu meiner Zeit freute man sich über eine gute Einstiegsposition; erst später im Leben kam die Frage auf: Für wen und wie möchte ich arbeiten? Heute denken junge Menschen von Anfang an darüber nach, wo sie

»Gute Krisenkommunikation sollte immer auch Raum geben für Emotionen«

arbeiten möchten, ob das zu ihren Werten passt, und ob sie sich mit dem Produkt identifizieren können. Zugleich fordern sie mehr Flexibilität vom Unternehmen: Das Leben wird nicht mehr nach der Karriere ausgerichtet; das Unternehmen muss sich auch an die persönliche Lebensplanung anpassen. Grundsätzlich gefällt mir das, denn wir arbeiten heute alle sehr lang und durchlaufen unterschiedliche Phasen in der Biografie und der Laufbahn.

Wir zwei entstammen der GenX. Wir haben gelernt, dass man es mit Fleiß zu etwas bringen kann. Ist diese Denke heute noch zeitgemäß?
Ich erlebe bei jungen Menschen eine größere Ungeduld, als ich sie bei mir oder meinem Freundeskreis erinnere. Wir haben erst einmal drei Jahre auf einem Job gearbeitet, bevor wir dachten, jetzt könne vielleicht das Nächste kommen. Die jungen Leute fragen heute viel früher: Was kommt jetzt? Welche Weiterbildung, welcher Entwicklungsschritt ist für mich im Unternehmen machbar? Den Fleiß und das Durchhaltevermögen finde ich aber ungebrochen auch bei unseren jungen Talenten.

Wie leicht oder schwer fällt es Ihnen, junge Kräfte für die BASF-Kommunikation zu gewinnen?
Das Volontariatsprogramm der BASF, das es übrigens schon seit 40 Jahren gibt, ist sehr attraktiv gestaltet; dementsprechend bekommen wir viele und tolle Bewerbungen. Die meisten bleiben nach dem Volontariat bei BASF, weil sie die Möglichkeit haben, innerhalb eines großen Unternehmens verschiedene Stationen zu durchlaufen und in andere Bereiche der Unternehmenskommunikation zu gehen oder auch ins Ausland.

Was erwarten Sie im Gegenzug von Ihren Mitarbeiterinnen?
Sehr wichtig ist für mich die Grundhaltung eines Menschen: Ist jemand offen, hat sie oder er eine positive Einstellung, möchte sich der Mensch weiterentwickeln? Zudem sollte die Person ein starkes Interesse am Unternehmenszweck zeigen. Natürlich suchen wir auch Fachexpertise. Aber Wissen hat mittlerweile eine so kurze Halbwertszeit und verändert sich sehr schnell. Ich schaue eher danach, welche Problemlösungsstrategien hat jemand schon gezeigt? Wie geht man mit einer Herausforderung um? Oder wie eignet man sich Wissen an? Wir suchen Personen mit einem sogenannten T-Shaped-Profile. Das bedeutet, die Person sollte generalistisch aufgestellt, ihr Blickwinkel holistisch sein; in einigen Kernkompetenzen sollte sie aber besondere Expertise mitbringen.

Sie selbst bringen reichlich Auslandserfahrung mit – geht es ohne heute nicht mehr?
Ich empfinde es in erster Linie als persönliche Bereicherung, wenn ich im Ausland leben darf oder dort Station machen kann. Ich würde es allen empfehlen, die Interesse daran und die Möglichkeit dazu haben. Aus Arbeitgeberperspektive ist es so, dass wir anhand eines Auslandsaufenthalts sehen, ob jemand sehr aktiv ist, sich etwas zutraut oder auch mal was Neues wagt. Dafür kann ein Auslandsaufenthalt ein Kennzeichen sein. Aber es ist nicht das einzige. Das kann man sicherlich auch durch Anderes demonstrieren.

Wie hat Sie Ihr Auslandsaufenthalt bereichert?
Ich habe mehrere Jahre in Asien für eine Agentur gearbeitet. Da ist die Schnelligkeit viel höher als hier. Auch die Erwartungshaltung seitens der Kunden, was den Service angeht. Und was ich in Asien zu schätzen gelernt habe, ist der Umgang mit Veränderung. Dass Veränderung als etwas Normales angesehen wird, der man positiv begegnet und auf die man sich sehr schnell einlässt. ■

3 Karriere-Tipps von Christof Ehrhart

1. Entscheide dich früh, ob du große Beiträge zum Drehen kleiner Räder leisten willst – oder kleine Beiträge zum Drehen großer Räder.

2. Übe dich in Komplexitätsreduktion. Als Kommunikationsmanager ist das deine Lebensaufgabe.

3. Prüfe, ob du wirklich gerne aus dir heraustrittst und kommunizierst. Kommunikationsmanagement ist ein Marathonlauf, kein Sprint. Und dafür braucht man ein großes Durchhaltevermögen.

Christof Ehrhart spricht über Jobs im turi2.de/podcast

»Im Kommunikationsmanagement wird oft das Blaue vom Himmel versprochen«

Christof Ehrhart, Chefkommunikator von Bosch, spielt gern im Konzert der großen Unternehmen mit. Um dort seinen Platz zu finden, hat er einen Plan verfolgt

72 Schon früh in seiner Karriere lässt der Politikwissenschaftler und TV-Journalist Christof Ehrhart ganz bewusst den „Glamour der Medienindustrie" hinter sich. Er begibt sich in „die raue Welt von Tabak und Arzneimitteln, um auch Kommunikation im Gegenwind zu beherrschen". Sein Ziel ist klar: Er will in die Riege der Dax-Unternehmen aufsteigen. Dafür sucht der Saarländer bewusst schwierige Aufgaben zur Vorbereitung. Und hat Erfolg: Mit 38 Jahren übernimmt er 2004 die Kommunikation des Pharma-Riesen Schering, seit 2019 arbeitet er als Chefkommunikator bei Bosch.

Ehrhart weiß, dass sein Job mit „erschwerenden Begleitumständen" wie Zeitdruck, plötzlichen Wendungen oder komplizierten Abstimmungen einhergeht. Doch er weiß auch, dass die Bewältigung eben dieser Probleme seine eigentliche Hauptaufgabe ist. AOL Bertelsmann, Airbus, Deutsche Post – Ehrhart hat schon viele große Player von innen gesehen. Es gefällt ihm, „immer mitten drin im Geschehen der Zeitläufe und am Puls der großen Entscheidungen" zu sein.

Gerade angesichts seiner Erfahrungen in Spitzen-Positionen haben seine Worte Gewicht, wenn er sich „mehr Ernsthaftigkeit" in der Branche wünscht. Kommunikationsmanagement sei „noch immer eine unreife Disziplin", häufig geprägt von falschen Versprechungen. Übermäßig perfektionistisch wirkt Ehrhart trotz allem nicht: „Wer nichts falsch macht, macht auch nichts richtig." Ein Allheilmittel ist aber auch die Kommunikation nicht. Es brauche „zum Reflektieren auch immer wieder viel Stille, die man aushalten können muss" – genauso wie den Gegenwind.

	Christof Ehrhart
Geb.	1966 in Saarbrücken
1987	Studium Politikwissenschaft in Saarbrücken, danach Promotion und freier TV-Journalist
1995	diverse Funktionen bei Bertelsmann
2004	Leiter Unternehmens-kommunikation Schering
2007	Kommunikations-Chef EADS
2009	Konzernsprecher Deutsche Post
2019	Leiter Unternehmens-kommunikation Bosch

Foto: PR

»Ich sehe keine Umwege. Nur Täler und steile Anstiege«

Sabia Schwarzer, Kommunikationschefin bei Merck, geht die Liebe zu Menschen über alles. Darüber vergisst sie manchmal sich selbst

73 Liebe ist für Sabia Schwarzer das Allerwichtigste: „Wenn man sich geliebt fühlt, kann man alle Herausforderungen meistern.“ Eine „Liebe für Menschen“ haben der Journalistin und Kommunikations-Expertin schon früh ihre Eltern mitgegeben. Von ihrem großen Vorbild, ihrer indischen Großmutter, die sich in einer Männerwelt behauptete, hat Schwarzer aber auch gelernt, „dass man, egal was die sozialen Konventionen sind, sich selbst treu sein und seinen Weg gehen kann“.

Sabia Schwarzer liebt es, „zu sehen, wie Menschen ihre Gabe nutzen, um sich, ihrem Umfeld und der Gesellschaft Gutes zu tun“. Kolleginnen, aber auch ihre Chefin ermutigt Schwarzer „neue Wege zu gehen, etwas zu wagen, dabei an Grenzen zu kommen und zu wachsen“. Damit ist sie selbst gut gefahren. Nach dem Studium arbeitet sie als Journalistin für die Deutsche Welle. Dann wechselt sie in die Unternehmenskommunikation der Allianz. 2015 übernimmt sie dort die Leitung, bevor sie 2022 zum Chemie- und Pharmakonzern Merck geht.

Das Beste an ihrem Job, sagt Schwarzer, ist, „dass ich Geschichten entdecken und erzählen kann“. Wenn sie Kollegen im Flur lachen hört, weiß sie: Das ist ein gelungener Arbeitstag. Mit ihrem besonderen Gefühl für Menschen versucht die dreifache Mutter „Abenteuer, Freude und Sinn in den Arbeitsalltag“ einzubringen. Was sie dabei manchmal vergisst, sind ihre eigenen Bedürfnisse. In Pakistan aufgewachsen, hat für Schwarzer lange Zeit der Familien-Koch in „dem ganzen Tohuwabohu um mich herum“ einen Ort der Ruhe und des Friedens geschaffen. Der fehlt ihr heute oft. „Ich verausgabe mich für andere, aber frage mich nie: Wie geht es dir eigentlich? Was brauchst du heute?“ Ihrem jüngeren Ich würde sie raten, sich ab und zu einfach mal in die Sonne zu legen, an nichts zu denken, sich nicht „für alles und jeden“ zuständig zu fühlen. Mittlerweile weiß sie: Nicht nur Liebe zu anderen zählt – sondern auch die zu sich selbst.

	Sabia Schwarzer
Geb.	1970 in Krefeld, aufgewachsen in Pakistan
1989	Studium Amerikanische Literatur
1995	Journalistin bei der Deutschen Welle
1996	Leiterin der Allianz-Kommunikation für die Region Asien-Pazifik, später für Nordamerika
2015	Kommunikationschefin für den gesamten Konzern
2016	Studium IT-Management
2022	Kommunikationsleiterin bei Merck

Tipp: „Sei neugierig und stelle Fragen. Nimm immer das Beste an. Übe, zu widersprechen“

»Et hätt noch immer jot jejange«

Michael Preuss, Bayer-Kommunikationschef, sieht die Dinge gelassen. Manchmal steigt sein Blutdruck trotzdem rasant

Michael Preuss

Geb.	1973 in Neuss
1994	Studium Germanistik, Medien- und Politikwissenschaften in Düsseldorf
1998	Pressereferent Nordamerika bei Bayer
2001	Promotion
2002	Abteilungsleiter Presse und PR Bayer MaterialScience
2005	Leiter Presse und PR Bosch
2008	Leiter Unternehmenspolitik und Presse bei Bayer
2016	Kommunikationschef Bayer

74 Als Rheinländer kennt Michael Preuss das „kölsche Grundgesetz" aus dem Effeff. Der erste Paragraph: „Et kütt, wie et kütt", es kommt, wie es kommt. Kurz nachdem Preuss 2016 Kommunikationschef von Bayer wird, kauft der Pharmariese den Glyphosat-Hersteller Monsanto. Über Bayer bricht ein Sturm herein, der bis heute kaum abgeflaut ist, Kursverfall, Milliardenklagen.

Pragmatiker Preuss umschreibt solche Herausforderungen mit rheinischer Positivität: Sein Job sei „extrem fordernd und abwechslungsreich". Auch, wenn es Momente gibt, „die den Blutdruck rasant ansteigen lassen": Er hat gelernt, „die Dinge mit Gelassenheit hinzunehmen, die ich nicht ändern kann – und mit Mut und Entschlossenheit die anzugehen, die ich ändern kann".

Seit fast 25 Jahren arbeitet Preuss für Bayer, unterbrochen von einem Intermezzo bei Bosch. Monsanto zum Trotz präsentiert er den Konzern nicht als Problemfall, sondern als Weltverbesserer mit Vision: „Health for all, Hunger for none." Vielleicht legt sich der Sturm um Bayer ja tatsächlich eines Tages. Ein weiterer Paragraph des „kölschen Grundgesetzes" lautet jedenfalls so: „Et hätt noch immer jot jejange." Es ist noch immer gut gegangen.

»Wichtig ist, einen eigenen Kompass zu haben«

Sebastian Rudolph, Kommunikationschef bei Porsche, nimmt seinen Job sportlich: angreifen, Chancen suchen, im Team gewinnen

75 Sebastian Rudolph orientiert sich gerne an Jürgen Klopp. Mit ihm ist der FC Liverpool 2020 nach 30 Jahren wieder englischer Meister geworden. „Vieles scheint unmöglich, bis man es geschafft hat" – dafür stehe Klopp. Rudolph überträgt Prinzipien aus dem Sport in den Beruf. Er hat dann gut gearbeitet, „wenn wir als Mannschaft erfolgreich waren – menschlich wie fachlich".

Der Kommunikationschef von Porsche startet als Journalist. Er berichtet für die ARD aus Berlin und Italien, bevor er erst in die Politik, dann in die Wirtschaft geht. Beim Autobauer krempelt er die Kommunikation um und führt regelmäßige „Boxenstopps" mit Beschäftigten ein, um ungezwungen plaudern zu können. Unter Journalistinnen gilt er als verlässlich, wenn auch leicht marketinglastig. Und als jemand, der sich bei Kritik nicht wegduckt.

Teil von Rudolphs Strategie ist heute auch der Podcast „9:11". Hier spricht er mit Gästen aus Wirtschaft, Gesellschaft und Sport über Themen wie Nachhaltigkeit oder Female Leadership. Zu Beginn der Corona-Pandemie nimmt er Videos auf, um mit den Beschäftigten verbunden zu bleiben. Und er fährt weiter ins Büro, weil „ein Kapitän immer der Letzte ist, der von Bord geht."

Sebastian Rudolph

Geb.	1976 in Gießen
1997	Studium der Politikwissenschaft
2004	TV-Journalist für die ARD
2009	Sprecher des Bundesverkehrsministeriums
2016	Sprecher des Industriedienstleisters Bilfinger
2019	Kommunikationschef Porsche

Tipp: „Immer offen für konstruktive Kritik bleiben und umgekehrt wertschätzendes Feedback geben"

Fotos: Selina Pfrüner, PR (2)

»Es gibt Bedarf auf allen Ebenen«

Gabriele Kaminski, Chefin der GK Personalberatung, verhilft PR-Profis zu gut bezahlten Jobs. Sie weiß, warum Auszeiten und Krisen auf dem Weg nach oben helfen

76 Sie arbeiten seit über 30 Jahren mit Kommunikationsprofis. Was gefällt Ihnen daran?
Die Branche ist voller extrem spannender Menschen, die intellektuell breit aufgestellt sind, neugierig bleiben und immer dazulernen wollen. PR-Professionals sind meist offener und aufgeschlossener als die anderer Berufsgruppen. Gerade die Jüngeren nehmen sich auch Auszeiten, sie gehen auf Reisen oder widmen sich Projekten. Ich finde das gut, weil sie dann oft mit wertvollen Erfahrungen in den Job zurückkehren.

Und wie geht's der älteren Generation in der PR?
Ich bin ein großer Fan von altersgemischten Gruppen, auch das ist gelebte Diversität, von der im Idealfall alle profitieren. Ich kenne aber wenige, die bis 67 in der Arbeitsmühle bleiben. Mit Ende 50 denken viele über eine Veränderung nach. Jedoch nicht, um sich in die Hängematte zu legen, sondern um was Anderes zu machen. Die bringen ihre Expertise in einem Startup ein, werden Berater oder engagieren sich sozial.

Was muss eine gute Kommunikationschefin können?
Früher lag der Fokus auf der externen Medienarbeit, heute sind mehr und andere Fähigkeiten gefragt: Die interne Kommunikation spielt eine ganz große Rolle, das Digitale, Change Management und Mitarbeiterführung. Die Disziplinen wachsen zusammen, auch die PR mit Marketing und HR. Das macht die Anforderungen komplexer.

Wer wird stärker gebraucht, der Alleskönner oder die Spezialistin?
Beide. Die Faustformel lautet: Je höher man auf der Karriereleiter steigt, desto mehr ist die Generalistin mit Management-Fähigkeiten gefragt.

Werden PR-Frauen in Führungspositionen angemessen bezahlt?
Lange war das nicht so. Männer haben einfach forsch eine Zahl genannt, Frauen blieben im Ungefähren. Das hat sich geändert. Jetzt drängt eine Generation nach vorne, die auch bei Gehaltsfragen selbstbewusst auftritt. Frauen, die schon in der Schule und an der Uni besser waren als die Jungs und sich was trauen. Zu dieser Entwicklung trägt auch der hohe Grad an digitaler und persönlicher Vernetzung bei.

Als Headhunterin kümmern Sie sich um Jobs mit einem Jahresgehalt ab etwa 100.000 Euro. Sprechen Sie auch mit PR-Talenten, die erst auf dem Weg dorthin sind?
Wir sind immer offen und freuen uns über Kontaktaufnahme. Daraus kann später eine Verbindung entstehen, und aus jedem Gespräch nimmt man etwas mit.

Auf welche Fragen sollten Kandidatinnen gefasst sein, die Sie für einen Job interviewen?
Uns interessiert, was jemand wirklich gemacht hat, auch mit konkreten Beispielen unterlegt. Wie die Person mit beruflichen Krisen umgegangen ist, welches Führungsverständnis sie hat und was sie heute anders machen würde. Wichtig ist, dass man ehrlich berichtet und sich auf ein offenes Gespräch einlässt.

Roland Karle

Gabriele Kaminski

Geb.	1958 in Frankfurt
1976	Studium Neuere Philologie in Frankfurt
1983	Consultant bei der AFK Akademie Führung und Kommunikation
1986	Senior Consultant bei Mülder & Partner
1991	Gesellschafterin und Geschäftsführerin der GK Unternehmens- und Personalberatung
2018	Vorstandsmitglied bei GWPR (Global Women in PR)

Tipp: „Entwickle interkulturelle Kompetenz, hab' Lust zum Managen und Gestalten"

Foto: Frau Winkelmann

Die Zukunft ist frei!
Mach Deine Ausbildung in einem Freien Beruf.
Freie Berufe sind Erfüllung, Freiheit, Gemeinwohl, Integration, Teamgeist, Transformation, Vertrauen und Zukunft. Ob Heil-, beratende, planende oder künstlerische Berufe – mehr Sinn geht nicht.
freie-berufe.de/berufliche-bildung-staerken
BFB
Bundesverband der Freien Berufe e.V.

3 Karriere-Tipps von Florian Scholbeck

1. Lernt journalistisches Handwerk in einer Lokalredaktion. Recherchieren, Themen finden, mit Leuten reden, unter Zeitdruck schreiben, sich ausprobieren – je mehr, umso besser.

2. Fragen sind Technik und Routine. Zuhören ist Haltung und Respekt gegenüber den Menschen, da liegen die Geschichten.

3. Nichts wird so heiß gegessen, wie es gekocht wird! Erst recht nicht in der Kommunikation. Verwende Energie für die wirklich wichtigen Dinge.

Florian Scholbeck spricht über Jobs im turi2.de/podcast

»Behaltet eure Neugier und Unvoreingenommenheit«

Florian Scholbeck, Geschäftsführer Kommunikation bei Aldi Nord, hat die Türen zum verschlossenen Discounter geöffnet. Bis es soweit war, hat er vieles ausprobiert

77 Große Umwege ist Florian Scholbeck nie gegangen – „weil ich niemals ein konkretes, berufliches Ziel hatte". Seine Neugier sorgt aber dafür, dass sein Lebenslauf gespickt ist mit ungewöhnlichen Wendungen: Er studiert Bauingenieurwesen in München und verdient sich währenddessen beim Rettungsdienst etwas dazu, zeitgleich sammelt er seine ersten journalistischen Erfahrungen als Lokal- und Sportreporter. Die längste Zeit seines bisherigen Berufslebens verbringt der gebürtige Münchner beim Bayerischen Rundfunk, unter anderem als Anchorman beim Inforadio B5 aktuell sowie in der Intendanz. Nebenbei studiert er für den Master of Business Administration.

„Jeder neue Job war im besten Sinn ein nächster Schritt", sagt Scholbeck. Als Unternehmensberater knüpft er die ersten Bande mit Aldi Nord. 2017 macht ihn der Deutschen liebster Billigheimer zum ersten Geschäftsführer Kommunikation. Den Discounter möchte er, passend zur Produktpalette, „unaufgeregt, respektvoll und mit Humor an der rechten Stelle" vertreten.

Den Schritt in die PR meistert Scholbeck mit einer „positiv zugeneigten Distanz", wie er es nennt. „Überall dabei sein, nie dazugehören, sich mit keiner Sache gemein machen, auch nicht mit einer guten", zitiert er den früheren „Tagesthemen"-Moderator Hajo Friedrichs. Der hatte bei dieser Weisheit zwar die Nachrichten-Branche im Kopf, Scholbeck tritt die Unternehmenskommunikation aber genauso an. Seinen Job als Kommunikator sieht er jenseits der professionellen Schreibstube, er will „Teil der Wertschöpfungskette und ehrlicher Berater" zugleich sein.

	Florian Scholbeck
Geb.	1972 in München
1994	Studium Bauingenieurwesen in München
1999	Deutsche Journalistenschule München
2001	Redakteur und Moderator beim Bayerischen Rundfunk
2015	Unternehmensberater bei Combine Consulting
2017	Kommunikationschef Aldi Nord

»Sei gut zu dir selbst«

Lynette Jackson

Geb	1972 in Rinteln
1991	Französisch-Studium in Birmingham und Montpellier
1998	Diverse Kommunikationsjobs bei TRW Automotive in Soilhull, UK und Detroit, USA
2013	Kommunikationsleiterin bei ABB in Zürich
2018	Leitung der Kommunikation für Smart Infrastructure bei Siemens in Zug, Schweiz
2021	Kommunikationschefin bei Siemens in München

Lynette Jackson, globale Kommunikationschefin bei Siemens, lernt nach einer Krankheit ihr Leben neu zu schätzen. Zum Kontakte knüpfen nutzt sie „magischen Feenstaub“

78 Zweimal in ihrem Leben nimmt Lynette Jackson eine längere Auszeit. Das erste Mal ganz freiwillig: Als 30-Jährige legt sie mit ihrem Mann ein Sabbatical ein – eine „wunderbare Erfahrung“. Damals arbeitet die Engländerin beim Automobilzulieferer TRW. Zwei Arbeitgeber später landet sie 2018 bei Siemens im schweizerischen Zug – und muss nach zwei Jahren eine Zwangspause aufgrund von Brustkrebs einlegen.

Insgesamt sieben Monate unterzieht sich Jackson einer Therapie und verarbeitet ihre Gedanken in einem Blog. Energie tankt die ehemalige Profi-Synchronschwimmerin in den Schweizer Seen. Jackson ist heute „wieder ganz gesund“ und pfeift auf Optimierungsdruck. „So viele Menschen konzentrieren sich darauf, was sie besser machen können – anstatt sich vor Augen zu führen, welch hervorragende Arbeit sie leisten.“

Als neue Kommunikationschefin bei Siemens in München möchte sie den Nutzen von Technologien betonen und trotzdem menscheln. Daher streut Jackson gerne „magischen Feenstaub“ auf rationale Aspekte, und meint damit die partnerschaftliche Ansprache von Beschäftigten, Kundinnen und Aktionären. Bei jedem Projekt achtet sie zudem darauf, sich genügend Zeit zu nehmen, „um meine Batterien wieder etwas aufzuladen“. Denn davon, so ist sie überzeugt, profitieren am Ende alle.

»Abseits der Komfortzone wird es wirklich spannend«

Monika Schaller, Unternehmenssprecherin der Deutschen Post DHL, liebt Krisen. Davon hat sie schon einige gemeistert

79 Sie hat geschafft, was für Pressesprecherinnen nicht selbstverständlich ist: Journalistinnen mögen Monika Schaller. Ihr Erfolgsrezept: niemals lügen, transparent sein, im Ernstfall telefonieren und Dinge persönlich besprechen. Kommunikation ist ihre Stärke: „Mein Vater hat mal den Scherz gemacht, dass ich dafür bezahlt werde, was ich am liebsten tue: Reden.“ Sie beschreibt sich als „krisenkommunikationssüchtig“.

Das hängt auch mit ihren letzten Jobs zusammen: Goldman Sachs und die Deutsche Bank hatten einige Notlagen zu bieten. Goldman Sachs lenkt sie durch die Finanzkrise 2008. Auch bei der Deutschen Bank muss sie Skandale von Geldwäsche bis Steuerhinterziehung beackern. Ihre DNA stamme von Goldman Sachs, sagte Schaller einst in einem Interview. Sie mag das Gefühl: „Wir gegen den Rest der Welt.“

Statt Geldströmen sind Warenströme heute ihr Thema. Auch als Sprecherin der Deutschen Post wartet eine Krise: die Corona-Pandemie. Ad hoc braucht es digitale Formate und Kommunikations-Mensch Schaller fehlen persönliche Kontakte. Künftig würde sie gern in einer nachhaltigeren Welt leben und sich im Beruf weniger mit Fake-News herumschlagen müssen. Ihr Job-Motto bleibt aber weiterhin: „je stürmischer, desto besser“.

Monika Schaller

Geb.	1970 in Wien
1990	BWL-Studium in Wien
1998	Sales Trador bei der CA Investment Bank
2000	Reporterin bei Bloomberg
2003	Unternehmenssprecherin bei der Citigroup Bank
2007	Unternehmenssprecherin bei Goldman Sachs
2016	Vize-Pressechefin bei der Deutschen Bank
2019	Unternehmenssprecherin der Deutsche Post DHL Group

Fotos: ALDI Nord, PR (2)

3 Karriere-Tipps von Karin Schlautmann

1. Sei neugierig und verschaffe dir eine breite Allgemeinbildung.

2. Lerne, in starken Botschaften zu denken.

3. Befasse dich intensiv mit Medien in ihrer ganzen Vielfalt: Schau dir den Wirtschaftsteil deiner Lokalzeitung genauso neugierig an wie Reels auf TikTok, Threads auf Twitter oder ein internationales Magazin wie den „New Yorker".

Karin Schlautmann spricht über Jobs im turi2.de/podcast

»Erkenne die Kraft einer guten Geschichte«

Karin Schlautmann, Leiterin der Unternehmenskommunikation bei Bertelsmann, liebt alles Neue in der Medienwelt, will aber auch Altes bewahren

80 Wenn es etwas Neues in der Medienwelt gibt, saugt Karin Schlautmann es auf. Ständig ist sie auf der Suche nach innovativen Tools und Kommunikationswegen. Per Online-Studium bildet sie sich zu Themen wie Datenanalyse und Künstlicher Intelligenz weiter, die „in der Kommunikation immer wichtiger werden". Sie brauche Infos aus verschiedensten Quellen, um „Entwicklungen und Stimmungen einschätzen und kommunikative Chancen ausloten zu können".

Als Chefin der Unternehmenskommunikation bei Bertelsmann muss sie große Zukunftsthemen angehen: Bis 2030 will der Konzern klimaneutral sein. Und auch Diversität stellt sie als wichtigen Aspekt für ihr Team heraus, das mit Medien aus allen Teilen der Welt zusammenarbeitet. Diesen Blick nach vorne verbindet sie mit Bewahrung und Reflexion der Vergangenheit. Schließlich vermittelt ihre Abteilung auch das kulturelle Engagement von Bertelsmann, von der Restauration bedrohter Stummfilme bis zum Ricordi-Archiv in Mailand, das Dokumente der italienischen Operngeschichte verwaltet.

Schlautmann schwärmt von der Vielfalt ihrer Aufgaben. Sie beginnt ihre Karriere mit einem Volontariat beim „Westfalenblatt", arbeitet bei „Bild", „Bunte" und „Gala" und übernimmt schließlich auch die Chefredaktion der „Frau im Spiegel". Bei Bertelsmann ist sie mittlerweile eng mit dem Management verbunden und freut sich, „aus erster Hand" über die Konzern-Strategie informiert zu sein. Wer in der Medienwelt arbeiten will, muss Neugier und die Bereitschaft zu ständiger Veränderung mitbringen, empfiehlt sie – und hofft, dass sie in ihrem nächsten Leben wieder dort landen wird. Sie kann sich „keine spannendere Branche vorstellen".

	Karin Schlautmann
Geb.	1965 in Herzebrock-Clarholz
1987	Volontariat beim „Westfalen-Blatt" in Bielefeld
1994	Redakteurin für „Gottschalks Late Night"
1995	„Bild"-Chefreporterin in München
2002	Stellvertretende „Gala"-Chefredakteurin
2003	Chefredakteurin bei „Frau im Spiegel"
2007	Kommunikationschefin der Bertelsmann-Stiftung
2011	Leiterin der Unternehmenskommunikation bei Bertelsmann

Foto: Bertelsmann/Jan Voth

Ausbildung

Universität Hamburg
In vier Semestern zum Master in „Human Resource Management/Personalpolitik"
uni-hamburg.de

Haufe Akademie
Seminare und Trainings von Arbeitsrecht über HR Digital bis Talent Management
haufe-akademie.de

Universität St. Gallen
In den Fachbereichen lehren renommierte HR-Professorinnen wie Heike Bruch und Antoinette Weibel
unisg.ch

Fachmedien

Personalmagazin
Nach eigenen Angaben meistgelesenes Fachmagazin im Personalwesen. Kürt jedes Jahr die „40 führenden HR-Köpfe"
personalmagazin.de

Personalwirtschaft
HR-Traditionsblatt, das neben Onlineportal, Newsletter und Podcast auch Studien publiziert
personalwirtschaft.de

Human Resources Magazin
Fachtitel, der eng mit dem Bundesverband der Personalmanager (BPM) kooperiert
humanresourcesmanager.de

Podcasts

„Handelsblatt Rethink Work"
Kirsten Ludowig und Charlotte Haunhorst

„Arbeitsphilosophen – Die Zukunft der Arbeit"
Frank Eilers

„Saatkorn Podcast"
Gero Hesse

Einkommen pro Jahr

Trainee Human Resources:
35.000 €
Personalmanagerin:
64.000 €
SAP-Personalvorstand:
4,1 Mio. €

Perspektiven

Personalerinnen im Chefsessel, Werben um Talente, Erfolg mit Empathie

Zu Jahresbeginn 2022 wird die Personaldirektorin Katharina Herrmann in den Vorstand von Hubert Burda Media befördert. Christine Scheffler hat den Sprung zum Vorstand Personal bei ProSiebenSat.1 schon vorher geschafft, und die frühere Microsoft-Deutschland-Chefin Sabine Bendiek ist jetzt Chief People & Operating Officer und Arbeitsdirektorin bei SAP.

Drei Personalien, die für einen Trend stehen: Unternehmen betrachten ihre Mitarbeitenden mehr denn je als zentralen Erfolgsfaktor und machen das Thema deshalb zur Chefinnen-Sache. In vielen Branchen fehlt es an qualifizierten Kräften, hinzu kommt die demografische Lücke durch den beginnenden Rückzug der Boomer. Und ein verändertes Karrierebewusstsein der jüngeren Generation, die den Job ihrem Leben anpassen wollen und nicht umgekehrt. Außerdem sind Vielfalt, Chancengerechtigkeit, Nachhaltigkeit in Unternehmen inzwischen zu relevanten Kriterien bei der Arbeitgeberwahl geworden.

Wenig erstaunlich also, dass Fachkräfte für Human Resources so stark gefragt sind. Laut Fachkräfte-Index der Personalberatung Hays hat sich die Nachfrage binnen sieben Jahren verdreifacht. Dabei zeichnet sich ab, dass Leute für HR-Controlling und HR-Spezialistinnen mit IT-Kompetenz zu den am meisten gefragten Profilen gehören. Ebenfalls gesucht: Recruiting-Spezialistinnen, also die, die die passenden Talente in die richtigen Jobs holen. Dafür braucht es: Menschenkenntnis, Empathie – und ein Gespür für gesellschaftliche Trends, die Jobsuchenden heute wichtig sind.

New Work

Steht für einen tiefgreifenden Wandel der Arbeitswelt, in der Unternehmen ihren Angestellten mehr Mitsprache, persönliche Freiheiten und Entwicklungsmöglichkeiten einräumen.

Onboarding

Was nach Flughafen und Abheben klingt, bedeutet in der HR, neue Mitarbeiterinnen zu begrüßen, einzuarbeiten und zu integrieren – und das in Corona-Zeiten häufig virtuell.

Recruiting 4.0

Personalgewinnung mit Hilfe von Algorithmen und künstlicher Intelligenz, etwa das automatische Abgleichen („Matching") von Stellen- und Bewerber-Profilen.

Foto: Picture-Alliance

3.000 Bauarbeiter posieren 1959 auf dem Rohbau eines Wolkenkratzers in New York

Personalarbeit

Ein engagiertes Team ist ein wichtiger Erfolgsfaktor. Unternehmen brauchen daher Menschen, die Posten schlau besetzen und Mitarbeiterinnen mitreißen können

»Ein Personalchef muss raus, mitten auf den Marktplatz«

Cawa Younosi, Head of People bei SAP, ist Personalchef von Deutschlands wertvollstem Unternehmen – und muss dennoch um Talente werben

Von Roland Karle (Text) und Wolfgang Stahr (Fotos)

81 Sie waren Kioskbetreiber und Handyverkäufer, haben Jura studiert und als Arbeitsrechtler gearbeitet. Wie geradlinig dürfen und wie kurvenreich sollten Lebensläufe sein?
Dafür gibt es kein Maß. Was ich sagen kann, ist: Je mehr Einkerbungen jemand im Leben erleidet, etwa durch Trauer oder Krankheit, desto empathischer wird er oder sie in aller Regel sein. Diese Erfahrung habe ich selbst gemacht und öfter auch bei anderen gesehen. Gerade in Zeiten des Fachkräftemangels rate ich dazu, individuelle Skills nicht geringer zu gewichten als Abschlüsse.

Mit 14 kamen Sie aus Afghanistan nach Deutschland. Wie hat das Ihren Blick aufs Leben geprägt?
Wenn man als junger Mensch plötzlich allein in einem fremden Land ist, dann entwickeln sich sehr feine Antennen dafür, wie man sich verhalten sollte, um dazuzugehören. Dadurch habe ich sicher ein hohes Maß an Empathie und emotionaler Intelligenz erworben. Und ich habe früh gelernt, mit einer gewissen Gelassenheit durchs Leben zu gehen.

Was müssen Personalchefinnen heute und künftig können, was früher nicht verlangt wurde?
Das Wichtigste ist, dass sie aus dem Keller herauskommen und sich zeigen. Sie sind im Idealfall so etwas wie ein Seismograph, der die Schwingungen einer Organisation erspürt. Und sie tragen aus meiner Sicht eine ganz wesentliche Verantwortung: die Kultur eines Unternehmens zu bewahren und weiterzuentwickeln, und zwar ganz unabhängig davon, wer gerade an der Firmenspitze sitzt.

Wie hat sich die Rolle des Personalwesens verändert?
Lange Zeit war HR in der allgemeinen Wahrnehmung zuallererst ▶

»Wir sind hier nicht auf dem Ponyhof. Bei uns wird Leistung verlangt, der Erfolg misst sich an Umsatz und Gewinn«

eine Kostenstelle. Das bleibt sie zwar, aber es wird deutlich, warum es unsere Disziplin braucht. Gerade in Corona-Zeiten waren die HR-Abteilungen enorm gefordert, ihr Ansehen und ihre Relevanz sind gestiegen. Der Personalmangel stellt sie vor eine weitere Herausforderung. Es geht darum, Talente nicht nur zu rekrutieren, sondern auch zu halten. Da muss die HR eine noch aktivere Rolle einnehmen.

Die Alterspyramide steht auf dem Kopf, überall fehlt Nachwuchs. Muss auch die SAP, Deutschlands wertvollste Firma, sich inzwischen um Mitarbeitende bewerben?
2021 bekamen wir für die letztlich besetzten 1.500 Stellen in Deutschland über 122.000 Bewerbungen, so viele wie nie zuvor. Das liegt sicher daran, dass SAP wirtschaftlich erfolgreich und als Arbeitgeber gut positioniert ist. Dennoch kämpfen wir, wie andere Konzerne auch, um bestimmte Skills, die knapp geworden sind. Zum Beispiel fehlt es an Software-Architekten und Java-Programmierern. Deshalb gehen wir neue Wege und bewerben uns gelegentlich auch bei Mitarbeitenden, etwa mit unserem „Vacant“-Programm.

Was ist das für ein Programm?
SAP-Führungskräfte präsentieren vor Jobsuchenden vakante Stellen, beschreiben Position und Aufgabe, sprechen über sich und ihr Team, beantworten Fragen. Mit „Vacant“ sind wir intern gestartet und haben es inzwischen auch für Externe geöffnet. Letztes Mal kamen mehrere hundert Interessierte. Das ist für beide Seiten besser, schneller und effizienter. Der Vorteil für die Kandidatinnen und Kandidaten ist, dass sie sich ein klares Bild machen, gezielt nachhaken und dann entscheiden können, ob sie sich bewerben wollen. So entstehen keine falschen Erwartungen, zugleich lernen wir Leute kennen und bauen Kontakte auf.

Wird HR-Management zu einer Kommunikationsdisziplin?
HR ist schon immer eine Kommunikationsaufgabe. Es geht um Menschen und ihre Bedürfnisse, um den Dialog zwischen Unternehmen und Mitarbeitenden. Bei SAP sind nahezu alle administrativen Abläufe digitalisiert, dadurch haben wir genügend Ressourcen, um uns intensiv um die Belange unserer Belegschaft zu kümmern. Für uns sind zufriedene Mitarbeiter genauso wichtig wie zufriedene Kunden.

Geht's im Kern darum, ein Wohlfühlklima zu schaffen?
Das klingt mir zu kuschelig. Wir sind hier nicht auf dem Ponyhof. Bei uns wird Leistung verlangt, der Erfolg misst sich an Umsatz und Gewinn. Aber wir pflegen eine ausgeprägte Kultur der Mitarbeiterorientierung, sie gehört bei SAP zur DNA. Sport- und Tennisplätze auf dem Firmengelände und kostenloses Mittagessen gab es schon, als das anderswo noch kein Thema war. Bedürfnisse ändern sich, darauf gehen wir ein. Individuelle Interessen brauchen ein entsprechend differenziertes Programm – und SAP will der flexibelste Arbeitgeber Deutschlands bleiben.

Warum ist das so wichtig?
Weil sich die Erwartungen der Mitarbeitenden verändert haben und sie durch flexible Arbeitsmodelle ihr Privat- und Berufsleben individueller gestalten können. Wir schreiben zum Beispiel seit 2018 auch alle Führungspositionen in Teilzeit aus, zudem können sich zwei Leute einen Job teilen. Es ist ebenso möglich, die eigene Stelle in Fach- und Führungsjob zu splitten. Das war selbst für ein modernes Haus wie SAP ein großer Schritt, aber er hat sich gelohnt. Ich habe wohl noch nie so viele positive Mails aus der Belegschaft bekommen wie nach Ankündigung dieser Neuerung.

Was macht ein Unternehmen zu einem attraktiven Arbeitgeber?
Ich denke, es kommt sehr auf die grundsätzliche Haltung an, die bei uns lautet: Der Mensch zuerst. Davon leitet sich alles andere ab. Dieses Selbstverständnis muss natürlich ganz oben verankert sein und im Unternehmen gelebt werden. Konkret geht es um Aspekte wie faire Bezahlung, flexible Arbeitszeit, Vielfalt, Chancengleichheit, Nachhaltigkeit.

Hat das Gehalt als Anreizfaktor an Bedeutung verloren?
Geld gibt in unserer Branche selten den Ausschlag. Weniger die absolute Höhe des Gehalts ist entscheidend, sondern vielmehr das Gefühl, fair vergütet zu werden.

Was verdient der akademische Nachwuchs bei SAP?
Das geht bei etwa 50.000 Euro im Jahr los, nach fünf Jahren kann das Gehalt, ganz grob zur Orientierung und abhängig von Job und Leistungsentwicklung, bei rund 80.000 Euro liegen. Wir achten sehr auf Transparenz, sodass für jeden Job die Stufen der Gehaltsspanne bekannt sind. Und wir verpflichten uns zu Fair Pay, also dass es keine Unterschiede nach Alter, Geschlecht oder Voll-/Teilzeitmodell gibt. Insgesamt entfallen 48 Prozent der zusätzlichen Ausgaben von SAP in diesem Jahr auf die Mitarbeiter, ich kenne kein anderes Unternehmen dieser Größenordnung und Branche mit einer ähnlich hohen Quote.

Wie sehr beeinflussen Themen wie Frauenförderung, Vielfalt, ▶

Cawa Younosi

Geb.	1974 in Kabul
1999	Retail Sales bei Vodafone
2004	Jurastudium in Bonn
2006	Referent Konditionen und Arbeitsrecht Deutsche Telekom, Bonn
2007	Specialist Labor Law bei TNT Express
2007	Leiter Arbeitsrecht und Sozialpartnermanagement bei Atos Origin
2009	Rechtsberater bei SAP
2011	Director Corporate Affairs SAP
2018	Head of People Germany SAP
2022	Global Head of People Experience SAP

»Führen muss man können
und wollen, das findet nicht jede und jeder
erstrebenswert. Warum auch?«

Inklusion, Neue Arbeit, Nachhaltigkeit und Digitalisierung die Wahl für oder gegen einen Arbeitgeber?
Sie sind zu maßgeblichen Auswahlkriterien geworden. Nachhaltigkeit zum Beispiel hat in den vergangenen drei, vier Jahren enorm an Relevanz gewonnen. Aber auch ernstgemeinte Inklusion und Vielfalt erwarten Bewerberinnen von ihrem Arbeitgeber. Geld macht vielleicht kurzfristig glücklich, aber wichtiger ist auf Dauer die Unternehmenskultur.

Werden sich diese Trends dauerhaft durchsetzen?
Das sind Game Changer, eindeutig. Als Unternehmen achten wir aber auch darauf, dass kein blinder Aktionismus entsteht. Wir fragen nach dem Sinn dahinter. Bei Diversity zum Beispiel geht es nicht um starre Besetzungsmuster, sondern um Chancengerechtigkeit, die am Ende dazu führt, dass auf jeder Position die jeweils beste Kraft eingesetzt wird und die besten Teams zusammenarbeiten.

Treten Einsteiger und junge Berufstätige heute fordernder auf?
Das kann ich so pauschal nicht erkennen. Aber ihre Werte haben sich im Vergleich zu früheren Generationen eindeutig verschoben. Feedback ist ihnen wichtig, Wertschätzung, die Möglichkeit zu mobilem Arbeiten. Das spiegelt den aktuellen Zeitgeist.

Wie waren Sie selbst als Bewerber in Vorstellungsgesprächen?
Ehrlich gesagt, nicht besonders gut. Ich musste erst lernen, dass man doch eine Rolle spielt bei einem solchen Gespräch. Das bedauere ich sehr und will unseren Bewerberinnen und Bewerbern daher jetzt das Gefühl vermitteln, dass sie sich nicht verstellen müssen und sich ganz so geben können, wie sie sind.

Welche berufliche Entscheidung hat Ihren Karriereweg am stärksten beeinflusst?
Das Arbeitsrecht war im Studium kein Schwerpunkt, ich hatte auch kein besonderes Interesse dafür. In der letzten Station als Rechtsreferendar, der sogenannten Wahlstation, bot es sich als Gelegenheit dann aber an – und es war für den weiteren Berufsweg ein interessanter Startpunkt. Meine Erkenntnis daraus: Sich bietende Gelegenheiten muss man am Schopfe packen und nicht zu lange über alle Eventualitäten nachdenken.

Was versteht die jüngere Generation unter „Karriere machen“?
Früher waren Menschen eher bereit, ihr Privatleben dem Job unterzuordnen oder es danach auszurichten. Karriere bezog sich sehr auf Titel und Hierarchien, da herrscht heute ein anderes Verständnis. Man kann es vielleicht so formulieren: Karriere machen bedeutet, wenn Gestaltungsmöglichkeit auf Wertschätzung trifft.

Wie motivieren Sie Ihre Leute dazu, dass sie Verantwortung übernehmen, Führungskraft sein und befördert werden wollen?
Das ist individuell sehr unterschiedlich. Führen muss man können und wollen, das findet nicht jede und jeder erstrebenswert. Warum auch? Es gibt hervorragende Experten, die in traditionellen Strukturen nur durch einen Wechsel in Führungspositionen aufsteigen können, aber sich im Management-Job nicht wohlfühlen. Wir haben uns davon freigemacht und bieten für Fach- und Führungskraft gleichwertige und gleichdotierte Wege an. Bei SAP haben Mitarbeitende sogar die Möglichkeit, zwischen Experten- und Führungslaufbahn zu switchen.

Wo und wie werden Menschen künftig arbeiten?
Bei SAP haben wir schon 2018 hybrides Arbeiten eingeführt. Mitarbeitende können wählen und nach Absprache mobil arbeiten. Durch Corona ist das Thema nun überall richtig groß geworden. Wir haben noch vor der Pandemie eine Befragung gemacht und herausgefunden, dass unsere Leute statistisch gesehen 2,6 Tage pro Woche zu Hause arbeiten, also rund die Hälfte der Zeit. Interessanterweise gibt es kaum Unterschiede nach Position, Alter, Geschlecht, Wohnort, Teil- oder Vollzeitbeschäftigung.

Braucht es künftig noch schicke Büros und große Firmenzentralen?
Die Unternehmenszentrale in Walldorf wird in den nächsten Jahren umgebaut, veränderte Arbeitsgewohnheiten und Präsenzzeiten werden da natürlich berücksichtigt. Zum Beispiel wollen wir Meetingräume aufwerten und noch moderner ausstatten. Es ist wichtig, in den Bürokomplexen eine eigene Atmosphäre zu schaffen.

Wie bekommen Sie mit, was Ihre Kolleginnen und Kollegen bewegt, wie die Stimmung ist, was die großen aktuellen Themen sind?
Ich bin seit fast elf Jahren bei SAP und gut vernetzt. Es gibt Gremien und Gruppen, denen ich angehöre. Man kann mich aber auch einfach direkt anschreiben, was reichlich getan wird. Auf Social-Media-Kanälen wie Linked-in und Instagram poste ich regelmäßig, auch da entsteht Kommunikation. Zweimal im Jahr gibt es große Mitarbeiterbefragungen, die ein Stimmungsbild erkennen lassen. Außerdem sind persönliche Begegnungen und Kontakte wichtig, ob auf dem SAP-Campus oder in der Kantine.

Es gibt erst wenige Personalchefs, die öffentlich so häufig auftreten, digital präsent sind und so kommunizieren wie Sie. Warum?
Vielleicht bestehen Unsicherheiten und Vorbehalte, die Personalarbeit eines Unternehmens nicht angemessen repräsentieren zu können oder mit modernen Kanälen wie Social Media zurecht zu kommen. Ich tue das, weil es mir Spaß macht und weil ich eine berufliche Notwendigkeit darin sehe. Als HR-Manager müssen wir sichtbar sein für Mitarbeitende und den Dialog suchen. Ein Personalchef muss raus, mitten auf den Marktplatz, um zu wissen, was los ist. ■

»Führen und fördern, entscheiden und verändern«

Katja van Doren, Finanz- und Personalchefin von RWE Generation, soll verhindern, dass der Energieriese zum Fossil wird. Neugier auf Neues ist dafür Grundvoraussetzung

82 In Gehaltsverhandlungen hält sich Katja van Doren an Sheryl Sandberg. Die Tipps der ehemaligen Facebook-Managerin haben „hervorragend geklappt“, verrät die Vorständin von RWE Generation.

„Werde und bleibe finanziell unabhängig“: Diesen Ratschlag hört Katja van Doren schon von ihrer Mutter, die als Steuerberaterin auf eigenen Füßen steht. Bei ihrer Karriere macht sie keine Umwege. „Weggabelungen“, an denen sie „zukunftsweisende Entscheidungen“ zu treffen hat, gibt es aber sehr wohl: An der Uni entscheidet sie sich für BWL und gegen Germanistik. Später zieht sie eine Ausbildung zur Wirtschaftsprüferin und Steuerberaterin dem direkten Berufseinstieg vor.

Katja van Doren ist gerne unterwegs und neugierig auf Neues, auf Menschen, Länder, Kulturen. Und die Zukunft: „Mir macht es Spaß, am Puls der Zeit zu sein.“ Eine Konstante gibt es aber immer: „den Entschluss, eine Vollzeittätigkeit so zu gestalten, dass ich viel Zeit mit meiner Familie verbringen kann“. Sie ist mit einem Franzosen verheiratet und hat zwei Kinder.

Seit mehr als 20 Jahren gehört auch RWE zu den Konstanten in Katja van Dorens Leben. Sie hat sich dort von der Abteilungsleiterin Steuern in den Vorstand von RWE Generation hochgearbeitet. In diesem Unternehmen mit 3.000 Beschäftigten hat der Energieriese seine Gas-, Kohle-, Wasser- und Biomassekraftwerke untergebracht.

RWE steckt tief in der Energiewende. Und van Doren trägt dazu bei, dass der Konzern nicht selbst zum Fossil wird. „Ich bin fest davon überzeugt, dass ein Team aus unterschiedlichsten Talenten, mit unterschiedlichster Herkunft und unterschiedlichsten Interessen mehr Wert schafft, als es nur die Summe der Arbeit aller Einzelnen kann“, sagt sie. Sheryl Sandberg könnte das wohl so unterschreiben.

3 Karriere-Tipps von Katja van Doren

1. Mache das, was dir Spaß macht – mit Plan. Baue dir ein Netzwerk auf, in dem du unterstützt wirst und in dem du unterstützen kannst.

2. Mache Dich unabhängig, indem du dich weiterentwickelst, Herausforderungen annimmst. Insbesondere mit Blick auf junge Frauen: Mache dich auch finanziell unabhängig.

3. Frage deine Kinder, die Jugend, deine jungen Mitarbeitenden nach ihrer Meinung und diskutiere mit ihnen. Tue das so früh wie möglich.

	Katja van Doren
Geb.	1966 in Hilden, Rheinland
1985	Studium BWL und Germanistik in Köln und Paris
1991	Vorstandsassistentin bei der KPMG, später Prüfungsleiterin in Paris
1996	Steuerberaterexamen
1997	Wirtschaftsprüferexamen, Managerin KPMG
1999	Abteilungsleiterin Steuern RWE
2017	Finanz- und Personalvorständin RWE Generation

»Entscheidender Erfolgsfaktor ist Vielfalt«

Martin Seiler, Vorstand Personal der Deutschen Bahn, managt den demografischen Wandel im Vier-Generationen-Konzern

Martin Seiler

Geb.	1964 in Baden-Baden
1980	Berufseinstieg bei der Deutschen Post
2003	Manager Deutsche Post
2009	Personalchef aller DHL-Gesellschaften in der Schweiz und Österreich
2010	HR-Direktor bei Deutscher Telekom
2015	Geschäftsführer Personal bei der Deutschen Bahn
2018	Vorstand Personal und Recht bei der Deutschen Bahn

83 Große Zahlen machen Martin Seiler keine Angst. Bei der Telekom war er für 70.000 Menschen verantwortlich, bei der Deutschen Bahn sind es über 330.000. Sie stammen aus mehr als hundert Kulturkreisen und vier Generationen. Rund die Hälfte wird in den nächsten zehn Jahren altersbedingt das Unternehmen verlassen. Den Wissenstransfer zwischen Alt und Jung zu managen, ist für den Personalvorstand eine der wichtigsten Aufgaben. „Ich brenne dafür, Menschen für Veränderungen zu begeistern und ihr volles Potential zu entlocken." Seiler möchte ermutigen, „Dinge auszuprobieren und auch mal was zu wagen". Das gilt auch für Seiteneinsteigerinnen. „Jeder Mensch hat Talente. Und wir sollten die Chance nutzen, sie gemeinsam zu finden", sagt Seiler. Dieses Etwas-bewegen-Können mag er besonders – und erst recht, dass er „einen entscheidenden Beitrag zur Klima- und Mobilitätswende leisten kann".

Ideen bewertet Seiler stets aus drei Perspektiven: Kunde, Mitarbeiter, Unternehmen. Gibt es auch nur für eine der drei kein Argument, sollte man das Thema nicht umsetzen. „Eine gute Methode, um eine Balance verschiedener Interessen herzustellen."

»Take it easy, stupid!«

Daniela Büchel, Bereichsvorstand Handel bei Rewe, will bei ihren Kolleginnen Leidenschaft entfachen. Manchmal muss sie sich dabei selbst bremsen

84 Als Daniela Büchel vor 15 Jahren bei Rewe die Verantwortung für das Ressort Nachhaltigkeit übernimmt, wird sie oft wohlwollend belächelt – im besten Fall. Das hat sich radikal geändert. „Ich habe wirklich mit Leidenschaft und Herzblut für dieses Thema gearbeitet", sagt sie. „Meine schönsten Erlebnisse waren zu sehen, wie es uns gelungen ist, die Kolleginnen und Kollegen dafür zu begeistern."

Veränderung beginnt im Kleinen, davon ist Büchel überzeugt. Ohne Geduld und Demut würden große Ziele nicht erreicht. Geduldig arbeitet sie auch an einer eigenen Schwäche: Sie will lernen, etwas langsamer zu sprechen. „Dann lassen sich vielleicht nicht mehr alle Botschaften in gleicher Zeit senden, aber dem einen oder anderen fiele das Zuhören sicher leichter."

Im Job wünscht Büchel sich und allen anderen „Sparrings-Partner, die neue Perspektiven und Denkmöglichkeiten anbieten". Gerade die Erfolgreichen, glaubt sie, „sind gefährdet, in die Falle des Tunnelblicks zu tappen".

Büchel brennt für ihren Job, aber die „erste Leidenschaft" der zweifachen Mutter ist die Familie. Und dann gibt es da noch zwei verborgene Träume: Fürs nächste Leben könnte sie sich auch einen Job als Bergführerin in den Alpen vorstellen. Oder als Drummerin in einer Punkband.

Daniela Büchel

Geb.	1973 in Stuttgart
1992	Studium der Wirtschaftswissenschaft in Hohenheim und Lissabon
2002	Promotion in Köln
2003	MitarbeiterIn Controlling, Rewe Group
2006	Bereichsleiterin Konzernmarketing und Nachhaltigkeit
2014	Geschäftsleiterin Personal und Nachhaltigkeit
2016	Bereichsvorstand Handel Deutschland, zuständig für Personal und Nachhaltigkeit

Fotos: Selina Pfrüner, DB AG/Urban Zintel, FR

Birgit Bohle

Geb. 1973 in Remagen
1992 Ausbildung bei der BASF, Studium der Wirtschaftswissenschaften in Koblenz, Nizza und Austin (Texas)
1999 Consultant bei Bertelsmann
2000 Unternehmensberaterin bei McKinsey
2007 Managerin bei der DB
2015 Vorstandschefin DB Fernverkehr
2019 Vorständin Personal & Recht der Deutschen Telekom

»Einfach Mensch bleiben – ohne abzuheben«

Birgit Bohle, Vorständin bei der Telekom, braucht manchmal die Ausdauer einer Marathonläuferin. Ihr Ziel: das Richtige tun

85 Forscherin, Professorin, Politikerin, Tänzerin, Ärztin oder Köchin: Berufe, die Birgit Bohle sich fürs nächste Leben vorstellen könnte. In diesem gehört sie zu den wichtigsten Managerinnen der deutschen Wirtschaft. Bei der Deutschen Bahn hat sie den Fernverkehr verantwortet, jetzt ist sie für die fast 230.000 Mitarbeiterinnen der Deutschen Telekom zuständig.

„Sei mutig und lebe das Leben in Fülle“, rät Bohle. Ihren ersten Job bei Bertelsmann kündigt sie nach neun Monaten, um zur Unternehmensberatung McKinsey zu wechseln. „Für mich war das kein Umweg, denn ich habe in der verhältnismäßig kurzen Zeit sehr viel gelernt“, sagt sie heute.

Bohle gibt zu, dass sich an manchen Tagen Sitzungen wie ein Marathon anfühlen, nur ohne „das gute Gefühl der Ziellinie“. Manchmal vermisst sie „Leichtigkeit und Lust im täglichen Doing“. Es gibt aber auch die vielen anderen Tage, an deren Ende sie das Gefühl hat, das Richtige getan zu haben, fürs Unternehmen, die Belegschaft oder Einzelne. Als sie bei Linked-in dazu aufruft, sich für den krebskranken Sohn einer Kollegin als Stammzellspenderin registrieren zu lassen, tun das fast 1.000 Menschen. Das war so ein Tag.

»Zufälle setzen Kräfte frei«

Ralph Wiechers, globaler Personalmanager der Deutschen Post DHL, sieht seine Kolleginnen als Kundinnen. Und findet unter ihnen Bühnenstars und Genies

86 Seinen Kindern zu erklären, was er beruflich macht, sei gar nicht so einfach, sagt Ralph Wiechers. Die sperrige Stellenbezeichnung: „Senior Vice President Corporate People Management & Platforms bei Deutsche Post DHL Group“.

„Was mit Menschen“ trifft es, aber unvollständig. Vielleicht so: Wiechers ist weltweit verantwortlich für die Personalprozesse, von Rekrutierung und Weiterbildung bis zu Diversität und Inklusion. Zuvor hat er sich um Strategie, E-Commerce und Marketing gekümmert. Und „Consumer Centricity als mentales Prinzip“ verinnerlicht. Wie passt das in die Personalabteilung? Auf den zweiten Blick: perfekt. Der Arbeitsmarkt wandelt sich zu einem Konsumentenmarkt, offene Stellen wollen vermarktet werden.

An seinem Job liebt Wiechers „die vielen verschiedenen Charaktere“. Introvertierte Führer, beindruckende Bühnenstars, große Strateginnen und grandiose Umsetzer, rationale Genies: Sie alle hat er unter den 570.000 Beschäftigten der DHL entdeckt. Der Arbeitsalltag kann ihm gar nicht bunt genug sein. Er mag „Zufälle und Unwägbarkeiten, die oft ungeahnte Kräfte freisetzen“.

Was ihn persönlich umtreibt, ist die Sorge um einen gesunden Planeten. Wiechers wohnt an der Ahr. Bei der Flutkatastrophe im Sommer 2021 wäre seine Familie beinahe ertrunken.

Fotos: PR (2)

Ralph Wiechers

Geb. 1976 in Trier
1996 Lehre zum Bankkaufmann
1998 Studium Wirtschaftswissenschaften in Witten
2005 Dissertation über Führungstheorien, Strategieberater bei McKinsey
2010 Wechsel zu Deutsche Post DHL Group, zunächst als Vice President Internet Strategy
2017 Leiter Dialogmarketing
2018 Executive Vice President People Management & Platforms

»Privilegien kommen immer auch mit Verantwortung«

Magdalena Rogl, Leiterin Diversity und Inklusion bei Microsoft, führte das Leben aus der Kinderkrippe in den Tech-Konzern. Pädagogik hilft ihr, andere zu verstehen – und sich selbst

87 Mitte 20, geschieden, alleinerziehend. Vom Gehalt als Kinderpflegerin kann Magdalena Rogl mit zwei Kindern in München kaum leben. „Ich habe das als Chance genutzt, um mehr zu wachsen, als ich es mir je hätte vorstellen können", sagt sie zwölf Jahre später, inzwischen Führungskraft, glücklich verheiratet, Mutter von vier Kindern.

Rogl hat weder Abitur noch Hochschulabschluss. Ihre Familie ist akademisch geprägt, ihre Oma sagt einmal: „Bei uns gibt es die Fleißigen und die Klugen. Du bist eine von den Fleißigen." Sie meint das als Kompliment. Neben dem Job in einer Kinderkrippe beginnt Rogl, abends im Community-Management bei „Focus Online" zu arbeiten. 2011 übernimmt sie dessen Leitung, absolviert ein Online-Studium, arbeitet sich weiter hoch. Digital Native war sie nie, aber in Social Media fühlt sie sich zu Hause. Alles Technische bringt sie sich selbst bei.

2016 kommt Rogl zu Microsoft, seit 2021 ist sie „Project Lead für Diversity und Inklusion" im Personalbereich. Ihren Job findet Rogl „ziemlich perfekt". Etwas würde sie trotzdem gerne ändern: „Aus ‚Human Ressources' sollte ‚Human Relations' werden." Beziehungen statt Rohstoff.

Den roten Faden ihrer Biografie hat Rogl lange gesucht. Dabei ist er offensichtlich: „Ich liebe es, Menschen beim Wachsen zu begleiten."

	Magdalena Rogl
Geb.	1985 in München
2002	Ausbildung zur Erzieherin
2011	Leiterin Community Management bei „Focus Online", Online-Studium in Social Media und Community Management
2013	Managerin Online-Kommunikation bei „Tomorrow Focus"
2016	Head of Digital Channels bei Microsoft
2021	Project Lead für Diversity und Inklusion bei Microsoft

Tipp: „Versuche, dir bewusst zu werden, wer du bist und wer du sein willst. Finde deine Werte und nutze sie als Kompass. Bau dir ein Netzwerk auf"

»Eine frische Perspektive zeigt neue Wege auf«

Maik Graef, Experte für Employer Branding bei E.on, beginnt sein Berufsleben als Krankenpfleger. Umwege wie diesen empfiehlt er gerne weiter

Maik Graef

Geb.	1986 in Arnsberg
2009	Ausbildung zum Gesundheits- und Krankenpfleger
2010	Studium Wirtschafts-psychologie in Bochum und an der University of Europe for Applied Sciences
2015	Consultant Employer Branding bei Westpress in Hamm
2018	Expert Employer Branding & Recruiting Strategy bei E.on

88 Maik Graef rät dazu, sich auszuprobieren, weil man dann oft unerwartete Stärken entdeckt. Das hört sich fast schon großväterlich abgeklärt an. Dabei ist der Experte für Employer Branding bei E.on gerade erst Vater geworden. Andererseits: Graef weiß, wovon er spricht. Ursprünglich wollte er mal Arzt werden. 2009 beginnt er eine Ausbildung in der Krankenpflege und arbeitet zwei Jahre lang auf einer neurochirurgischen Intensivstation. Irgendwann wird ihm das Warten auf einen Platz im Medizinstudium zu lang. Er orientiert sich neu. Kommunikation mag der junge Mann und den Umgang mit Menschen sowieso. So was gibt's als Studienfach: Wirtschaftspsychologie. „Sie wurde schnell zu meiner Leidenschaft", sagt Graef. Und er entwickelt ein besonderes Interesse an Employer Branding, wofür er „etwas schräg" angesehen wurde. Nach seinem Abschluss startet er in der Personalmarketing-Agentur Westpress, 2018 wechselt er zu E.on. Den Energiekonzern soll er attraktiv für Digitalprofis machen. Graef folgt dafür seinem eigenen Ratschlag – und probiert neue Wege in der Personalaquise aus.

»Wo der Mut ist, ist das Glück«

Svenja Reinecke, Projektleiterin Kulturwandel bei Otto, will ihre Kolleginnen für Digitalisierung begeistern. Sie selbst hat ganz analog angefangen

89 Ende 2018 landet das letzte Exemplar des gedruckten Otto-Katalogs in den Briefkästen – höchste Zeit für die Angestellten des Versandriesen, im digitalen Zeitalter heimisch zu werden. Eine, die ihnen dabei hilft, ist Svenja Reinecke.

Devor sie sich dem digitalen Wandel verschreibt, berät sie im Gartencenter zur Balkonbepflanzung und probiert sich beim Kinderfernsehen aus. „Es lohnt sich immer wieder, aus der Komfortzone zu gehen", sagt sie rückblickend. Nach dem Studium startet Reinecke 2015 bei Otto als Content Marketing Managerin. Im selben Jahr ruft die Konzernführung den „Kulturwandel 4.0" aus: weniger Hierarchie, mehr Technologie. Der Vorstand bietet seinen Angestellten das „Du" an. Und Svenja Reinecke eine Stelle als Kommunikationsstrategin.

Mit ihrer Arbeit will sie dazu ermutigen, „Dinge einfach mal anders zu machen". Mittlerweile ist ihr Team mit rund 450 weiteren Unternehmen, Behörden und NGOs vernetzt, die alte Gewohnheiten im Arbeitsalltag hinter sich lassen wollen – genau wie Otto das gedruckte Warenhaus hinter sich gelassen hat. Wie passend, dass Reinecke ihre Energie aus dem Vernetzen und Begeistern anderer zieht.

Svenja Reinecke

Geb.	1988 in Essen
2009	Studium Kommunikations-wissenschaft und -management in Münster, Leipzig und Ohio
2011	Praktikum bei Produktionsfirma Tvision und bei Tchibo
2015	Content Marketing bei Otto
2020	Projektleiterin Kulturwandel-Kollektiv bei Otto

Fotos: Leopold Jonas, PR, Otto Group

»Hire for attitude, train for skills«

Christine Scheffler, Personalvorständin bei ProSiebenSat.1 Media, sucht Talente, die „Zug zum Tor haben“. Und findet eine Generation, die Flexibilität und Nachhaltigkeit fordert

90

Wie wirbt ProSiebenSat.1 um Talente?
Es ist ein Mix aus verschiedenen Kanälen, dazu gehören die großen Stellenportale und unsere eigene Karriere-Website. Auch Plattformen wie Linked-in und Instagram spielen eine zunehmend wichtige Rolle, weil dort Mitarbeitende selbst berichten. Das wird ernstgenommen. Gute Erfahrungen machen wir zudem mit unserem Mitarbeitenden-Empfehlungsprogramm. Die Kandidatinnen, die wir daraufhin einstellen, passen im Vergleich zum Rest oft besser, entwickeln sich gut und bleiben länger.

Was muss jemand mitbringen, damit Sie ihn oder sie einstellen?
Für manche Jobs sind spezielle Fachkenntnisse unverzichtbar, prinzipiell gilt aber: „Hire for attitude, train for skills“. Wir haben ein übergreifendes Set an definierten Kompetenzen, anhand derer wir unsere Kandidatinnen aussuchen. Genauso wichtig aber sind Haltung und Werte, denn die meisten Fertigkeiten kann man trainieren. Wir suchen vor allem Menschen, die machen wollen – also nicht nur Ideen produzieren, sondern sie auch umsetzen. Im Fußball-Deutsch: die Zug zum Tor haben.

Seit zwei Jahren wird überwiegend im Home-Office gearbeitet. Wie wirkt sich das aus?
Der Spirit eines Unternehmens lebt einerseits von Austausch und echten Treffen, andererseits funktioniert das mobile Arbeiten seit zwei Jahren sehr gut, wenngleich manches natürlich eine Herausforderung bleibt. Von April bis Dezember 2021 haben wir allein am Standort Unterföhring für knapp 800 neue Mitarbeitende virtuelle Onboardings organisiert, ihre Teams haben sie oft erst später persönlich kennengelernt. Insgesamt wird sich die Bedeutung des Arbeitsplatzes verändern, wenn viele nicht mehr fünf Tage am Campus sind. Büroflächen werden stärker zu Orten der Begegnung, der kreativen Meetings und des gemeinsamen Gestaltens.

Wie handhaben Sie das bei ProSiebenSat.1?
Die Zukunft ist hybrid, Führungskräfte und ihre Teams können nach Bereich und Bedarf selbst entscheiden, wie sie künftig arbeiten. Zumal Flexibilität vielen Bewerberinnen und Bewerbern sehr wichtig ist.
Sie sprechen das offensiv an. Noch vor zwei, drei Jahren wurde bei der Frage eher herumgedruckst.

Überrascht Sie die Erwartungshaltung der jüngeren Generation?
Unsere Mitarbeitenden haben ein Durchschnittsalter von Mitte 30. Dadurch spüren wir früher und stärker als andere Industrien, wie sich die Anforderungen verändern und stellen uns darauf ein. Erstaunlich finde ich, wie schnell Nachhaltigkeit zu einem großen Thema bei der Wahl des Arbeitgebers geworden ist. Als Medienunternehmen sind wir sichtbar, das hilft mitunter bei der Rekrutierung. Das „Joko & Klaas live“-Format zum Thema Pflegenotstand letztes Jahr auf ProSieben wurde zum Beispiel mehrfach als Grund genannt, sich bei uns zu bewerben. *Roland Karle*

Christine Scheffler
Geb. 1969 in Ingolstadt
1989 Romanistik-Studium in München
1995 Berufseinstieg beim Bertelsmann-Club
2006 Senior Vice President/ Managing Director Bertelsmann University
2013 Personalvorstand Arvato
2016 Chief Human Resources Officer bei der Webhelp Group in Paris
2019 Chief Human Resources Officer bei ProSiebenSat.1 Media SE in Unterföhring
2020 Vorstandsmitglied ProSiebenSat.1 Media

Tipp: „Meine Tage sind sehr voll und enden in der Regel nicht nach acht Stunden. Umso wichtiger ist es, meine Energie gut zu managen. Wie das geht, muss jede und jeder für sich herausfinden. Ich bewege mich viel, laufe manchmal stundenlang in den Bergen, bis die Füße weh tun. Dann ist der Energiespeicher wieder voll“

Christine Scheffler spricht über Jobs im turi2.de/podcast

Foto: ProSiebenSat.1 Media SE

Ausbildung

Schule für Comedy
Erste und einzige Bafög-anerkannte Fachschule für Comedy und Kabarett
schule-fuer-comedy.de

Universität der Künste
Kein Abi, aber „besondere künstlerische Begabung" ist nötig, um hier „Szenisches Schreiben" zu studieren
udk-berlin.de

Universität Hildesheim
Der Studiengang „Kreatives Schreiben" hat zahlreiche Autorinnen hervorgebracht
uni-hildesheim.de/literaturinstitut

Fachmedien

Bullshit Jobs
Bestsellerautor David Graeber regt zum Nachdenken über sinnvolle und sinnlose Arbeit an
klett-cotta.de

Zukunftsrepublik
80 Vorausdenkerinnen beschreiben Bildung, Wirtschaft und Arbeit im Jahr 2030
campus.de

Save the Cat
Storytelling-Tipps von Blake Snyder, die nicht nur für Drehbuchschreiberinnen und Romanautorinnen hilfreich sind
savethecat.com

Podcasts

„Jobstories"
Karrierecoach Daniela Fink

„Arbeitstier in Dir"
Mia L.

„Die Alphabeten: Übers Schreiben"
Gerrit Jöns-Anders & Sebastian Stuertz

Einkommen

Trauerrednerin:
650 € pro Rede
Business-Coach:
200 € pro Stunde
Drehbuchautor:
85.000 € pro „Tatort"

Perspektiven

Problemloser Spurwechsel, viele Standbeine, Erfolg durch Sichtbarkeit

Die Fähigkeiten guter Kommunikatorinnen sind bei vielen Auftraggebern gefragt. Und die Chancen für Quereinsteigerinnen in keiner anderen Branche ähnlich groß. Gute Kommunikatorinnen sind sprachbegabt, neugierig, aufgeschlossen, kapieren schnell und stellen sich leicht auf Thema und Publikum ein. Allesamt Fähigkeiten, die in Medien, Wirtschaft und Politik gebraucht werden – und den Wechsel in benachbarte Felder erleichtern. Wer als Journalistin Interviews geführt hat, kann oft auch gut Menschen beim öffentlichen Auftritt beraten. Showtalent ist im TV wie in der Politik gefragt – und in Social Media sowieso. PR-Erfahrung kann auch dem Business-Coach helfen.

Im Kern befassen sich Kommunikationsleute damit, Informationen und Wissen zu beschaffen, zu bearbeiten und weiterzugeben. Finden sie dabei ihren eigenen Unique Selling Point, also ihre besondere Stärke, Erfahrung oder Fachexpertise, können sie sich Neben-Karrieren aufbauen: als Speakerin, Coach, Dozentin, Autorin. Berufsbilder werden individuell, Geschäftsmodelle stehen auf mehreren Standbeinen. Auch für Berufsanfängerinnen ein Vorteil: Sie können sich ausprobieren, statt sich früh festzulegen.

Nie war der Einstieg in die bunte Welt der Kommunikation leichter: Abschlüsse und Qualifikationen zählen zwar noch immer etwas. Wichtiger werden jedoch die individuellen Biografien und Fähigkeiten. Und das Gesehen-Werden und Auffallen – ob durch guten Content im Netz oder ein gut gepflegtes analoges Netzwerk.

Tagessatz

Freie Kommunikationsprofis lassen sich oft pro Tag bezahlen. Wie hoch ihr Tagessatz ausfällt, hängt auch vom Verhandlungsgeschick ab.

Keynote Speaker

Gefragt bei Veranstaltungen. Gerne genommen: Expertinnen, Autorinnen, Gründerinnen. Wichtig: spannende These, knackig formuliert.

Storytelling

Emotionen wecken, Botschaften auf den Punkt bringen. Macht bei Auftritten wie in Texten den Unterschied zum Besseren.

Foto: Picture-Alliance

Ein Mann lässt sich in Beauvais, Frankreich, vor den Karren spannen. Pardon: vor „la Vinaigrette"

Dienstleistungen

Kommunikationstalente finden heute leicht wie nie Auftraggeberinnen und Publikum. Ihre Jobprofile erfinden sie dabei einfach selbst

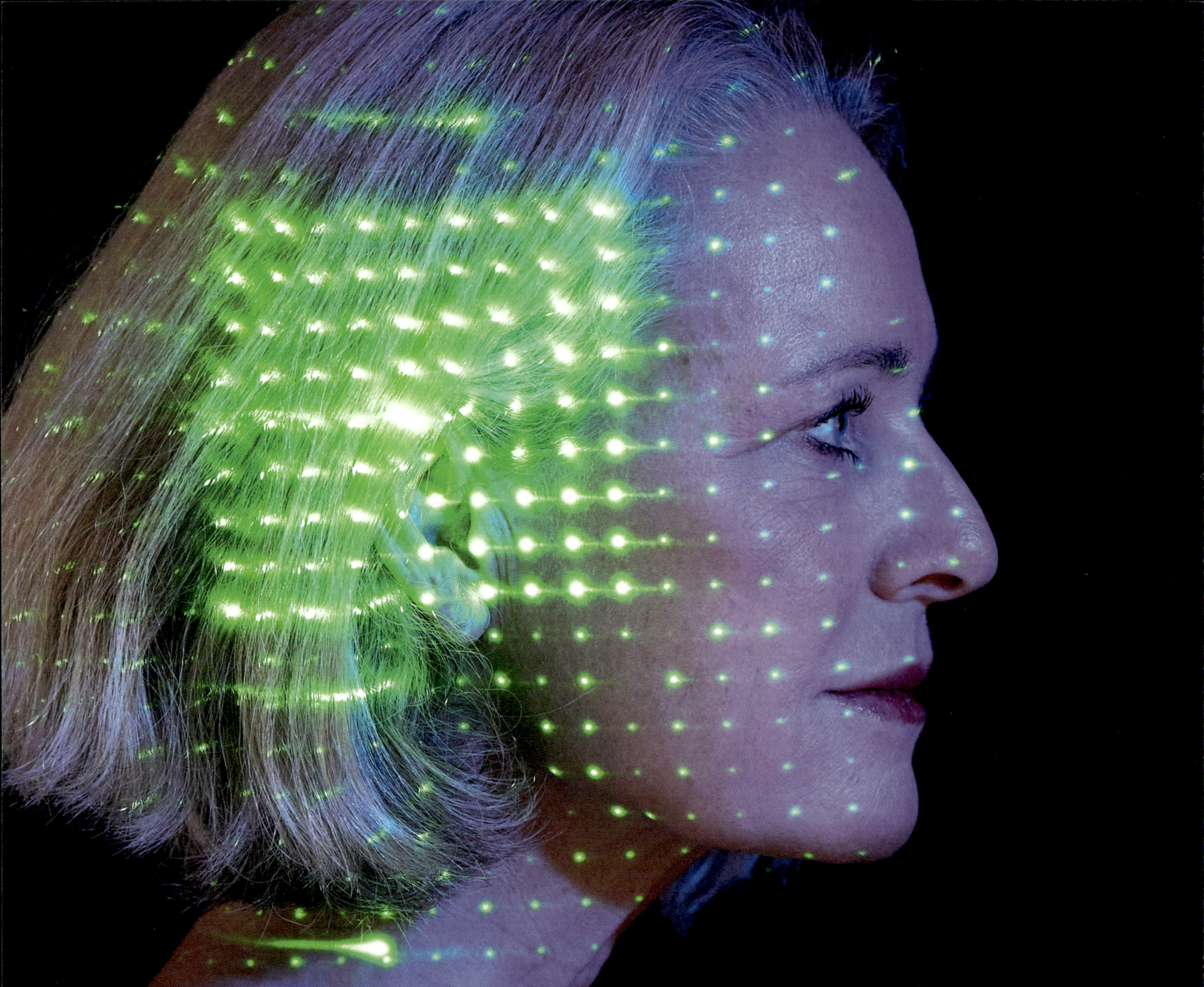

»Wir sollten auch mal einen Liebesbrief mit der ungelenken Hand schreiben«

Miriam Meckel war TV-Redakteurin, Kommunikationsberaterin, Chefredakteurin – und immer eine Vordenkerin in Sachen Digitalisierung. Sie hat Freude am späten Gründen und rät, das eigene Hirn gelegentlich auszutricksen

Von Peter Turi (Text) und Selina Pfrüner (Fotos)

91 Miriam, unsere Fotografin Selina hat dich für dieses Buch so inszeniert, wie du dich oft fühlst: glitzernd, digital, vielgesichtig, multiperspektivisch. Hat die Digitalisierung dich aus einem Korsett befreit?
Durchaus die Digitalisierung, aber auch das Älterwerden. Ich habe den Eindruck, mit jedem Jahr gewinne ich an Freiheit in meinem Leben dazu. Das fühlt sich gut an.

Welche Rollen hast du abgelegt?
Die der Vorzeigefrau, die in der Männerwelt geschmeidig mitspielt. Die der Karrieristin, auch wenn ich die selbst nie in mir gesehen habe, andere dagegen schon. Ich habe vor allem die Rüstung der Anpassung abgelegt, die ich in jüngeren Jahren oft gebraucht habe, um zu überleben.

Welche neuen Rollen hast du übernommen?
Zuerst mal die Rolle der CEO eines stark wachsenden Startups, der Ada Learning GmbH. Dahinter stehen eine ganze Reihe von Rollen: die der Motivatorin und derjenigen, die anderen ermöglicht, ihr Bestes zu geben. Diejenige, die die Fäden zusammenhält, auch wenn sie mal selbst nicht weiß, ob wir noch in einer konstruktiven Vernetzung unterwegs sind oder uns gerade ganz schön in uns selbst verknotet haben. Die Rolle der strategischen Vordenkerin in eine Zukunft, von der niemand wirklich weiß, wie sie aussehen wird und die wir dennoch irgendwie antizipieren müssen.

Die typischen Anforderungen für eine Gründerin, die du ja im zarten Alter von 52 Jahren Anfang 2020 erstmals geworden bist.
Genau. Ich habe nie daran gezweifelt, dass Gründen auch noch geht, wenn man aus der Phase der Flaumbehaarung rausgewachsen ist. Tatsächlich glaube ich, dass es viele Vorteile hat, mit Erfahrung zu gründen. Zum Beispiel, dass es dann leichter fällt, die Rolle der Selbstmanagerin für sich neu zu definieren: Ich kenne das ja auch aus bisherigen Führungspositionen, aber im Startup hat das noch mal andere Dimensionen: Phasenweise muss man einfach alles machen und da eingreifen, wo Not an der Frau ist. Das setzt voraus, sich gut selbst zu organisieren, sonst geht man schlicht unter.

Was war die größere Veränderung in deinem Leben: das Gründen oder die Pandemie?
Wir haben es uns ja gleich doppelt gegeben und Ada mitten in die Pandemie hinein gegründet. Das war so natürlich nicht geplant. Es hat uns in einem Blitztempo gezeigt, was Agilität praktisch bedeutet. Ein wesentlicher Bestandteil unseres Bildungsangebots für individuelles und organisationales Wachstum sind große, inspirierende, internationale Events, auf denen sich unsere Ada-Fellows treffen. Denn Weiterentwicklung und Wachstum sind keine einsamen Pfade, sie gelingen nur im Austausch mit anderen. Physische Veranstaltungen waren mit dem ersten Lockdown im Frühjahr 2020 von einem Tag auf den anderen tot. Wir hatten wenige Wochen, um alles auf virtuell umzustellen und dabei trotzdem ein tolles Eventerlebnis mit Vernetzungsmöglichkeiten zu bieten. Das war mal ein Ritt!

Was ist dein Learning: Funktioniert echter Austausch digital?
Ja und nein. Er funktioniert manchmal sogar richtig gut, wenn man offen daran geht und dafür Sorge trägt, dass auch diejenigen zu Wort kommen, die leiser sind, erst mal zuhören und nicht immer gleich etwas sagen. Das ist nicht leicht, wenn alle vor einer Kiste sitzen, aber es geht. Wir arbeiten im Ada-Team viel mit Mural-Boards, also mit virtuellen Whiteboards, auf denen man gemeinsam gestalten kann. Unsere kreativen Meetings laufen dann so, dass Diskussion und Arbeitsphasen sich abwechseln und jede und jeder gehört werden kann. Aber wir brauchen die physische Begegnung, um verbunden zu bleiben, untereinander, aber auch mit unserer Ada-Mission. Da merkt man genau, wenn wir alle zu lange offline waren.

Was hat die Pandemie mit der Digitalisierung gemacht?
Sie war schon ein Booster. Allerdings sage ich das immer mit einer gewissen Vorsicht. Denn dass wir nun alle gelernt haben, mit Videocalls umzugehen und vielleicht auch ein Muralboard zu gestalten, ist der kleinere Teil der Herausforderung. Der größere Teil der Herausforderung liegt darin,

zu verstehen, dass die digitale Transformation auch, aber nicht nur mit Technologie zu tun hat. Sie wirbelt unser traditionelles Verständnis von Arbeit, Rollen, Hierarchien, Prozessen so durcheinander, dass nichts mehr bleibt, wie es war, und nichts mehr für die Dauer gemacht ist. Diese Einsicht ist für manche Menschen hart. Deshalb sind wir in der digitalen Transformation durch die Pandemie lange nicht so weit gekommen, wie manche glauben. Mit den Videocalls funktioniert es ganz gut. Bei der transformationalen Kultur hakt es in vielen Unternehmen immer noch.

Was wäre die Corona-Pandemie ohne die Digitalisierung?
Sie hätte vermutlich eine tödliche Abwärtsspirale aus globaler Wirtschaftskrise, gesellschaftlicher Spaltung und ökonomischer Ungleichheit ausgelöst. Damit will ich nicht wegreden, dass die Pandemie für viele Menschen, viele Familien allemal wirklich hart war und ist. Aber wir haben in vielerlei Hinsicht weitersprechen, weiterarbeiten und weiterwirtschaften können. Das war aus meiner Sicht eine existenzielle Rettung, die verhindert hat, dass aus einer globalen Krise eine globale Katastrophe wird.

Was haben die beiden letzten Jahre dich übers Älterwerden gelehrt?
Ich war immer ein eher introvertierter Mensch. Wenn man das nicht sieht, liegt es daran, dass ich perfekte kontraphobische Verhaltensstrategien erlernt habe, um mich in einer auf Extrovertiertheit ausgerichteten Welt zurecht zu finden.

Das heißt: Du hast deine angeborene Schüchternheit überwunden?
Genau. Und in der Pandemie bin ich meinem Kern wieder ein bisschen nähergekommen und habe gemerkt, wie viel Produktivität und auch persönliches Wohlbefinden bei mir entsteht, wenn ich nicht ständig unterwegs bin, mich mal konzentrieren und nachdenken darf. Das habe ich, ganz ehrlich, sehr genossen. Was ich einbringen kann, steckt nicht in aneinandergereihten Adhoc-Meetings, sondern im Nachdenken und Zusammenführen. Das braucht Zeit und Raum. Mit dem Älterwerden nimmt man sich beides.

Du bist eine beispielhafte Sich-Neu-Erfinderin: Du warst PR-Frau, Wissenschaftlerin, Publizistin, Professorin, Chefredakteurin, jetzt bist du Gründerin und Bildungsunternehmerin. Was könnte da noch kommen?
Gleich mal vorneweg: Ich werde nicht zum Mars fliegen, dafür finde ich es auf der Erde viel zu schön. Und es gibt hier ja auch genug zu tun. Mein Verständnis meiner nächsten Jahre ist nicht, mich immer wieder neu zu erfinden. Vielmehr möchte ich mich weiterentwickeln in dem, was ich tue. Mit Ada zum Beispiel, aber auch in der wissenschaftlichen und publizistischen Auseinandersetzung mit Themen, die ich spannend finde. An der Schnittstelle von Technologie, Wirtschaft und Kommunikation passiert das, was unser Leben, unsere Welt verändern wird. Ich empfinde es als Privileg, mich aus verschiedenen Perspektiven damit beschäftigen zu dürfen und ab und zu einen Beitrag zur Aufklärung zu leisten.

Nicht jede erfindet sich gern neu. Hast du Verständnis für Menschen, die sich das ersparen wollen?
Total. Es gibt keinen Menschen, der permanente Veränderung angenehm findet. Wir sind Routinetierchen, die gerne bekannten Pfaden und Mustern folgen. Die Lösung liegt nur nicht darin, die Veränderungen zu verneinen, wie es beispielsweise Corona-Leugner oder Anhänger von Verschwörungstheorien tun, und sich in dieser Abwehr des Wandels zu ideologisieren. Die Lösung liegt für mich eher in einer adaptiven Resilienz: Immer zu schauen, wie man selbst im sich wandelnden Koordinatensystem unserer Welt verortet und verankert ist, wo man im Rahmen des persönlich Erträglichen Veränderungen akzeptieren und bewusst gestalten kann, um in der Kommunikation mit der Welt zu bleiben. Die totalen Veränderungsverweigerer fallen aus der Kommunikation.
Das ist der Anfang einer Abwärts- oder eher Auswärtsspirale, die zu nichts Gutem führt. Die Psychologin Esther Perel hat in einem Gespräch mit mir gesagt: „Wenn man nicht mehr biegsam ist, zerbricht man andere, und man zerbricht auch selbst als Mensch." Das bringt es auf den Punkt.

Sag mal ein Beispiel, das klingt für mich jetzt ein bisschen abstrakt.

»Ich war immer ein introvertierter Mensch. Aber ich habe Verhaltensstrategien erlernt, mich in einer auf Extrovertiertheit ausgerichteten Welt zurecht zu finden«

Miriam Meckel

Geb.	1967 in Hilden
1986	Studium Kommunikation, Sinologie, Politik, Jura in Münster und Taipeh
1990	TV-Redakteurin WDR, Köln
1994	Promotion. CvD und Moderatorin RTL West Live
1999	Professur an der WWU, Münster
2005	Professorin für Corporate Communication, Uni St. Gallen, parallel Beraterin bei Brunswick
2006	Talkformat „Miriam Meckel – Standpunkte" bei ntv
2008	Zusammenbruch, Therapie
2010	Buch über ihren Burnout „Brief an mein Leben"
2014	Chefredakteurin „Wirtschaftswoche"
2017	Herausgeberin „Wirtschaftswoche"
2019	Co-Gründerin der Weiterbildungsinitiative Ada
2020	Geschäftsführende Gesellschafterin von Ada Learning

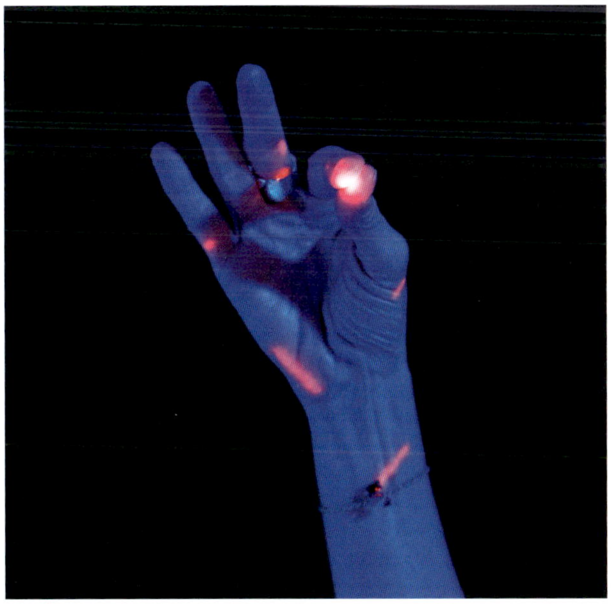
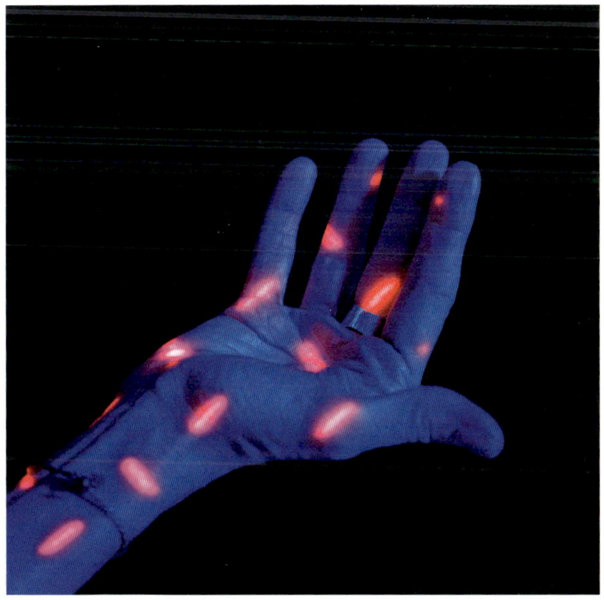
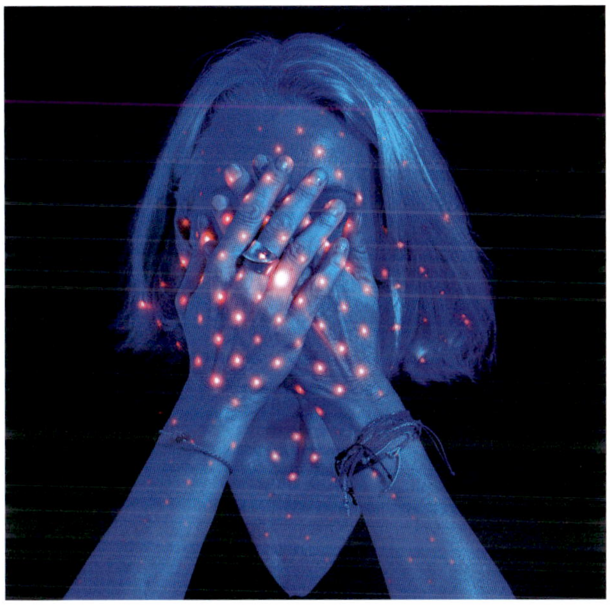
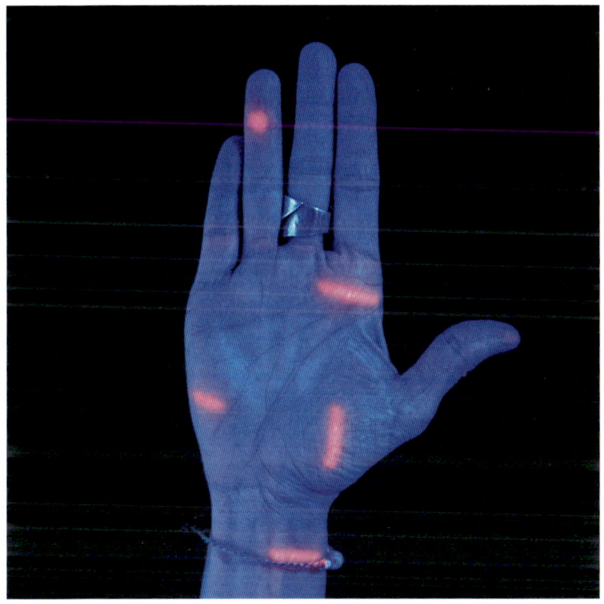
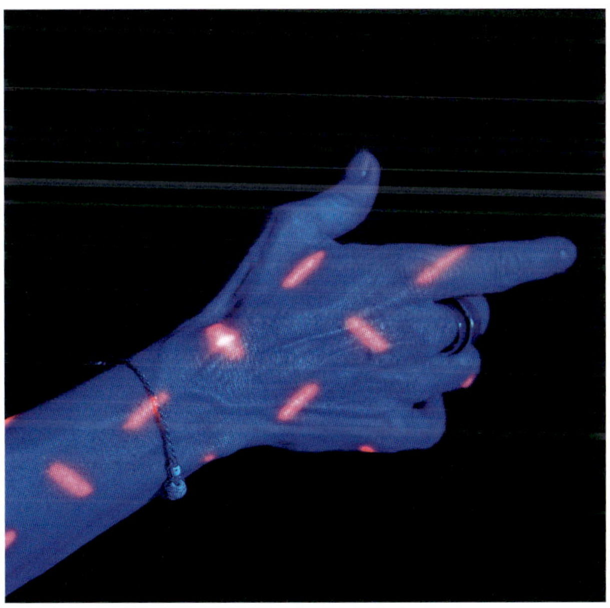
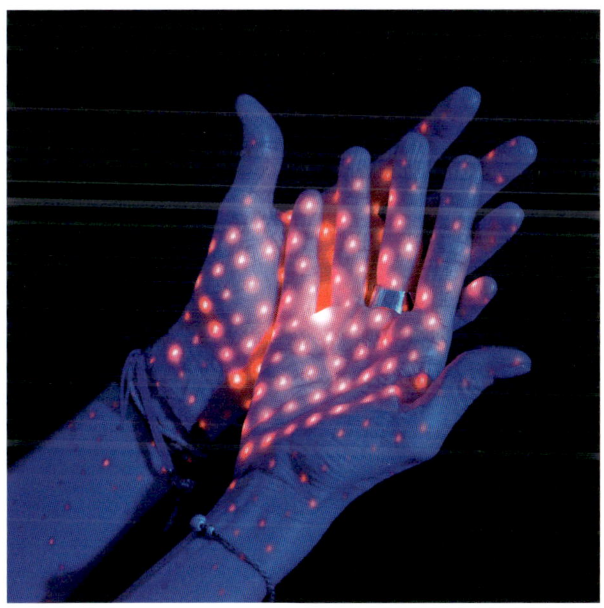

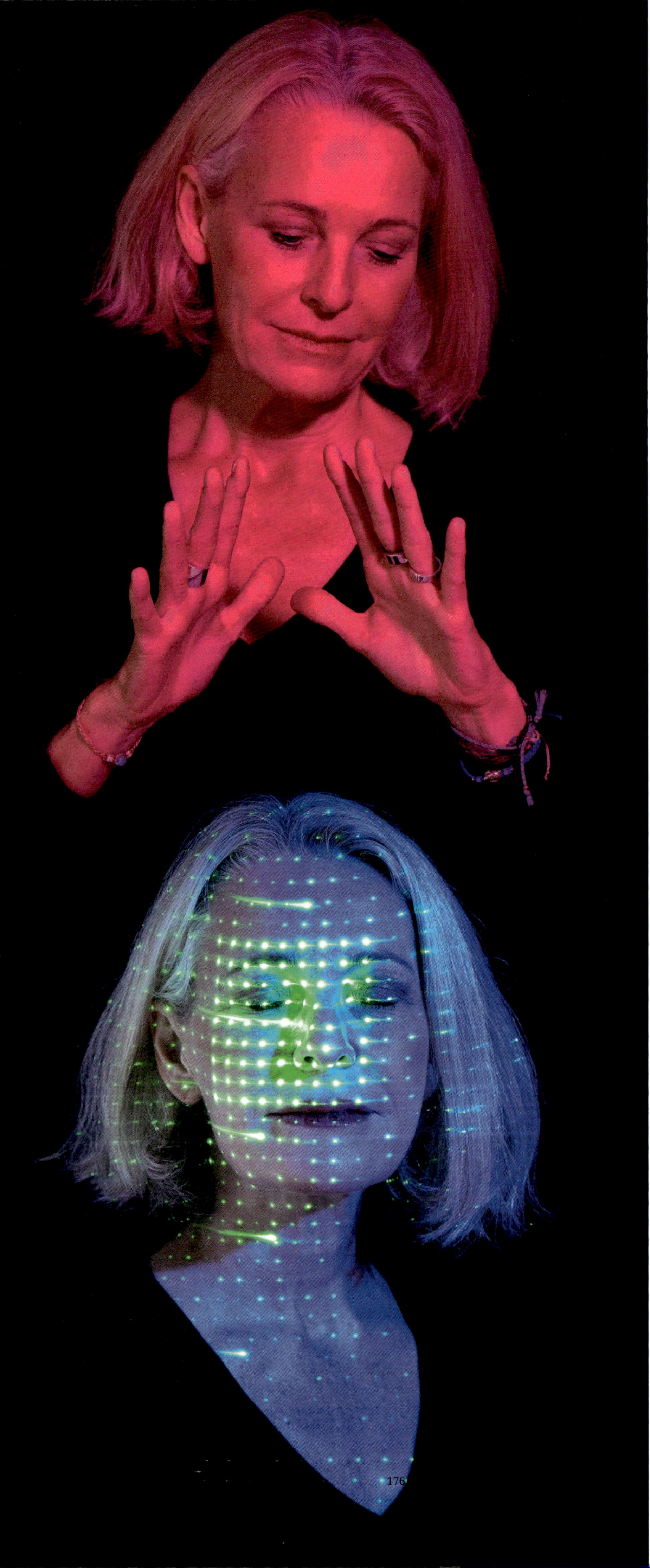

Jeder Mensch hat ein bestimmtes Tempo, in dem er optimal arbeiten und kreativ sein kann. Wenn ich mein eigenes Tempo zum absoluten Maßstab für alle mache, wird niemand glücklich, und es kommt auch nichts Gutes dabei heraus. Die einen sind überfordert, die anderen gelangweilt. Ich muss mich bis zu einem bestimmten Punkt danach ausrichten, wie ein Team als Ganzes tickt. Mache ich das nicht, laufen mir die Menschen weg, oder ich laufe schnurstracks in ein Burnout.

Welchen Rat gibst du einem jungen und welchen einem älteren Menschen, um mit Veränderungen klarzukommen?
Miteinander sprechen. Der intergenerationelle Austausch, die Freundschaft und Zusammenarbeit zwischen Generationen werden bei uns noch immer krass vernachlässigt. IBM hatte gerade diesen krassen Fall von Altersdiskriminierung, bei dem ältere Mitarbeitende als „Dinobabies" und als „aussterbende Spezies" bezeichnet wurden, die man so schnell wie möglich loswerden will. Viele glauben daran, dass Jüngere den Wandel treiben und die richtigen Kompetenzen mitbringen. Das stimmt durchaus, aber nicht allein. Ältere Mitarbeitende haben Erfahrung, kennen die Organisation und können einen Riesenbeitrag zum Erfolg leisten. Ich verstehe deshalb auch nicht, wieso wir in Deutschland angesichts unserer Alterspyramide keinen flexibleren Umgang mit Menschen finden, die bereit wären,

über die Pensionsgrenze hinaus zu arbeiten. Etwas Besseres könnte uns als Gesellschaft doch gar nicht passieren.

Das menschliche Gehirn ist auf Sparsamkeit und Effizienz getrimmt, liebt deshalb die Routine. Viele Menschen pflegen deshalb den täglichen Trott. In extremo führt das Trottfolgen in die Frühvergreisung und zu Alzheimer, und Adrenalinjunkies drohen ins Manisch-Depressive abzugleiten. Hast du dir schon mal Gedanken darüber gemacht, wo die Grenze verläuft und ob es eine gesunde Mitte gibt?
Begriffe wie die „gesunde Mitte" mag ich nicht so. Sie setzen voraus, dass es einen Standard für alle gibt, und den gibt es nicht. Der Mensch ist individuell. Ich bin sehr vom Konzept der Neuroplastizität des menschlichen Gehirns geleitet. Das ist die Fähigkeit des Gehirns, sich immer wieder zu verändern, also immer wieder neue Verbindungen zwischen Neuronen zu schaffen und zu stärken. So lernen wir, und so bleiben wir adaptiv, also anpassungsfähig. Deshalb ist es gut, auch mal aus der eigenen Komfortzone rauszugehen, zu lesen, etwas Neues zu lernen, auch im Kleinen, mal einen Liebesbrief mit der ungelenken Hand zu schreiben oder die Zähne zu putzen. Unser Gehirn kann biologisch, was uns Menschen sozial schwerfällt. Irre, oder?

Du meinst: Wir sollten die Beweglichkeit unseres Hirns öfter benutzen, um seine Bequemlichkeit auszutricksen?

Das Gehirn ist ja nicht bequem, es ist das leistungsfähigste Organ, das wir haben. Es macht gerade einmal zwei Prozent unseres Körpergewichts aus, nutzt aber 20 Prozent der täglichen Energie, in Stresszeiten gerne auch deutlich mehr. Wir werden in unserer Sozialisation manchmal faul darin, unser Gehirn richtig zu benutzen. Standards, Abkürzungen, Routinen, sie alle sind hilfreich, um sich nicht in jedem Moment neu erfinden zu müssen. Aber ich glaube fest daran, dass es wichtig ist, manchmal bewusst einen Umweg zu gehen. So wie Robert Frost es in seinem schönen Gedicht „The road not taken" sagt: „I took the one less traveled by, and that has made all the difference."

Warum bist du heute Bildungsunternehmerin?
Weil es für mich nichts Schöneres gibt, als andere für Neues zu begeistern, Impulse zu geben, Perspektivwechsel zu ermöglichen.

Warum braucht es Ada?
Weil es zwar ganz viele Lernangebote gibt, aber keines, das mit einem Ansatz des integrativen, experimentellen und gemeinschaftlichen Lernens die Erkenntnis der Lernforschung praktisch umsetzt: persönliches Wachstum entsteht immer aus der kontinuierlichen Auseinandersetzung und Reibung mit anderen.

Wie weit ist der Weg vom Journalismus in die Bildung?
Der ist überraschend kurz. Auch der Journalismus vermittelt Einsichten in neue Entwicklungen. Wenn er gut ist, erzählt er dafür Geschichten, die Menschen begeistern. Wir nutzen das journalistische Storytelling, um auch komplexe Themen wie Künstliche Intelligenz oder Kulturwandel auf den Punkt zu bringen. Anders als im Journalismus gibt es bei uns nicht nur tiefergehende Einordnungen, sondern auch praktische Methoden, die zur Anwendung befähigen.

Was bringt Ihr den Menschen bei?
Ihre eigene Rolle im gegenwärtigen Veränderungsprozess zu verstehen. Ihre Offenheit für eine technologisch geprägte Zukunft zu stärken. Ihre Selbstwirksamkeit im Umgang damit und für konkrete Möglichkeiten der Gestaltung und Veränderung zu erhöhen.

Lass uns über Geld reden: Ist genug Geld da in der deutschen Wirtschaft für Bildung?
Deutsche Unternehmen geben im Jahr mehr als 40 Milliarden Euro für Weiterbildung aus. Geld ist genug da.

Gibt sie es dir?
(Lacht) Wenn es nicht genug Unternehmen gäbe, die mit Ada zusammenarbeiten, gäbe es uns nicht. So ist der Markt, und das ist auch okay. Wir können sicher noch besser darin werden, zu erklären, was uns bei Ada besonders macht.

Was ist das?
Unser integrierter, auf einer wachsenden Community basierender Ansatz. Ich bin manchmal etwas verzweifelt, wenn ich sehe, was in manchen Unternehmen als Weiterbildung gemacht oder angeboten wird. Niemand verändert sein Verhalten einfach durch Angucken von Videos, in denen tolle Menschen tolle Sachen erklären. Das ist das Lernkonzept der 50er Jahre, so machen es aber manche Unternehmen immer noch. Aus der Forschung und der modernen Praxis wissen wir, dass man in der Interaktion und im Experimentieren lernt. Sich durch andere inspirieren lassen, andern etwas erklären oder von ihnen erklärt bekommen, verankert das Neue mit einem Anwendungsbezug im Gedächtnis.

Wie bildet sich eine Bildungsunternehmerin weiter?
Ich lese viel, muss mich ja für meine Kurse an der Universität und auch für das, was wir mit Ada anbieten, ständig auf dem Laufenden halten. Dazu führe ich gezielt Gespräche mit Menschen, die mir interessante Perspektiven eröffnen können. Und ich gehe auf Konferenzen und Tech-Events. Ich folge eigentlich immer dem Prinzip des assoziativen Denkens und Entdeckens. Die Ideen, die mein Leben am meisten verändert haben, kamen selten aus dem inneren Zirkel eines Fachgebiets. Sie sind entstanden aus der Verknüpfung von bislang Unverbundenem.

Wenn junge Menschen dich fragen: Wem rätst du zu einer Karriere in der Kommunikation?
Allen, die an Sprache und am Gespräch Freude haben, die nicht nur reden, sondern auch zuhören können und die verstehen, dass ohne Kommunikation rein gar nichts funktioniert. Kommunikation ist das Bindemittel für unser Zusammenleben, für den Austausch lebendiger Geister und für eine funktionierende Wirtschaft.

Wie attraktiv ist Journalismus als Beruf?
Ich finde den Journalismus großartig, allerdings tendiere ich eher zum angelsächsischen Modell. In Deutschland folgt der Journalismus oft dem Prinzip: Die Welt ist scheiße, und morgen wird alles noch schlimmer. Das ist erstens falsch, zweitens motiviert es niemanden, Dinge anders oder besser zu machen, und drittens führt es zu einer Stimmungslage, die eher durch Frust als durch Innovationskraft geprägt ist.

Wie spannend sind PR und Marketing?
Auch da haben sich die Ansätze und Möglichkeiten sehr verändert. Für alle Kommunikationsarbeit gilt doch: Die Zeiten, in denen jemand vorne stand und anderen die Welt erklärte, sind vorbei. Heute geht es darum, im Gespräch zu sein, Kommunikation als Netzwerkfunktion zu verstehen und mit einer Community zu arbeiten.

Wieviel Kommunikation steckt in einem Top-Management-Job?
90 Prozent. Der Rest ist stilles Nachdenken – und manchmal darüber einschlafen.

Wovon träumst du?
Von einem Denk- und Schreibexil in der kalifornischen Wüste. Ein Airstream im Sand, ein Laptop. Und Zeit. ■

»Die Ideen, die mein Leben am meisten verändert haben, kamen selten aus dem inneren Zirkel eines Fachgebiets. Sie entstanden aus der Verknüpfung von bislang Unverbundenem«
Miriam Meckel
2018 live
bei **turi2.tv**

»Die Kunst ist, selbst Banales unterhaltsam zu erzählen«

Aurel Mertz, Comedian, bringt Menschen multimedial zum Lachen. Dabei will er auch auf soziale Ungerechtigkeiten hinweisen

3 Karriere-Tipps von Aurel Mertz

1. Versuche nicht, jemand anderen zu kopieren. Schau dir Dinge ab, aber vergiss nicht, deine komplett eigene Karriere zu bauen und Perspektiven einzubringen, die nur du haben kannst.

2. Du bist dein wichtigstes Investment. Also mache etwas, das dir Spaß macht. Selbst wenn nicht gleich die große Kohle dabei rumkommt, ist ein Beruf, der dir Spaß macht, eine Investition in deine psychische Gesundheit und wird dir am Ende den langfristigeren Erfolg bringen.

3. Vergiss nicht, zwischendrin zu leben. So bleibst du ein interessanter Mensch, der etwas Interessantes erzählen kann. Das hilft privat und beruflich.

92 Wer als Baby vorm Spiegel sitzt und sein Gegenüber in Phantasiesprache vollbrabbelt, bringt wohl die besten Voraussetzungen fürs Showgeschäft mit. Und wer dann noch von Frank Elstner unter die Fittiche genommen wird, aus dem muss doch zwangsläufig was werden. Und so erfüllt sich Aurel Mertz bereits mit 25 den Traum von der eigenen Late-Night-Show auf Tele5. Nach drei Staffeln folgt die Ernüchterung: zu viel Arbeit alleine, Mertz fehlt ein starkes Team. „Sei mal bissle weniger ungeduldig", würde der Schwabe Aurel seinem damaligen Ich mit auf dem Weg geben.

An seinem Job als Comedian störe ihn manchmal die Abhängigkeit von großen Sendern und Firmen. Deshalb witzelt Mertz heute nicht nur in seinem funk-Format „Aurel Original", sondern auch im eigenen Podcast, auf Twitter, Instagram und überall dort, wo er „auf unterhaltsame Weise auf soziale Ungerechtigkeiten" aufmerksam machen kann. Racial Profiling, aberwitzige Mietpreise, gequälte Olympia-Pferde – der Schwabe mit der Katzen-Passion legt die Samtpfote auf sämtliche Gesellschafts-Wunden.

Mit immer größerer Reichweite kommt allerdings immer größerer Gegenwind: „Manche Menschen fangen an, dich zu einem Feindbild zu stigmatisieren." Alles in allem überwiege aber das Positive in seinem Beruf. Wenn Menschen ihm schreiben, sein Content helfe ihnen durch schwere Zeiten oder bringe sie einfach zum Lachen, dann sei das die „beste Motivation".

Und wenn alles nichts hilft, dann bleibt immer noch die Freude aufs nächste Leben. Denn Aurel Mertz ist sich sicher: Dann wird er „die gemütlichste Hauskatze ever!"

	Aurel Mertz
Geb	1989 in Stuttgart
2009	Studium Publizistik und Kommunikationswissenschaften in Wien und Istanbul
2013	Frank-Elstner-Masterclass
2016	Late Night Show „Boomarama" auf Tele5
2019	funk-Format „Aurel Original"

»Humor macht alles erträglicher«

Katja Berlin, „Zeit"-Kolumnistin, erklärt Leserinnen unangenehme Wahrheiten. Dafür braucht sie kaum mehr als ein Dutzend Worte – und viele bunte Torten

Katja Berlin

Geb.	1980 in Berlin als Katja Dittrich
2002	„völlig zurecht" Abbruch des Lehramtsstudiums
2005	Diplom in Medienberatung
2008	Twitter-Account @katjaberlin
2011	Freie Arbeit für Magazine, TV, Kampagnen
2015	Start der Grafikkolumne „Torten der Wahrheit" in der „Zeit"
2022	Start des Podcasts „Fix und Vierzig" mit Gunda Windmüller

Katja Berlin im Live-Podcast turi2.de/clubraum

93 Ihren Humor nutzt Katja Berlin zunächst nur zur Bewältigung ihres „unerfreulichen" Angestelltendaseins. Heute zahlt das Lachen der Leserinnen ihre Rechnungen.

Die Bäckerin der satirisch angehauchten, sehr erfolgreichen „Zeit"-Grafikkolumne „Torten der Wahrheit" startet 2008 ihren Twitter-Account und verabschiedet sich einen Blog und einen Bestseller später in die Selbstständigkeit. Das humoristische Gespür behält sie trotzdem: Nach mehr als einem Dutzend Buchveröffentlichungen macht es inzwischen „97 Prozent" ihres Jobs aus. Die restlichen drei fresse die Umsatzsteuervoranmeldung.

Die erklärte Feministin Berlin möchte Menschen dazu bringen, „Sachverhalte aus anderen Perspektiven zu betrachten. Aus der weiblichen zum Beispiel." Selbstoptimierung will sie privat gern hinter sich lassen, sich lieber „selbstokayisieren". Sie glaubt, dass sich Ideen auch erzwingen lassen, sieht Deadlines als „Freundinnen". Und hofft, dass Humor sich auch im professionellen Kontext als geeignetes Stilmittel etabliert. Denn: „Humor und Seriosität schließen sich nicht aus. Nein, auch nicht bei Frauen."

»Schmeiß dein Studium noch früher!«

Philipp Jessen, Co-Gründer von Storymachine, erzählt gern Geschichten – für Kundinnen, aber am liebsten für seine Kinder

94 Beim Start seiner Karriere ist Philipp Jessen der Hahn im Korb: Als erster männlicher Volontär fängt er bei der „Gala" an. Danach geht der heutige Chef der Agentur Storymachine „jeden Umweg, den man nur gehen kann" – nicht aufgrund von Orientierungslosigkeit, „sondern ganz bewusst". Kurze Zeit studiert Jessen Kulturwissenschaften, schreibt währenddessen für „Bild" und „WamS". Sein Studium hätte er schon früher abbrechen sollen, weiß er heute. Und: „Niemals mit Cola Zero anfangen!"

Geschadet hat offenbar beides nicht. Nach einigen Jahren bei „Vanity Fair" wird Jessen 2008 Vize-Ressortleiter der letzten Seite bei der „Bild". Dann folgen Chef-Posten: Zunächst bei der „Bravo", dann bei „Gala" und „stern". Anschließend zieht sich Jessen aus dem Journalismus zurück.

Geschichten erzählt er weiterhin – am liebsten seinen Kindern. Aber auch mit der Agentur Storymachine, die er 2017 mit Kai Diekmann und Michael Mronz gründet. Dass ihn der Job so erfüllt, macht es schwer, Aufgaben auch mal abzugeben. Den Satz: „Dann mache ich es eben selbst" will sich Philipp Jessen schleunigst abgewöhnen. Gleiches gilt für den Griff nach den Snacks, die im Büro jederzeit griffbereit liegen: „Ich werde langsam fett."

Philipp Jessen

Geb.	1977 in Hamburg
1998	Volontariat bei „Gala"
2000	Studium Kulturwissenschaften
2005	Executive Editor bei „Vanity Fair"
2010	Chefredakteur „Bravo"
2012	Vize-Chefredakteur „Gala"
2014	Chefredakteur stern.de
2017	Gründung Storymachine

Philipp Jessen im Live-Podcast turi2.de/clubraum

Fotos: PR (2), Lotte Ostermann

3 Karriere-Tipps von Carl Achleitner

1. Cherish your fails. In Zeiten des Misserfolgs lernt man sich selbst und vor allem sein Umfeld kennen. Man weiß danach, wo seine Freunde sind.

2. Wünschen hilft. Sich Ziele zu setzen und diese mit aller Power anzustreben, ist sicher eine Option. Sich gelegentlich mal treiben zu lassen und zu schauen, was das Leben einem zufallen lässt, ist aber erfahrungsgemäß auch ein Weg.

3. Du musst keine Angst haben. Oder auf gut Wienerisch: Scheiß Dir nix, gönn Dir was.

»Leute, all you need is love!«

Carl Achleitner, Trauerredner, Schauspieler und Autor, stottert als Kind und verweigert die Schule. Spät findet der Österreicher seine berufliche Erfüllung

95 Mehr als 100 Filmproduktionen und über 3.000 Trauerreden – die Homepage von Carl Achleitner ist zweigeteilt. Links ist er Schauspieler, rechts Trauerredner. Das war nicht immer so. Achleitner wird streng katholisch erzogen, stottert und hat Schwierigkeiten in der Schule. Mit 15 Jahren geht er bei einem Linzer Theaterrestaurant als Koch und Kellner in die Lehre. Währenddessen packt ihn das Schauspielfieber. 1985 beginnt er seine Schauspielausbildung, zunächst in Zürich, später in New York.

Von Theater, Filmset und TV-Ruhm bis hin zu Monaten mit schlafraubenden Existenzängsten – Achleitner begegnet nicht nur den schönen Seiten der Branche. Der frischgebackene Vater zweifelt an „der nachhaltigen Sinnhaftigkeit seines Lebensentwurfes“. Als seine Frau Ann-Birgit ihm den Beruf des Trauerredners vorschlägt, ist er zunächst mehr als skeptisch. „Kann ich das? Will ich das? Mich täglich mit dem Tod befassen, wo das Leben doch so schön ist?“

Trauer hat, wie die Schauspielerei, viele Gesichter: Leugnung, Verzweiflung, Wut, Unbeholfenheit, Dankbarkeit, Liebe – Carl Achleitner kennt sie alle. Er will Trauernden zur Seite stehen und ihnen mit Empathie begegnen. Dabei helfen auch Humor und Leichtigkeit. „Alles, was ich als Trauerredner für die Arbeit brauche, bin: Ich. Das aber ganz“, lässt er wissen. Sein Beruf beanspruche die emotionale, mentale, intellektuelle und körperliche Ebene. Und gelegentlich auch die Nerven: „Ich habe gefühlte 2.000 Mal Andreas Gabaliers ‚Amoi sehn wir uns wieder‘ gehört. Das ist hart“.

Achleitner will, dass sich die Trauernden nach seiner Rede ein wenig besser fühlen. Er möchte die Hinterbliebenen tröstend in ihr Leben zurückbegleiten und idealerweise „auch unsympathische Verstorbene oder Hinterbliebene zufriedenstellen“. Damit habe er seine Berufung gefunden. Zwischen Filmset, Friedhof und Familie spielt in Carl Achleitners Leben die Liebe die Hauptrolle. Sie ist es schließlich, um die er die meisten seiner Reden aufbaut. „Ob das die Welt ein bisschen besser macht? Ich hoffe doch.“

	Carl Achleitner
Geb.	1963 in Grieskirchen, Oberösterreich
1979	Ausbildung zum Koch und Kellner in einem Linzer Theaterrestaurant
1985	Schauspielausbildung, zunächst in Zürich, später in New York
2012	Beginn der Karriere als Trauerredner
2020	Buchveröffentlichung: „Das Geheimnis eines guten Lebens – Erkenntnisse eines Trauerredners“

»Alle haben ihn. Und niemand redet darüber«

Daria Oniér, Domina, Therapeutin und Aktivistin, war mal Erzieherin. Heute hilft sie Menschen, über Sex zu sich selbst zu finden

Daria Oniér

Geb.	1977 in Niedersachsen
1996	Ausbildung zur Erzieherin
2000	verschiedene Stationen als Erzieherin
2010	heilpädagogische Weiterbildung
2013	Sexarbeiterin und Domina
2015	Therapeutin

Tipp: „Alles darf sein und was sein darf, kann sich verändern"

96 Mit Menschen forschen – so umschreibt Daria Oniér ihre Arbeit. Früher sind es Kinder und Jugendliche, denen sie als Erzieherin hilft, ins Leben zu finden. Doch nach 13 Jahren im Beruf brennt sie aus. Über ein Praktikum als Domina gelangt sie in die Welt der Sexarbeit.

Heute offeriert Oniér Massagen, Sexualassistenz, BDSM-Sessions – und Sexualtherapie. Beide Bereiche sind eine „Forschungsreise in die Tiefen unergründeter Welten", sagt sie. Sex sei nach wie vor ein Tabuthema. „Menschen haben alle viele Masken und Rollen und versuchen zu verbergen, wer sie wirklich sind." Ihr Ziel: den Menschen hinter der Maske berühren – seelisch oder körperlich. Das gelingt ihr durch genaues Fragen und ehrliches Feedback, das weder be- noch verurteilt.

Oniér engagiert sich auch als Aktivistin, um zu verhindern, dass Sexarbeit weiter tabuisiert oder verboten wird. Sie findet ihren heutigen Job „weitaus angenehmer" als den früheren, nicht nur aus finanziellen Gründen: Sie helfe Menschen, sich selbst zu erkennen. Und ist sich sicher: „Es geht der Welt etwas besser, wenn es nur einem Menschen darauf etwas besser geht."

»Der Tag ist gelungen, wenn alle noch leben«

Nicole Staudinger, Schriftstellerin und Trainerin, hat sich nicht unterkriegen lassen – auch nicht von einer Krebsdiagnose. Heute verhilft sie anderen zu Resilienz und Schlagfertigkeit

Nicole Staudinger

Geb.	1982 in Köln
2005	Als ausgebildete Verlagskauffrau Anzeigenleiterin für Magazin-Verlage
2014	Zertifizierte Trainerin, Firmengründung, Krebsdiagnose
2015	Erstes Buch: „Brüste umständehalber abzugeben"
2020	Gründung der „AKADEme" für Frauen, Podcast „Scheiter Heiter"
2022	Siebte Buchveröffentlichung: „Leicht gesagt"

97 Mit dem Planen hat Nicole Staudinger aufgehört. Ihren Beruf als Schlagfertigkeitstrainerin hat sie selbst erfunden. Um zu tun, was immer ihr Traum war: Auf der Bühne stehen und Menschen unterhalten. „Ich befinde mich ständig auf Umwegen", sagt sie, „und besteige die Berge dann, wenn sie da sind".

Einen gewaltigen Berg hat sie bereits erklimmen müssen: Die zweifache Mutter macht sich 2014 als Trainerin selbstständig – kurz darauf wird bei ihr Brustkrebs diagnostiziert. Noch während der Chemo beginnt sie mit dem Schreiben. „Brüste umständehalber abzugeben" wird ein Bestseller. Inzwischen sind sechs weitere Bücher von ihr erschienen. Staudinger hält Seminare und Vorträge über Schlagfertigkeit, Resilienz und Frauen in Führungspositionen. Sie spricht auch über ihre Erkrankung. Einen Unterschied zwischen Arbeit und Freizeit gibt es für sie nicht mehr: „Das ist für mich alles Lebenszeit."

Dass sie im Job für alles selbst verantwortlich ist, sei das Beste, aber auch das Schlimmste daran. Auch eine „Schlagfertigkeitsqueen" kennt Selbstkritik: Sie würde sich selbst gerne weniger wichtig nehmen. „Und meinen Drang zum Kurzeuphorischen gezielter einsetzen."

Fotos: Stefan Knittel, privat, Stefan Neumann

»Die Zukunft ist interdisziplinär und divers«

Niddal Salah-Eldin, Chefin der FreeTech Academy, arbeitet am Journalismus von morgen. Heute wünscht sie sich vor allem eines: mehr Nuancen im Denken

98 Niddal Salah-Eldin will für andere der Mensch sein, der ihr selbst beim Berufseinstieg gefehlt hat. Schon als Digital-Verantwortliche in der Chefredaktion der „Welt" sagt sie: „Wenn ich nur einem Menschen meine Erfahrung weitergeben kann und der davon profitiert, ist das für mich ein ganz großes Geschenk." Heute ist genau das ihr Job.

Salah-Eldin ist im Sudan geboren, aufgewachsen in Göttingen. Seit Herbst 2021 stattet sie als Geschäftsführerin von Springers FreeTech Academy ganze Jahrgänge von Nachwuchs-Journalistinnen mit dem richtigen Handwerkszeug aus. Ihre Mission ist es, Journalismus besser und zukunftsfähiger zu machen. „Diese Zukunft ist interdisziplinär und divers", sagt sie. Besonders die Schnittstelle zwischen Journalismus und Technologie hat sie dafür im Blick.

Was Salah-Eldin dabei gar nicht gebrauchen kann? Nuancenfreies Denken: „Das reflexhafte Ritual, alles immer einsortieren zu wollen, ödet mich an." Sie wünscht sich „mehr Ambiguitätstoleranz und weniger selbstgerechten Missionierungseifer aus allen Lagern". Salah-Eldin schätzt „Klartext und offene Diskussion, das gemeinsame Ringen um die beste Lösung". Und plädiert dafür, liebgewonnene Rituale zu hinterfragen und auch mal Dinge zu verlernen.

Den Nachwuchs warnt sie davor, sich an der eigenen Macht zu berauschen: „Die Leute erinnern sich nicht an deine Titel. Sondern an das, was du zum Guten verändert hast."

Niddal Salah-Eldin 2019 bei turi2.tv

3 Karriere-Tipps von Niddal Salah-Eldin

1. Werde so gut in dem, was du tust, dass man dich nicht ignorieren kann. Hervorragende Ergebnisse erzielen: Das gibt dir Freiheit. Kein Garant, aber ein wichtiger Baustein für Unabhängigkeit. Diese ermöglicht es dir bestenfalls, deine Jobs aussuchen zu können.

2. Bilde dich stets weiter. Wer glaubt, dass die Ausbildung oder ein Studium ausreicht, um über Jahrzehnte anschlussfähig zu bleiben, irrt gewaltig. Lebenslanges Lernen for the win! Es geht nicht nur darum, sich neues Wissen anzueignen. Man muss auch Rituale und Gelerntes hinterfragen. Das, was sich überholt hat, muss man abtragen.

3. Umarme die Chancen, die sich unterwegs bieten. Du musst nicht schon in der Schule wissen, was du mal werden willst. Ohne Scheuklappen sieht man mehr Land! Viel wichtiger ist aber dieser exklusive Ratschlag: Hör nicht zu viel auf Ratschläge anderer und vertraue im Zweifel dir und deinem Weg.

	Niddal Salah-Eldin
Geb.	1985 in Khartum, Sudan, aufgewachsen in Göttingen
2005	Studium Publizistik und Politikwissenschaft in Mainz
2006	Hilfskraft beim ZDF
2013	Trainee bei Ketchum Pleon
2014	Gründungsmitglied des Social-Media-Teams der „Welt"
2018	Director of Digital Innovation und Beraterin der Chefredaktion der „Welt"
2019	Vize-Chefredakteurin Produkt und Innovation bei dpa
2021	Geschäftsführerin FreeTech Academy, Springer

Fotos: PR, privat

Peter Wittkamp
im Live-Podcast
turi2.de/clubraum

»Guter Content wird früher oder später entdeckt«

Peter Wittkamp, Humordienstleister und Autor, macht Witze, die die Welt erklären und die Wahrheit zeigen. Sein Erfolgsgeheimnis ist Uneitelkeit

Kein ironischer Schnauzer, wie man ihn oft sieht in Berlin. Sondern Schnurrbart und Sakko, mit denen er aussieht wie aus der Zeit gefallen. Ironisch ist nichts an Peter Wittkamp. Denn Ironie versteckt die Wahrheit. Wittkamp zeigt sie.

Mit seinen rund 100.000 Followerinnen auf Twitter und Instagram teilt er als @diktator sein Mittagessen, nimmt sie mit auf den Kinderspielplatz. Hadert öffentlich mit minderwertiger Technik oder zu viel Alkohol. Hier landen auch Gags, die er woanders nicht unterbringen kann. Seit 2015 arbeitet Wittkamp als Witzeschreiber, Hauptauftraggeber ist gerade heute-show.de. Dazu kommen Jobs als Speaker, bei denen er erklärt, wie man mit Spaß Geld verdient. Und Firmen, die ihn bitten, öffentlich ihre Produkte zu testen. „Davon mache ich aber nur, was Spaß bringt."

Wäre Wittkamp eine junge Frau, würde man ihn Influencerin nennen. Er selbst nennt sich Autor. Ende 2019 erscheint sein lustiges Buch über seine unlustigen Neurosen. Etwa: permanentes Händewaschen. Kurz danach kommt die Pandemie und die ganze Welt muss es ihm nachmachen.

„Ich brauche ein Ventil für meine Kreativität", erklärt Wittkamp seine Umtriebigkeit, die sich nicht in einen 9-to-5-Job pressen lässt. „Und, klar, Bestätigung." Es ist auch Verletzbarkeit, die einen Spaßvogel vom professionellen Hofnarren unterscheidet. Uneitelkeit hat Wittkamp groß werden lassen auf dem virtuellen Jahrmarkt der Eitelkeiten. Er glaubt, dass Vernetzung im Netz analoge Erfolgsgeschichten schreiben kann: „Langfristiger, guter Content wird früher oder später entdeckt."

Wittkamps Inhalte werden politischer, über Impfgegner macht er sich nicht mehr nur lustig. In seinem Newsletter „Wittkamps Woche" ordnet er mit feinem Witz das Weltgeschehen ein. Geht Humor heute noch ohne Politik? „Bei der ‚heute-show' natürlich nicht. Bei mir persönlich kam das mit dem Alter. Um Witze über Politik zu machen braucht man ja eine Haltung. Die hat ein Zwanzigjähriger oft noch nicht."

	Peter Wittkamp
Geb.	1981 in Siegburg
1995	erste Depression
2001	Studium Soziologie in Bamberg
2007	Marktforscher, Universal
2011	Konzepter, Digitalagentur TLGG
2015	Gagschreiber, u.a. für „heute-show", BVG-Kampagne #weilwirdichlieben

3 Tipps für Humoreinsteiger
1. Werdet sichtbar
2. Üben! Humor ist Handwerk
3. Vernetzt Euch

Christoph Hartlieb

Geb.	1968 in Alfeld
1989	Studium BWL und externe Promotion, Uni Göttingen
1994	Controlling bei Porsche AG
1998	Gruner +Jahr, Unternehmensentwicklung
2000	Geschäftsführer G+J Multimedia Ventures
2002	Geschäftsführer Arvato mobile, Bertelsmann
2008	Geschäftsführer Schickler Personalberatung
2011	Gründung Hartliebpartner Executive Search
2012	Gründung Inmediasearch

Tipp: „Nicht zu schnell entscheiden: Sich fragen, ob der Headhunter einen seriösen Eindruck macht"

»Wie haben Sie mich gefunden?«

Christoph Hartlieb, Headhunter für Führungskräfte in Medien und Digitalbranche, über Jagdinstinkt, erfundene Storys am Telefon und No-Gos, wenn einer wie er anruft

100 **Wörtlich übersetzt klingt Ihr Beruf ziemlich gefährlich. Wie reagieren Menschen auf den Anruf eines Headhunters?**
Erschreckt hat sich meines Wissens noch niemand, die Reaktionen sind meist positiv überrascht. Einige Branchenkollegen fremdeln mit dem Begriff, mich stört er nicht. In meinem Job sollte man einen gewissen Jagdinstinkt sicherlich mitbringen. Neben der eigentlichen Suche wird es auch immer relevanter, Kandidaten auch zu überzeugen, zu beraten, einen guten Draht aufzubauen. Gerade jetzt, da sich Topleute in manchen Funktionen und Branchen den Job aussuchen können.

Warum ist Ihr Job wichtig?
Die wichtigste Managementaufgabe besteht darin, die richtigen Leute auf die richtige Position zu setzen. Dabei möchte ich helfen. Mir ist das früh klar geworden, als ich bei Gruner + Jahr für Venture Capital zuständig war. Da habe ich intensiv die Gründerteams angeguckt und festgestellt: Die beste Businessidee mit den falschen Leuten fliegt nicht.

Ruft ein Headhunter überhaupt noch an – oder schreiben Sie eine Nachricht auf Linked-in?
Linked-in und Xing sind natürlich gute Plattformen, um einen Erstkontakt herzustellen, ohne potenziellen Kandidaten telefonisch nachjagen zu müssen. Früher haben wir uns oft mit erfundenen Storys an der Telefonzentrale vorbeigemogelt, das ist zum Glück vorbei.

Was sollte ich auf keinen Fall als Erstes sagen, wenn Sie anrufen?
„Wie haben Sie mich gefunden?" und zu früh nach dem Gehalt fragen – die No-go-Klassiker. Ich empfehle, erstmal in Ruhe über Anfrage und Position nachzudenken, dann im nächsten Gespräch gezielt weitere Informationen zu erfragen.

Was erhöht die Chance, von Ihnen gefunden zu werden?
Menschen, die sich digital unsichtbar machen, haben es in der heutigen Zeit schwerer als Kandidaten, die ein gut gepflegtes Linked-in-Profil haben, auch mal als Speaker aktiv sind und einen aussagefähigen digitalen Fußabdruck hinterlassen. Das Netz ist aber Fluch und Segen zugleich: Menschen können sich privat durch Social-Media-Aktivitäten und Postings auch wunderbar disqualifizieren. Wenn zum Beispiel das komplette Privatleben im Netz zur Schau gestellt oder mit Urlauben und Sportwagen angegeben wird. Auch Twitter-aktive Impfgegner sind nicht bei jedem Mandanten willkommen.

Sind Führungskräfte über 50 noch gefragt?
In den vergangenen Jahren haben wir mehrfach Ü-50-Jährige in Managementpositionen vermittelt. Mein Eindruck ist, dass Erfahrung im Markt stärker wertgeschätzt wird als früher, Persönlichkeit und Kompetenz wichtiger sind als das Geburtsjahr.

Und welche Rolle spielt Diversität für die Besetzung von Top-Positionen?
Wir bekommen immer mehr Mandate, in denen explizit nur Frauen auf der Kandidatenliste gefordert werden. Das kann schon diskriminierend für den männlichen Teil des Kandidatenmarktes werden.

Roland Karle

Foto: Johannes Arlt

100 Arbeitgeber in der Kommunikation

Medien und Verlage

Arbeitgeber und Jobs der Kommunikation: **turi2.de/firmen**

axel springer

Zunehmend digitale Geschäfte u.a. mit Rubrikanzeigen, „Bild“, „Welt“, Politico, Insider **career.axelspringer.com**

BAUER MEDIA GROUP

Yellows, TV- und Frauenzeitschriften wie „Neue Post“. „tv 14“, „tina“, Radios und Vergleichsportale **job-karriere.bauermedia.com**

BERTELSMANN

Europas größter Medienkonzern mit TV, Print, Audio, Buch, Dienstleistungen und Bildung **bertelsmann.de/karriere/**

BONNIER Media Deutschland

Schwedische Mediengruppe mit Buchverlagen wie Carlsen, Piper und Ullstein **bonnier.de/stellenangebote**

dfv Mediengruppe

Große Fachmedien, darunter „Lebensmittel-Zeitung“, „Textilwirtschaft“, und „Horizont“ **dfv.de/karriere/offene-stellen**

Frankfurter Allgemeine

FAZ-Gruppe Print-Familie aus „FAZ“, „FAS“, „FAZ-Magazin“ und „FAZ Quarterly“ mit Digital-Ablegern **verlag.faz.net/unternehmen/jobs-bei-der-f-a-z**

FUNKE

Mit Titeln wie „WAZ“ und „Hörzu“ führende Regionalzeitungsgruppe und großes Zeitschriftenhaus **karriere.funkemedien.de**

Handelsblatt MEDIA GROUP

Deutschlands größter Wirtschaftsverlag mit „Handelsblatt“ und „Wirtschaftswoche“ **handelsblattgroup.com/karriereportal**

HAUFE.Group

Stark digital ausgerichtetes Fachmedienhaus mit Fokus auf Personal, Steuern und Software **haufegroup.com/de/karriere**

holtzbrinck Publishing Group

Bildungs-, Wissenschafts- und Buchverlage mit Marken wie Rowohlt und S. Fischer **holtzbrinck-careers.com**

HOLZMANN.MEDIEN

Zeitungen, Zeitschriften, Bücher und Veranstaltungen fürs Handwerk und den Mittelstand **holzmann-medien.de/karriere/stellenportal**

Hubert Burda Media

Zeitschriften wie „Bunte“ und „Focus“, Digital-Unternehmen wie Xing und HolidayCheck **burda.com/de/karriere**

IPPEN.MEDIA

Regionalzeitungen wie „Münchner Merkur“ plus „FR“, im Internet ein Netzwerk von Nachrichten-Sites **ippen-digital.de/karriere**

KOUNELI

Die deutschen Ausgaben der Magazine „Playboy“ und „Sports Illustrated“ **kouneli.de/karriere**

MADSACK MEDIENGRUPPE

Im Norden und Osten starke Regionalzeitungsgruppe mit Flaggschiff „Hannoversche Allgemeine Zeitung“ **madsack.de/karriere**

media pioneer.

Podcasts und Newsletter von Gabor Steingart für die politische und wirtschaftliche Elite **mediapioneer.com/jobs**

motor presse stuttgart

Zeitschriften für Auto-, Motorrad- und Bike-Fans, darunter der Vorzeigetitel „auto motor und sport“ **motorpresse.de/karriere/jobsuche**

OV

Olympia Verlag Das führende Fußball-Fachblatt „Kicker“, gedruckt und digital, sowie das kleine Magazin „Alpin“ **olympia-verlag.de/karriere**

Penguin Random House Verlagsgruppe

Bertelsmann-Tochter und weltweit größter Verlag mit Marken wie Goldmann und Heyne **karriere.penguin-randomhouse.de**

SPIEGEL Gruppe

Deutschlands Top-Nachrichtenmagazin mit Website, „Manager Magazin“ und „Harvard Business Manager“ **gruppe.spiegel.de/karriere**

SPRINGER NATURE

Bücher und Fachzeitschriften über Wissenschaft, Technik und Medizin, u.a. „Scientific American“ **group.springernature.com/de/group/careers**

SV Süddeutscher Verlag

„Süddeutsche Zeitung“ mit Magazin, Website und Apps, flankiert von Fachinfos und Regionalzeitungen **swmh.de/karriere**

DER TAGESSPIEGEL

Mit Newslettern, Events und Fachinfos für Gebildete **verlagdertagesspiegelgmbh.softgarden.io/de/vacancies**

taz

taz-Verlag Links-alternative Tageszeitung, die bald nur noch digital erscheint **taz.de/Info/Stellen/!p4236**

VOGEL COMMUNICATIONS GROUP

Fachinfos für die Branchen Automotive, Industrie, IT, Recht/Wirtschaft/Steuern und Kommunikation **vogel.de/karriere**

WORT & BILD VERLAG

Mit der „Apotheken Umschau“ in den Apotheken, mit Podcasts und Portalen im Internet präsent **wortundbildverlag.de/arbeiten-bei-wort-und-bild**

DIE ZEIT

Zeitverlag Rund um die Wochenzeitung „Die Zeit“ viele Magazine, Digital- und Audioangebote **zeit-verlagsgruppe.de/karriere**

Digital und TV

Arbeitgeber und Jobs der Kommunikation: **turi2.de/firmen**

antenne BAYERN

Meistgehörter deutscher privater Radiosender **unternehmensgruppe-antenne.de/jobs**

BR

Bayerischer Rundfunk Viertgrößte ARD-Anstalt mit zwei TV-Programmen, neun Radiokanälen und drei Orchestern **br.de/extra/karriere/index.html**

DAZN

Britischer Streamingdienst für Sportübertragungen, u.a. Fußball-Bundesliga und Champions-League **careers.dazn.com**

DW Deutsche Welle

Auslandssender der Bundesrepublik Deutschland mit Programm in 32 Sprachen für TV, Radio und Internet **dw.com/de/karriere/s-11525**

Discovery

Free-TV-Sender wie DMAX, Tele 5, Eurosport 1 und Bezahlsender wie Discovery Channel **discovery.de/about/#Jobs**

funk

Angebot von ARD und ZDF für junge Leute auf Plattformen wie YouTube, Facebook und Instagram **funk.net/jobs**

Google

US-Suchmaschine, in Deutschland mit Teams für Vermarktung, Recht, Politik, Entwicklung und Cloud **careers.google.com**

hr

Sechstgrößte ARD-Anstalt mit regionalem Fernsehprogramm für Hessen und sechs Radioprogrammen **hr.de/karriere/index.html**

LinkedIn

Soziales Netzwerk von Microsoft zur Pflege beruflicher Kontakte **careers.linkedin.com**

mdr

Öffentlich-rechtliche Anstalt mit TV-Programm und zehn Radios für Sachsen, Sachsen-Anhalt, Thüringen **mdr.de/stellenangebote/index.html**

Mediengruppe RTL Deutschland

Bertelsmann-Tochter mit 15 TV-Sendern, 17 Radio-Beteiligungen und 50 Zeitschriften von Gruner + Jahr **mediengruppe-rtl.de/jobs**

Meta

Neuer Name der Firma hinter Facebook, mit weiteren Sozialen Netzwerken wie Instagram und WhatsApp **metacareers.com**

Netflix

Weltweit größter Streaming-anbieter für Serien und Filme, mit deutschen Produktionen wie „Dark" **jobs.netflix.com**

NDR

Norddeutsche öffentlich-rechtliche Rundfunkanstalt mit vier TV-Regionalprogrammen und elf Radiowellen **ndr.de/der_ndr/karriere/index.html**

OMR

OMR Events, Seminare, Newsletter, Podcasts, Reports für die Online-Marketing-Szene **career.omr.com**

ProSiebenSat.1 Media SE

15 Fernsehsender, darunter ProSieben, Sat.1, Kabel 1 und Internet-Töchter wie Parship und Verivox **jobs.prosiebensat1.com**

radiobremen

Kleinste Landesrundfunkanstalt der ARD mit Radio- und Fernsehprogrammen **radiobremen.de/karriere/index.html**

rbb

Öffentlich-rechtliche Landesrundfunkanstalt für Berlin und Brandenburg mit Radio- und TV-Programmen **rbb-online.de/unternehmen/karriere**

Ströer

Großer Außen- und Online-Vermarkter, Websites wie t-online, giga.de und watson.de **karriere.stroeer.com/de/**

SWR

Öffentlich-rechtliche Rundfunkanstalt für Rheinland-Pfalz und Baden-Württemberg, Nummer zwei in der ARD **swr.de/unternehmen/karriere/index.html**

TikTok

Internet-Plattform und Soziales Netzwerk für selbstgedrehte, mit Musik unterlegte Video-Clips **careers.tiktok.com**

WDR

Größte ARD-Landesrundfunkanstalt mit TV- und Radio-Programmen für Nordrhein-Westfalen **1.wdr.de/unternehmen/der-wdr/karriere/index.html**

ZDF

Bundesweiter öffentlich-rechtlicher TV-Sender mit Programmen ZDF, ZDFneo, ZDFinfo und mit Mediathek **zdf.de/zdfunternehmen/karriere-112.html**

Unternehmen

Arbeitgeber und Jobs der Kommunikation: **turi2.de/firmen**

Aldi Nord

Aldi Nord Nord- und ostdeutsche Discounter-Kette mit 2.200 Lebensmittelmärkten **aldi-nord.de/karriere**

Aldi Süd

Aldi Süd Süddeutsche Discounter-Kette mit 1.940 Lebensmittelmärkten **karriere.aldi-sued.de**

Allianz

Weltweit aktiver Versicherer, in Deutschland im Geschäft mit Unfall-, Lebens-, Krankenversicherungen **careers.allianz.com/Deutschland/search**

100 Arbeitgeber in der Kommunikation

Audi

Hersteller von Premium-Autos aus dem VW-Konzern, mit Töchtern wie Lamborghini **audi.com/de/career.html**

BASF
We create chemistry

Weltweit größter Chemiekonzern, Chemikalien und Kunststoffe für die Industrie **basf.com/global/de/careers.html**

BAYER

Medikamente wie Aspirin, Pflegemittel, Saatgut und Pflanzenschutzprodukte, mit US-Tochter Monsanto **karriere.bayer.de/de**

BMW

Hersteller von Premium-Autos und Motorrädern, mit den Marken BMW, Mini und Rolls-Royce **bmwgroup.jobs/de**

BOSCH

Automobilzulieferer, Hersteller von Industrietechnik, Gebrauchsgütern, Energie- und Gebäudetechnik **bosch.de/karriere/jobs**

DB BAHN

Deutsches Schienennetz, Fern-, Nah- und Güterverkehr, Logistik- und Transportdienstleister **deutschebahn.com/karriere-de**

Deutsche Bank

Unternehmens-, Investment- und Privatkundenbank sowie Vermögensverwaltung (DWS) **careers.db.com**

Deutsche Post DHL Group

Zustellung von Post, Paketversand, Logistikdienstleister und Dialogmarketing **careers.dhl.com**

dm

Drogeriemarktkette mit fast 3.900 Filialen in Deutschland, 28 Eigenmarken wie Balea und babylove **dm-jobs.com**

DOUGLAS

Parfümerie-Kette mit europaweit 2.000 Filialen, douglas.de mit wachsendem Sortiment **corporate.douglas.de/karriere**

EDEKA

Genossenschaftlicher Verbund von Einzelhändlern, mit Töchtern wie dem Discounter Netto **verbund.edeka/karriere**

e.on

Energienetze, Energiedienstleistungen, erneuerbare Energien, Betrieb und Rückbau deutscher Kernkraftwerke **eon.de/de/unternehmen/karriere.html**

FC BAYERN

Sportverein und deutscher Fußball-Rekordmeister mit 1.000 Angestellten, eigener TV-Kanal **fcbayern.com/de/jobs**

ING

Direktbank, u.a. Spar- und Girokonten für Privatkunden, Baufinanzierung, Wertpapiergeschäft **ing.jobs/deutschland/home.html**

LIDL

Lebensmittel-Discounter mit 11.550 Filialen in 30 Ländern **jobs.lidl.de**

Lufthansa

Fluggesellschaft für Passagiere und Güter, mit Töchtern wie Swiss, Austrian Airlines und Eurowings **https://www.be-lufthansa.com**

Burger-Brater aus den USA, 1.450 Fast-Food-Schnellrestaurants in Deutschland **karriere.mcdonalds.de**

Mercedes-Benz

Hersteller von Premium-Autos, Transportern und Trucks, Modelle von A- bis V-Klasse, Maybach **group.mercedes-benz.com/karriere**

MERCK

Medikamente, Hightech-Chemikalien, Labormaterialien und Flüssigkristalle **merckgroup.com/de/careers.html**

Microsoft

Computer-Software wie Windows, Office, Outlook, Teams sowie Spielkonsole Xbox und Website MSN **careers.microsoft.com**

OPEL

Autobauer aus dem Stellantis-Konzern, mit Modellen wie Astra, Corsa und Zafira **opel.de/ueber-opel/karriere.html**

otto group

Großes Online-Versandhaus, mit Shops und Services wie Limango, About You, Sport-Scheck, MyToys und Hermes **otto.de/jobs**

PHILIP MORRIS INTERNATIONAL

Weltweit größter Hersteller von Tabakerzeugnissen, Zigarettenmarken wie Marlboro **pmi.com/markets/germany/de/karriere**

PORSCHE

Sportwagen wie der 911er Carrera, SUVs und Limousinen. Zudem Beratungs- und Design-Töchter **jobs.porsche.com**

P&G

Proctor & Gamble Pflege- und Hygieneprodukte, Wasch- und Reinigungsmittel wie Pampers, Head & Shoulders und Meister Proper **pgcareers.com**

REWE

Großer Lebensmitteleinzelhändler mit gut 6.000 Filialen, mit den Märkten Rewe, Penny und nahkauf **karriere.rewe-group.com**

RWE

Energieversorger mit Kohle-, Gas-, Atomkraftwerken, zunehmend auch erneuerbare Energien **rwe.com/karriere-bei-rwe**

R+V

Anbieter von u.a. Kfz-, Privathaftpflicht-, Lebens- und Hausratversicherungen **ruv.de/karriere/jobsuche**

SAP

Unternehmens-Software, u.a. für Buchführung, Controlling, Vertrieb und Personalwesen **sap.com/germany/about/careers.html**

SIEMENS

Industriesoftware, Automatisierungs- und Gebäudetechnik, Züge und Medizingeräte **siemens.com/de/de/unternehmen/jobs.html**

Festnetz-Telefonie, Mobilfunk und Internetzugänge, mit eigenem Fernsehangebot Magenta TV **telekom.com/de/karriere**

united internet media

Vermarkter eigener Portale wie Web.de, GMX, 1&1 und von Partnerportalen wie Das Telefonbuch **united-internet-media.de/de/unternehmen/jobs-karriere**

vodafone

DSL, Kabelinternet, Festnetztelefonie, Kabelfernsehen und IPTV **jobs.vodafone.de**

Autobauer mit den Marken VW, Audi, Bentley, Seat, Škoda und Porsche, Fokus auf Elektroautos **volkswagen-karriere.de**

accenture

Unternehmensberatung mit Fokus auf Strategie, Technik, IT und Outsourcing **accenture.com/de-de/about/company/about-germany**

BCG

Boston Consulting Group Klassische Strategieberatung und spezielle Expertise, etwa zu „Digital & Analytics" **careers.bcg.com**

Deloitte.

Wirtschaftsprüfung, Risikoberatung, Steuerberatung, Finanzberatung und Consulting **jobs.deloitte.de**

Edelman

US-PR-Agenturgruppe, u.a. Strategie, Marken- und Krisenkommunikation, Events, Content Marketing **edelman.de/karriere**

Fink & Fuchs

PR-Agentur, u.a. Content Marketing, Digital Marketing und Influencer-Kommunikation **finkfuchs.de/de/karriere.html**

fischerAppelt

Content-Marketing- und PR-Agentur, u.a. für Gesundheits-, Auto- und Finanzbranche **fischerappelt.de/karriere**

JUNGvMATT

Werbeagentur, mit Spots wie „Geiz ist geil" (Saturn), „Heimkommen" und „Supergeil" (Edeka) **jvm.com/de/jobs**

KPMG

Wirtschaftsprüfung, Steuer-, Rechts- und Unternehmensberatung **karriere.kpmg.de**

MSL
Influence. Impact.

Agentur für PR, Reputationsmanagement und Gesundheitskommunikation, Kunden wie Meta und Coca-Cola **mslgroup.de/#Career**

OSK

PR-Agentur, gegründet von Oliver Schrott, spezialisiert auf Autobauer wie Mercedes **osk.de/karriere**

Scholz & Friends

Werbeagentur mit Spots wie „Wir können alles. Außer Hochdeutsch" (Baden-Württemberg) **s-f.family/jobs**

SERVICEPLAN

Serviceplan Gruppe mit 40 Spezialagenturen, u.a. Werbung, Handels- und Vertriebsmarketing, Mediaplanung **serviceplan.com/de/career.html**

STORY MACHINE
WE POWER YOUR MESSAGE.

PR-Agentur von Kai Diekmann, Michael Mronz und Philipp Jessen, auf Social Media spezialisiert **storymachine.jobs.personio.de**

BULLSHIT BINGO

JOBS

16 Phrasen aus Teammeetings und Vorstellungsgesprächen: Wer vier Kreuze in einer Reihe hat, darf laut „Bingo!“ rufen

Nachhaltigkeit liegt in unserer DNA	Dazu müssen wir uns erst noch committen	Wir müssen die Leute enablen	Teamarbeit wird bei uns groß geschrieben
Meine größte Schwäche? Perfektionismus!	Humankapital	Denkt ruhig mal outside the box!	Wir sind hier eine Familie
Bereitschaft, die Extra-Meile zu gehen	Ich denke unternehmerisch	Communication ist key	Wir sind ein Hidden Champion
Lasst uns die Info gleich townhallen	Diversity ist für uns kein Fremdwort	Lasst uns Synergien bündeln	Wir haben auch einen Bio-Obstkorb. Und einen Kicker

#17_Schlussbesprechung_Turi2_Team

Anne-Nikolin, Heike, Lea-Maria, Markus, Nancy, Tim, Uwe, Du

Lea-Maria

Schlussbesprechung! Nur 3 Monate für 200 Seiten. So schnell waren wir noch nie 👏

Uwe

Vierteljahresschrift stand ja 2015 schon in der ersten edition. Sieben Jahre später haben wir es geschafft 🎉

Peter

Was wieder mal meinen alten Leitspruch bestätigt:

Heike

Nicht schon wieder! 🙄

Peter

Die Idee geht der Wirklichkeit voran.

Nancy

Sind wir mit 4 Ausgaben pro Jahr überhaupt noch der langsamste Branchendienst der Welt?

Anne-Nikolin

Hauptsache, wir bleiben der schönste! 👀

Tim

Im nächsten Buch geht es um Kapital: Geld 💰, Arbeit 💻, Sinn ⁉️.

Lea-Maria

Wie habt ihr eigentlich euer erstes Geld verdient? Ich war als Kind Prospekte austragen für 1 Pfennig pro Stück – nie wieder!

Nancy

Mit 14 in der Agrargenossenschaft Rasen gemäht und Ställe gestrichen 🐮

Tim

Ich war ein kleines Zahnrad in der Maschinerie analoger Kommunikation – im Briefzentrum der Post.

Markus

Ich habe Münzgeld aus Zigaretten-Automaten gezählt

Peter

Ganz klassisch im Lokaljournalismus: 12 Pfennig pro Zeile, 12 Mark pro Foto 🤓

Heike

Als Kind des Rheingaus war ich in der Weinlese - es gab 5 Mark die Stunde und eine warme Mahlzeit. 🍝

Uwe

Ich hab die „Braunschweiger Zeitung" vom Band geholt und auf Lastwagen geworfen. Seitdem mag ich Nachtarbeit.

Anne-Nikolin

Ich hab eine Gelbbauchunken-Population gezählt. Und ich war Babysitterin. 👶

Lea-Maria

Wir sehen uns bei der übernächsten Ausgabe, dem Audiobuch. Ich kümmere mich nun erstmal um den Nachwuchs der Kommunikationsbranche. 🌅

Lea-Maria Kut hat die Konversation verlassen